美濃地區

客家還神祭典與客家八音運用

謝宜文——著

客家地區傳統的敬神祭祖儀式全紀錄

總序

開啟高雄文史工作的另一新頁

　　文化是人類求生存過程中所創造發明的一切積累，歷史則是這段過程的記載。每個地方所處的環境及其面對的問題皆不相同，也必然會形成各自不同的文化與歷史，因此文史工作強調地方性，這是它與國史、世界史的差異所在。

　　高雄市早期在文獻會的主導下，有部分學者與民間專家投入地方文史的調查研究，也累積不少成果。唯較可惜的是，這項文史工作並非有計畫的推動，以致缺乏連貫性與全面性；調查研究成果也未有系統地集結出版，以致難以保存、推廣與再深化。

　　2010 年高雄縣市合併後，各個行政區的地理、族群、產業、信仰、風俗等差異更大，全面性的文史工作有必要盡速展開，也因此高雄市政府文化局與歷史博物館策劃「高雄文史采風」叢書，希望結合更多的學者專家與文史工作者，有計畫地依主題與地區進行調查研究與書寫出版，以使高雄的文史工作更具成效。

　　「高雄文史采風」叢書不是地方志書的撰寫，也不等同於地方史的研究，它具有以下幾個特徵：

　　其一、文史采風不在書寫上層政治的「大歷史」，而在關注下層社會的「小歷

史」，無論是一個小村落、小地景、小行業、小人物的故事，或是常民生活的風俗習慣、信仰儀式、休閒娛樂等小傳統文化，只要具有傳統性、地方性與文化性，能夠感動人心，都是書寫的範圍。

其二、文史采風不是少數學者的工作，只要對地方文史充滿熱情與使命感，願意用心學習與實際調查，都可以投身其中。尤其文史工作具有地方性，在地人士最瞭解其風土民情與逸聞掌故，也最適合從事當地的文史采風，這是外來學者所難以取代的。

其三、文史采風不等同於學術研究，書寫方式也與一般論文不同，它不需要引經據典，追求「字字有來歷」；而是著重到田野現場進行實際的觀察、採訪與體驗，再將所見所聞詳實而完整的記錄下來。

如今，這套叢書再添《美濃地區客家還神祭典與客家八音運用之研究》乙冊，為高雄的文史工作開啟另一新頁。期待後續有更多有志者加入我們的行列，讓這項文史工作能穩健而長遠的走下去。

「高雄文史采風」叢書總編輯　謝貴文

市長序
尋找城市前進的動力

高雄是個充滿熱情、創意、活力的現代都會，也是個具有深厚歷史底蘊的文化城市。

在漢人尚未移民到這塊土地時，高雄地區即有馬卡道族人活動的蹤跡，留下諸如「小溪貝塚」等重要遺址。荷據末期，荷軍遭鄭氏部隊擊退後，曾在打狗南岸海汕地區集結，而留有「紅毛港」的地名。明鄭時期，鄭氏部隊插竹為社，斬茅為屋，前鎮、後勁、左營、右衝（昌）等地為其軍事屯墾區。

清領時期，清廷在左營興築舊城，為臺灣第一座土城，亦為第一座石城，與鳳山新城合譜「雙城記」。清末打狗開港，郭德剛、史溫侯、馬雅各、萬巴德等人引進西方的宗教、醫學與科學，高雄成為臺灣與世界接軌的窗口。

日治時期，隨著高雄港築港工程、縱貫鐵路的通車，臺灣煉瓦會社打狗工場、淺野水泥株式會社等在此設廠，高雄一躍而為全臺的工業重鎮，臨港的哈瑪星也成為現代化城市的起點。

戰後時期，鋼鐵、造船、石化等重工業在高雄蓬勃發展，加工出口區的設立，吸引大量的就業人口，高雄成為外地移民的新故鄉；而生猛有力、勇於挑戰的城市性格，也造就其「民主聖地」的稱號。

2010 年縣市合併後，高雄成為全臺土地最大，人口居次的都會，三十八個行政區各有特色，有閩南、客家、外省、原住民等族群；佛教、基督教、天主教、一貫道等宗教聖地；工、商、農、漁等產業；山、海、河、港等景觀，使城市更具有多元的魅力。

歷史不能遺忘，文化必須保存，城市才能進步向前。這些先民所走過的歷史足跡、求生存過程中形成的風俗習慣、人與土地互動所積澱的文化資產，都是城市前進的動力；唯有更積極去發掘、書寫、推廣各地的文史，方能找出多元豐美的地方特色，指引城市發展的方向。

高雄市政府文化局與市立歷史博物館所策劃的「高雄文史采風」叢書，已陸續出版許多精彩主題的專書，為城市的文史建構作出貢獻。此次，又有《美濃地區客家還神祭典與客家八音運用之研究》一書面世，除了介紹美濃地區客家還神祭儀與客家八音等傳統祭儀外，更詳實採集敬神祭祖儀式的過程，在在蘊含著在地人對傳統文化與祭祀儀式的深刻印記。本人非常高興高雄市的人文風情又多一份紀錄被保存，在此除感謝作者與有關同仁的辛勞外，也期待有更多文史同好、學者或專家投入文史采風的工作，為高雄找到前進的動力。

高雄市長　陳菊

局長序
奠定文化建設的基石

　　從常民生活出發，保存及活化文化資產，為城市留下動人的歷史記憶，是本局推動文化建設的重要理念。而歷史記憶需要被傳承，無論是透過集體記憶、口述傳統，還是文字書寫，歷史應當被視為一種文本（text）或言說（discourse），經由開放式的詮釋與對話，不斷創造出社群的傳統，並賦予作為社群一份子的個人生命的底蘊與意義。

　　作為一個城市歷史保存、書寫的官方機構，高雄市立歷史博物館在過去數年陸續推動史料集成系列叢刊的復刻與新編，為後續的歷史研究打下紮實基礎。此外，史博館也同時推動由民間參與歷史書寫的工程，以徵文的方式獎勵有志於紀錄一人、一家、一區、或是一市的點滴過往或是常民記憶，彙集出版成「高雄文史采風」系列叢書，目前已有《羅漢門迎佛祖》、《高雄林園鳳芸宮媽祖海巡》、《藝之鑿鑿—木雕國寶葉經義》、《內門鴨母王朱一貴》、《紙天化地》、《土地・生活詩篇——大岡山常民影像暨劉國明攝影集》、《羅漢門演藝》、《圖說旗山紀事》、《複島》、《太子爺興外境》等精彩作品。

　　此次再添新作《美濃地區客家還神祭典與客家八音運用之研究》，詳實介紹客家歲時祭典中之「還神」祭典，如傳統婚禮之敬外祖、拜天公還神祭典、插新娘花、上燈、祭祖、謝媒等，在這些敬神祭祖的儀式當中，都有其重要的意涵存在，但在時代變遷快速的當今社會，各項傳統祭典皆逐漸簡化而消失於大眾記憶之中，是極

為可惜的事情。本書為多年來客家地區的各項傳統祭典儀式與客家八音之輯錄，以紀實性田野採集方式呈現，詳細而深入的紀錄保存這些即將消失的客家祭典與音樂資產，值得有興趣的讀者典藏。

　　謹代表高雄市政府文化局，願每位關心土地、熱愛高雄的朋友都能撥冗一覽本書。我們也期許未來「高雄文史采風」叢書將會結合更多的學者專家，能人志士，有計畫地撰寫與出版文史專書，讓文化建設有源源不絕的養分，在高雄的土地上扎根茁壯。

高雄市政府文化局局長

凡例

一、書目引用符號

1、《》 表引用之書名、有聲資料名稱，例如：《宗教學通論》。

2、〈〉 表引用之資料為書籍或期刊中之文章、手抄本資料名稱，例如：〈南部客家八音的過去與現在〉。

3、() 表參考書目，例如：(徐福全，民 85：頁 100)。

二、內文使用符號

1、【】表客家八音曲牌名或曲牌類別，附表、附圖。例如：【弦索調】、【團圓響噠】。

2、「」表特定名詞之用詞，例如：「敬外祖」、「還神」、「登席」。

3、『』 表神佛名、請帖名稱。例如：『昊天金闕玉皇大帝陛下暨列週天滿漢星君寶座位』，『迎鸞之敬 五福俱全』。

4、() 表年代、名詞解釋，說明。例如：(2000)，豬囊（豬油的皮）。

5、"" 表客語特有名詞，例如："蓋硬斗"。

目次

前言

　　民國72年開始，帶著六堆地區大專學生到六堆客家鄉鎮，探討客家鄉土文化與客家歌謠。到民國82年，「高雄縣客家民謠研究會」請筆者擔任該會的指導老師，十幾年跟老人家在一起，了解更多的客家傳統歌謠與客家音樂，也認識一些客家傳統音樂的人員，奠定以後在客家音樂與客家文化研究的基礎與人脈關係。

　　民國84年，第一次協助吳榮順老師採集製作南部地區客家音樂，製作出版《美濃人、美濃歌》客家歌謠與客家八音現場紀實音樂CD，調查、訪問、錄音與研究，讓個人對客家音樂與客家文化有著更深一層的認知。民國86年參與吳榮順老師為高雄縣，錄音製作「高雄縣境內六大族群之傳統歌謠」音樂CD與叢書，這次的研究工作讓個人收穫最多，往後幾年繼續到南臺灣恆春地區錄製「恆春福佬歌謠」。屏東泰山迦納埔，高雄縣荖濃、小林與六龜，臺南縣大內、頭社，南投縣的埔里等平埔族地區錄音製作「臺灣地區平埔族音樂」。也走入山區錄製「南部鄒族民歌」原住民音樂，這一系列的田野調查錄音工作，讓我對臺灣各族群的音樂與文化有著進一步的認識，對傳統音樂的認識也從客家擴大到各個族群的音樂。

　　民國88、89年協助吳老師的「臺灣南部客家八音保存計畫」研究工作，除了對客家八音有更多的認識與了解，客家人的「還神」祭典也有著進一步的認識。

一、研究動機

　　雖然自己也是客家人，對客家人的生命禮俗、祭典禮儀，卻有一種似懂非懂，熟悉又生疏的感覺。早期參與客家八音的調查研究工作，也現場參觀客家人的生命禮俗，對客家八音音樂與客家人的生命禮俗有初步的了解。

　　民國90年起，參與柯佩怡在美濃地區研究「三獻禮」的祭典。兩年多的研究期

間，DV 攝影紀錄了不少客家人的各項祭典。因此對客家人的「還神」祭典有更深一層之認知。但是還是有許多的困惑之處，因而藉此機會想進一步深入調查研究客家人的「還神」祭典。

二、研究目的

美濃地區客家「還神」祭典與客家八音運用情形之困惑處，曾請教客家耆老們與八音團員，可是這些耆老所言都各有不同，只說出所以卻不能說出所以然，無法解答個人之疑惑。從文獻資料中著手，也尚未尋找到深入記載客家「還神」祭典之資料。因此想對美濃地區客家「還神」祭典之儀式，祭壇、祭品之擺設與「還神」祭典中客家八音曲調運用之情形，作深入的調查研究，除解除自己之疑惑，亦期望能整理提供較深入完整的客家「還神」祭典資料，給客家人傳統文化的參考資料，也給以後客家研究者作為參考之用。

三、研究範圍與對象

美濃地區的瀰濃庄為最早開發之客家聚落，後來陸續有廣興庄、龍肚庄、中壇庄與福安庄，美濃的南隆地區在日治時期才開發。美濃附近的鄉鎮，杉林鄉有半數的客家聚落，六龜鄉的新威地區，旗山的中正、廣福里等聚落，這些客家聚落有些是從美濃遷徙過去定居之家族，其歷史文化與人文與美濃有著密不可分的關係。故本研究範圍並非狹義之美濃鎮而已，包含附近之旗山、杉林、六龜地區之客家聚落。

客家人的生命禮俗，祭典禮儀與客家人的生活、客家文化有著密不可分的關係，客家之祭典種類繁多，歲時祭儀、家族祭拜、喪葬禮俗等，本研究擬對美濃地區之寺廟、伯公壇、家族祠堂等敬神行禮儀式、客家人所稱的「還神」祭典，與祭典中客家八音曲調之運用情形做調查研究。

本研究並不針對某一客家八音團做為研究對象，客家八音在「還神」祭典的運

用情形，擬從現場紀錄八音團在祭典儀式時吹奏的八音曲調，並訪問客家八音老師傅，統整歸納出美濃地區客家「還神」祭典時，客家八音所運用的客家八音曲調，與八音在「還神」祭典時運用之情形。

四、研究方法與步驟

(一)文獻資料搜尋探討

　　田野工作之實地觀察、訪問、參與、調查等探討研究是研究工作之主體架構，文獻資料之探討是為研究工作之根基，從各方面之資料中探討有關研究之區域、對象、主題之相關資訊，可作為研究工作之基礎鋪設與基本之資訊知能。本研究文獻資料之探討擬從中國古代對祭祀之儀式，文廟祭孔之祭祀儀典，臺灣客家人的祭祀禮儀，以及相關之研究論文與網路資料搜尋作為本研究之根基。

(二)現場攝影、錄音紀錄

　　「凡走過必留下痕跡」、「行萬里路勝讀萬卷書」，鄉土文化之研究，研究者需要對其研究區域、研究對象以及研究之主題，作實地之田野調查，藉由實地之田野工作，才能進行對研究範圍內之研究主題作深入探討。各項祭典儀程之進行，是時間、空間、行為動作的立即展現，隨著資訊化時代之進步，田野調查之研究工作，亦可利用現代化之工具，DV 攝影機、MD 錄音機以及 TAPE 錄音機，現場立即紀錄聲音、影像與行為動作，可收錄最適時的紀錄，亦可作為往後紀錄之重要參考資料。本研究擬利用攝影、照相、錄音等工具，運用在田野調查上。將現場攝影之資料剪輯製作成 DVD 或 VCD 贈送給當地有關人員，亦可為爾後的田野工作，鋪上順利之路。

(三)耆老訪問調查

　　耆老訪問調查是田野調查最原始也是最有效、最具體的方法，鄉土文化的資訊，能呈現出來的只是一部分，有許多的文化資料、傳說、典故、實施方法、方式、禁忌等，不會平白呈現在我們面前，必須要研究者自行去搜尋。尋找的方法，從耆老口中探訪是最直接且有效的方法，如何適時、適地、適切的讓耆老願意說出研究者欲找尋之資訊，氣氛的營造，主題的切入，種種都要靠智慧與機會。

(四)持續的追蹤紀錄

　　單一次的田野調查，只能走馬看花，最多也只能收集到表層之資訊，多一次現場之觀察記錄將會有深一層的認知，對某一主題持續的追蹤紀錄，能夠對研究之主題更深入之了解，研究資料之呈現亦更確實。將研究主題文獻資料相關資訊之調查加以研究，作為輔佐、旁襯、比照，更能對研究目的更確切之肯定。

(五)資料之整理、比對、篩選、呈現

　　鄉土文化資料之來源廣泛，文獻資料在不同語族、不同地區、不同時間、不同的人，種種的影響因素下，會有不同的闡述，文獻資料中之資料何以可作為參考之依據，需要慎選。現場紀錄之資料並不能以一次之呈現就確定而下定論，隨著不同的時間、地點、主導者、經費、人員、種種的因素之下，也會有不同的呈現，必須多次的紀錄才能更清楚其主題方式與架構。耆老訪問調查之資料正確性，更需要加以整理、比對與篩選，耆老訪問調查之前若有文獻資料作為基礎之參考依據，訪問調查會更順利，資料之正確性會提高。不同的人敘述的同一事件亦可能相反，如何呈現出來最真實正確的，就需多加比對研究，若無法取捨，或許就忠實的呈現吧。

五、研究工具

「工欲善其事，必先利其器」，田野調查之研究工作，研究工具是必須具備之重要物件，研究工具之應用有可能影響到爾後的成果呈現，傳統之紙筆紀錄有其必要性，利用現代化之工具，攝影機、錄音機、照相機，將現場紀錄聲音與影像以及行為動作，可收到最適時的紀錄，亦可作為往後紀錄之重要參考資料。

本研究之田野調查擬以 DV 攝影機現場紀錄為主，再搭配 TAPE 錄音機或 MD 錄音機、數位照相機或一般照相機、紙筆紀錄、電腦、影像處理軟體、燒錄機等其他之工具進行本研究調查工作。

六、論文架構

本研究論文分五章，第一章中先對客家「還神」之名詞進行說明與解釋，建立基本認知與了解，進而藉由古書與相關之文獻資料，文廟祀典之祭祀禮儀，以及客家「還神」祭典之相關文獻資料中，探討祭祀禮儀之「拜天公」敬神儀式，以及文廟祀典之行「三獻禮」祭祀禮儀與客家「還神」祭典中「行三獻禮」祭祀禮儀之相關性。

客家八音在客家人生命禮俗中，扮演著重要的腳色，客家八音音樂配合祭典，演奏各種不同之曲調，客家八音襯托出客家祭典之莊嚴性與地方性，也活化儀式之生命力。本研究除研究探討美濃地區的還神祭典儀式，在第二章中將探討六堆地區的客家八音，把客家八音的過去、現在，客家八音與客家生命禮俗之關係，客家八音的編制與演奏型態，八音曲牌的分類作一探討研究陳述。

第三章起將對客家人生命禮俗、歲時祭儀與臨時祭儀中之「還神」祭典，呈現田野調查記錄資料。第三章、第四章中將探討美濃鎮旁六龜、杉林與旗山之客家聚落。這些鄉鎮內客家聚落與美濃鎮在族群與文化上都有極密切的關係。第三章中將呈現新威勸善堂「九獻禮」祭典，新民庄客家人的「送字紙灰」、「祭河江」、「祭

聖」與「祭義塚」傳統祭典。第四章中探討呈現旗山圓潭中正里福安庄宣化堂天公生、客家祖堂陞座、結婚時的「還神」祭典，美濃鎮旁邊客家聚落之「還神」祭典，屬本研究範圍內之研究對象，也可以與美濃鎮做個對照。

第五章中將呈現調查研究美濃鎮內，客家「還神」祭典禮儀與客家八音之運用情形。客家人的結婚，新建祖堂與伯公壇陞座，新年福與還福，美濃春祈二月戲與美濃廣善堂「九獻禮」祭典等「還神」祭典，祭典儀式，祭壇之設置與敬奉品之擺設方式與客家八音配合祭典之運用情形。本章中也探討儒、釋、道宗教與中國傳統祭祀古禮，呈現在客家人的祭祀儀典中之廟堂，以誦經法會方式及以請誥方式請神敬神之「還神」祭典。最後將探討南隆地區「北客」之「還神」祭典與「南客」之異同。

本研究主要的目的，欲將美濃地區客家「還神」祭典之儀式、祭壇、祭品之擺設與「還神」祭典中客家八音曲調運用之情形，深入且詳細的將整個祭典資訊，歸納系統整理出來。最後，擬將美濃地區客家「還神」祭典的祭典儀式與客家八音之應用，以及「還神」祭典時祭壇與敬奉物品之擺設，進行詳細的調查；並且將廟堂、土地伯公與家族祭拜之祭典儀式歸納分類，深入探討祭壇、祭品之隱喻含意；最後將個人在調查研究中發現之現狀與問題，提出作探討與建議。

「還神」祭典的主導者是禮生，禮生之手抄本是重要之參考文獻資料，從手抄本之資料亦可了解祭祀儀式之作法。禮生們提供給筆者各種祭典之請、送神詞、表文、祝文等文表資料，以及祭典中禮生所書寫的文表資料等併列於文中，作為參考資料。

本研究希望能將美濃地區客家「還神」祭典與客家八音之運用，釐清楚並做系統整理。讓客家人對自己生命禮俗與歲時祭儀中的「還神」祭典，能更清楚的了解，也提供給客家研究者一個參考資料。

第一章 緒論

通常「還神」都是在半夜進行祭典，客家人對「還神」祭典都有印象，但這個印象通常只是「在半夜舉行的祭典」，「好冗長而且跪得要命」的經驗，對「還神」祭典的內容，除主其事之禮生、引生外，一般客家人對儀典的禮程都不甚了解。所以「還神」對客家人是既熟悉又生疏又帶有一些的神祕感。對非客家人就更不了解什麼是「還神」祭典。故本章先將客家人之「還神」祭典作一簡述，了解什麼是「還神」祭典。

「還神」祭典儀式包含敬天、祭神與祭祖之祭祀儀典。中國自有文字記載之時即有祭祀記載，本章將從文獻資料古書及祭祀禮書中，記載之祭祀文化禮儀、文廟之祭祀儀典，以及臺灣客家地區之祭祀文獻資料及相關之研究，先探討相關祭祀之禮儀與歷代祭祀之演變，作為本研究之根基。

第一節、何謂客家人的「還神」祭典

「還神」有人寫「完神」，在客家地區的歲時祭儀與生命禮俗中，舉凡結婚、喜慶、歲時節慶、神佛聖誕日、土地公生，年初年底的新年福「祈福」與「還福」，都會以「還神」[01]的拜天公敬神與行三獻禮儀式，進行敬神、祭祖等祭典。

有時候晚上很晚了還聽到客家八音的聲音，可能是有人明天要結婚，或是祖堂「陞座」、土地伯公生、神明聖誕日等，在晚上進行「還神」祭典。祭祀儀典要在「當日」辦理，晚上十一點起屬子時是本日的開始，所以在客家地區，「還神」祭典通常都是在前一天晚上的十一點以後開始舉行。現在一般都會提早辦理祭典，但是結束時還是要在晚上十一點以後。

大家熟知的「拜天公」，也就是客家人所謂的「還神」祭典，客家人的「還神」祭典，在行「拜天公」的敬神儀式後要繼續行「三獻禮」的祭祀禮儀。一個完整的「還

01　「還神」有人寫「完神」，因有還願之意，本文在此均以「還神」稱之。

神」祭典，在傍晚時要先「結壇」向天神稟告，晚上再行「拜天公」的敬神儀式，最後行三獻禮的祭祖或敬神儀式。

　　現在各個地區受到種種因素的影響，或許不會進行整套完整的「還神」祭典，也許只有行「拜天公」的祭典，廟堂中不行「拜天公」的敬神儀式，改以請誥或誦經法會方式行之，請誥後再行「三獻禮」祭典。這些在美濃客家地區也都稱之為「還神」祭典。

「結壇」拜天公

第二節、中國古代之敬天與祭祀儀式

回顧文獻記載中國古代之敬天與祭祀儀式，了解中國有關傳統祭祀禮儀，並作為比對了解客家「還神」祭典與中國傳統文化之關係。

呂大吉《宗教學通論》一書記載了中國古代夏商周朝時代之宗教活動：

夏代是宗法奴隸制初建時期，人為宗教亦不夠發達；商代是宗法奴隸制發展時期，神鬼崇拜相當盛行；周代是宗法奴隸制成熟時期，宗法道德充實了宗教活動的內容。

《論語·八佾》中孔子曾說：

夏禮，吾能言之，杞不足徵也；殷禮，吾能言之，宋不足徵也；文獻不足故也。足，則吾能徵之。

《論語·泰伯》中孔子曾稱讚夏禹：「禹吾無間矣：菲飲食而致孝乎鬼神，惡衣服而致美乎黻冕，卑宮室而盡力乎溝洫。」黻冕是祭天的禮服，虔誠祭天是夏禹三大功德之一。這說明夏代尊天事鬼，統治者把天當做人間主宰，並有一套祭天的制度和活動。

《尚書·湯誓》中說：「有夏多罪，天命殛之。」、「夏氏有罪，予畏上帝，不敢不正。」殷人稱天神為上帝，它既掌管自然天象，又主施人間禍福，商代殷人凡戰爭、祭祀、飲宴、氣象、收成、田獵、旅行等事情，都要先占卜，探明天神意旨，而後才決定行動，可見商代天地信仰的程度更深於夏代。

周公制禮作樂使天神崇拜具有更多的倫理色彩，提出了規定天的神性的天命論，為後來幾千年傳統宗教信仰奠定了基礎。周代人天神崇拜相當廣泛，稱呼天神稱「天」，或稱「皇天」、「上天」、「旻天」、「昊天」、「蒼天」，也連稱「皇天上帝」、「昊天上帝」。客家「還神」祭典上界敬奉的神『昊天金闕玉皇大帝陛下暨列週天滿漢星君寶座位』，「昊天」之名應起源於周代。

在階級社會中，人被劃分為不同的階級和等級，因此，人的獻祭活動也受制於其所屬的社會等級而有所不同。我國古代禮儀對此有具體的規定，表現出嚴格的階級性。

《禮記‧王制》中的規定是：

天子祭大地，諸侯祭社稷，大夫祭五祀，天子祭天下名川、五岳視三公，四瀆視諸侯[02]，諸侯祭名山大川之在其地者。

《曲禮》在宗教祭祀制度上亦有規定：

天子祭天地，祭四方，祭山川，祭五祀，歲遍。諸侯方祀，祭山川，祭五祀，歲遍。大夫祭五祀，歲遍。士祭其先。

《禮記‧王制》中敘述周代的廟制規定：

天子七廟，三昭三穆，與大祖之廟而七；諸侯五廟，二昭二穆，與大祖之廟而五。大夫三廟，一昭一穆，與大祖之廟而三。士一廟。庶人祭於寢。

祭天為天子的特權，只有天子才可以祭全天下之山川，諸侯與百姓是不許祭天的，諸侯則只能祭其境內之山川，這個規定歷朝相沿，象徵其力量所及範圍大小不同，不可逾越，此規定直到清末才漸漸鬆弛。

天帝為百神之首，祖先神為百鬼之先，百神百鬼各有自己的特殊神性與管轄範圍，組成一個多層次多方面的神鬼世界。我國傳統宗教的核心是尊天、敬祖、拜鬼神。相信天神干預人事，鬼神掌管日月風雨，治理山川。祖宗父母為生命之本，死後靈魂不滅，為此必須向天地、鬼神、祖宗表示敬拜之情，借以求福、免災、報本，於是乃有獻祭之禮。因此，祭祀大致分別為祭天地、祭鬼神、祭祖宗三類。[03]

02　五岳是：泰山、衡山、華山、恒山、嵩山。四瀆是：長江、黃河、淮河、濟水。

03　呂大吉《宗教學通論》，頁 389，臺北，博遠出版有限公司，民 82 年，頁 716。

周代祭祖，種類繁多，《禮記・王朝》說：「天子，諸侯宗廟之祭，春曰礿，夏曰禘，秋曰嘗，冬曰烝。」《禮記・祭統》說：「禘嘗之義大矣，治國之本也。」孔子《論語・八佾》也說過：「知禘之說者，治國其如示諸掌。」

　　祭祀獻祭之祭品，有大有小，有輕有重。祭品有獻牲的，也有不獻牲的。我國古代對此有分別，無牲而祭曰薦，薦而加牲曰祭，牲禮亦有等級，分為「太牢」和「少牢」。「太牢」有牛、羊、豬三種牲；「少牢」則只有豬、羊兩牲。

傳統宗教的核心是尊天、敬祖、拜鬼神，向天地、鬼神、祖宗表示敬
拜之情，藉以求福、免災、報本。圖為美濃地區雲霧裊裊的山林

許慎《說文解字》中解釋「祭」、「祀」、「禮」三個文字的意義是：

祭：祭祀也。從示，從手持肉。

祀：祭無已也。從示已聲。

禮：履也。所以事神致福也。從示從豐，豐亦聲。

凡與鬼神有關的文字皆從「示」，故由人們用手拿著肉獻給鬼神的行為便稱為「祭」，這種行為要長久不輟（已）叫「祀」，後世人將「祭」、「祀」兩字連用一起，指人們對鬼神的供奉禮拜行為。

《樂記》中說：「明則有禮樂，幽則有鬼神，如此，則四海之內合敬同愛矣。」禮與樂相結合則有協調社會關係的作用。在客家「還神」祭典中便將禮樂相結合並互相協調的進行祭祀儀典。

第三節、祭孔祀典禮儀與客家傳統祭祀禮儀之文獻回顧

文獻資料對祭祀儀典之記載，以祭祀至聖先師孔子之儀典有較完整之記載，雖然祭孔祀典時之奏樂與伴舞，在一般的祭祀中並無比照辦理，但從祭孔祀典禮儀與音樂之文獻記載，即是研究傳統祭祀禮儀重要之參考資料，相關客家三獻禮、九獻禮之文獻資料亦是本研究客家祭典之重要參考資料。

一、祭孔之祭祀禮儀

有關祭祀至聖先師孔子之儀典之記載，在高拱乾所著《臺灣府志》中，對早期祭祀先師孔子之儀典與演奏之樂章有詳盡之記載，是早期有關記載文廟祀典之文獻紀錄（祭祀儀典摘錄於 附表 1-1 ）。

旗山中山公園上的高雄縣孔廟，民國 75 年完竣後辦理高雄縣第一次祭孔典禮，後來旗山孔廟因地基流失下陷而封閉，祭典因此停止辦理，民國 92 年孔廟整修完成

後，繼續辦理祭孔大典。「高雄縣紀念大成至聖先師孔子誕辰釋奠典禮」典禮儀程與其他國內之祭孔儀典類似，高雄縣祭孔之祭祀儀典本研究亦摘錄於 附表 1-2 。

文廟祭祀儀典

高拱乾所著《臺灣府志》中之祭祀先師孔子儀典 [04] 。

齋戒：丁前三日，致齋；不飲酒，不茹葱、蒜、韭、薤、不問病，不弔喪，不聽音樂，不理刑名，不與妻妾同處。丁前一日，沐浴更衣；宿祭所，惟理祀事。

省牲：（牛、羊、豕、鹿、兔）正祭前一日，辦祭官備樂導送祝文、祭品至學。詣明倫堂，演樂、習儀畢，禮牲送祝文，獻官盥手親填職名，遂省牲。執事者，設香案於宰牲堂外，引贊引獻官公服至；唱：「上香」。唱：「揖」。獻官揖已，執事者牽各牲於香案前過，視皆純色肥大，無有傷殘疾缺。唱：「揖」。唱：「平身」。唱：「禮畢」。（遂宰之，取毛血少許盛盤中，執事者捧毛血升自東階，正祀由中門入、配哲各由左右門入、兩廡隨左右安置各位下。其餘毛血藏淨器中，俟祭日瘞之）。

祭祀孔子之儀式如下：

每歲春秋二仲月（筆者註：農曆二、五、八、十一月又稱仲春、仲夏、仲秋、仲冬）上丁日 [05] 四鼓，先祭啟聖祠；五鼓，至祭文廟。
先師廟儀注

04　高拱乾《臺灣府志（高志）》，臺灣省文獻委員會，頁 163，民 83 年，

05　八月上半月的祭典，在古代有一項全國性的祭奠：仲秋上丁日祭先師孔子，古代祭孔，分為春秋二祭，春用仲春（二月）上丁日，秋用仲秋（八月）上丁日；所謂上丁日是指該月的第一個丁日，依古代用干支計日之法，每十天就會遇到一個丁日。（資料來源：行政院農業委員會網站資料 http://www.coa.gov.tw/view.php?catid=1618，96 年 1 月）

起鼓初嚴，遍燃庭燎、香燭；

鼓再嚴，贊禮、樂生、舞生及執事者各序立於丹墀兩旁；

鼓三嚴，引贊各引獻官至丹墀下立。

通贊唱：「贊禮、樂生、舞生就位」。唱：「執事者各司其事」。唱：「陪祭官就位」。

唱：「分獻官就位」。唱：「獻官就位」。

通贊唱：「瘞毛血」（執事者捧毛血，正祀由中門出，四配、東西哲由左右門出，兩廡隨之，瘞於坎）。

通贊唱：「迎神」（舞生橫執其籥，無舞）。麾生舉麾，

唱曰：「樂奏咸和之曲」（遂擊柷作樂。通贊亦隨唱鞠躬、拜、興）。樂生唱曰：「大哉孔聖（每歌一句，擊鼓三聲），道德尊崇，維持王化，斯民是宗。典祀有常，精純並隆。神其來格，於昭聖容」。

通贊唱：「鞠躬！拜！興！拜！興！拜！興！拜！興！平身」（麾生偃麾櫟敔，樂止）

通贊唱：「奠帛」麾生舉麾，

唱曰：「樂奏寧和之曲」（擊柷作樂。諸舞生按節而舞，諸在舞儀圖。執事者各捧帛）。樂生唱曰：「自生民眾（每歌一句，擊鼓三聲），誰底其盛？為師神明，度越前聖，粢帛其呈，儀容斯稱。黍稷非馨，惟神之聽」（捧帛者，正祀由中門入，四配、十哲俱由左門入，兩廡隨左右入，詣各神位前之左朝上立。麾生舉麾櫟敔，樂止）

通贊唱：「行初獻禮」！

引贊唱：「詣盥洗所」（導至盥洗所，盥手畢）！唱：「詣酒尊所」（導至酒尊所）！

引贊唱：「司尊者舉幕酌酒」（執事者以勺盛酒，傾於爵內；捧爵者在獻官前行，正祀由中門入，餘俱由左門入，詣各神位前朝上立）。

引贊（導獻官從角門入）唱：「詣至聖先師孔子神位前」！麾生舉麾，

唱曰：「樂奏安和之曲」（擊柷作樂。舞生按節而舞）。樂生歌曰：「大哉聖師！實天生德。作樂以崇，時祀無斁。清酤惟馨，嘉牲孔碩。薦羞神明，庶幾昭假」（引贊於舉麾時，即導獻官至神位前）。唱「跪」！（捧帛者西跪，進帛於獻官）。

引贊唱：「奠帛」（獻官奠帛，西旁執事者跪執帛，進於神前案上；司爵者西跪，進爵於獻官）。

引贊唱：「獻爵」（獻官獻爵，西旁執事者跪接爵，進於神前案上）。引贊唱：「俯伏」（獻官俯首）！引贊唱：「興！平身」（獻官揖）！

引贊唱：「詣讀祝位」（獻官至香案前）！引贊唱：「跪」！

通贊唱：「眾官皆跪」！

引贊唱：「讀祝文」。（麾生偃麾，樂暫止；讀祝者取祝文跪讀畢，將祝文置於案上，退）。

通贊、引贊同唱：「俯伏！興！平身」（麾生舉麾，樂生接奏未終之樂）。

引贊唱：「詣復聖顏子神位前」！唱：「奠帛」！唱：「獻爵」！唱：「俯伏！興！平身」！

唱：「詣宗聖曾子神位前」！（如前儀）

唱：「詣述聖子思子神位前」！（如前儀）

通贊唱：「行分獻禮」（引贊引分獻官，各至十哲、兩廡行禮，俱如正祀儀，惟捧西配、西哲、西廡、帛爵者、須轉身跪於獻官、分獻官之左，餘如前儀）。

引贊唱：「詣亞聖孟子神位前」！（如前儀）

引贊唱：「復位」（麾生偃麾櫟敔，樂止）。引贊引獻官從西角門出，獻官、分獻官一時同復原位。

通贊唱：「行亞獻禮」（不詣盥洗所）（詣酒尊所，俱如前儀）。

唱：「詣至聖先師孔子神位前」！麾生舉麾，

唱曰：「樂奏景和之曲」（擊柷作樂。舞生按節而舞）。樂生歌曰：「百王宗師，生民物軌；瞻之洋洋，神其寧止。酌彼金罍，惟清且旨。登獻惟三，於嘻成禮」（獻爵同初獻禮，惟無奠帛、無讀祝文。次及四配位，儀同初獻）。

引贊唱：「復位」（麾生偃麾櫟敔，樂止）。

通贊唱：「行終獻禮」（終獻酌酒、獻爵、作樂、樂章、舞節，次及四配位，儀俱同亞獻）

通贊唱：「飲福受胙」！

引贊唱：「詣飲福受胙位前」（位在讀祝所。進福酒者捧爵、進胙者捧盤，立於讀祝案之東。又二執事立於案西）。

引贊唱：「跪」！

唱：「飲福酒」（東執事者捧福酒。跪進於獻官；飲訖，西執事者跪接爵）。

唱：「受胙」（東執事者取正壇羊肩胙置於盤，跪進於獻官；獻官接胙訖，西執事者跪接胙，由中門捧出）。

唱：「俯伏！興！平身！復位」！

通贊唱：「鞠躬！拜！興！拜！興！拜！興！拜！興！平身」（眾官俱四拜訖）！

通贊唱：「撤饌」！麾生舉麾，

唱曰：「樂奏咸和之曲」（擊柷作樂。諸舞生直執其籥，無舞）。

樂生歌曰：「犧象在前，籩豆在列；以饗以薦，既芬既潔。禮成樂備，人和神悅。祭則受福，率遵無越」（執事者各於神位案上，將籩豆稍移動；執事者回原位，麾生偃麾櫟敔，樂止）。

通贊唱：「送神」！麾生舉麾，

唱曰：「樂奏咸和之曲」（擊柷作樂，無舞）。

樂生歌曰：「有嚴學宮，四方來宗；恪恭祀事，威儀雍雍。歆茲惟馨，神馭還復；明禋斯畢，咸膺百福」

通贊唱：「鞠躬！拜！興！拜！興！拜！興！拜！興！平身」（眾官俱四拜訖）麾生偃麾櫟敔，樂止！

通贊唱：「讀祝者捧祝，司帛者捧帛，各詣瘞所」（讀祝者先跪取祝文、司帛者跪取帛，轉身向外立；正祀者由中門捧出，左配、左哲由左門出，右配、右哲由右門出，兩廡如前儀隨班，俱往瘞所）。

通贊唱：「詣望瘞位」麾生舉麾，

唱曰：「樂奏咸和之曲」（擊柷作樂，樂章與送神同，無舞）。引贊引獻官眾官，俱詣望瘞位。

唱：「望瘞」。

唱：「焚祝文」。

唱：「帛一端」（唱至九端。待焚畢）。
引贊唱：「復位」（麾生偃麾櫟敔，樂止）。
通贊、引贊同唱：「禮畢」（各官俱朝上一揖）。

高雄縣紀念大成至聖先師孔子誕辰釋奠典禮 [06]

釋奠典禮開始

鳴炮

鼓初嚴：（亦稱發頭鼓或頭通鼓、古制擊鼓一〇八響。執事禮生遍燃庭燎香燭。）

（一）位儀門西側內晉鼓（亦稱大成鼓）之樂生先擊鼓框一響，繼以雙捶敲擊鼓心，一重一輕，由緩而急，音亦轉強，繼又自強漸弱（時間約三十五秒鐘）。待音靜止後，重擊鼓心一響，以示頭通。

（二）位儀門東側內司鏞鐘之樂生，重擊鏞鐘一響作結（餘音洪亮悠長）。同時執事禮生遍燃庭燎香燭。

鼓再嚴：（亦稱二通鼓）

（一）司晉鼓之樂生，仍依前法擊鼓，時間約為三十五秒。中間之緩急輕重之基本節奏「‧ ‧ ‧ ‧ 。」（「‧」擊鼓重聲、「。」擊鼓輕聲），而首尾之擊鼓框、鼓心，及擊鏞鐘之音響，皆增為兩響。

（二）樂生、佾生及執事者，依序分立（如附件祭孔大典圖），排班準備入場。

鼓三嚴：（亦稱三通鼓）

擊晉鼓之方法，時間及鏞鐘之法同前。但擊鼓之首尾（鼓框、鼓心）及鐘聲，皆增為三響，中間緩急輕重之基本節奏為「‧ ‧ 。‧ ‧ ‧ 。」，至此引贊（禮生）分別引導各獻官至丹墀下依序排立。

樂、歌、佾生就位：（樂、歌生隨麾生，佾生隨節生，按轉班鼓節奏就位）

06　資料來源：《高雄縣紀念大成至聖先師孔子誕辰釋奠典禮儀節》祭祀工作人員影印資料。

（一）樂生於通贊唱：「樂生、佾生就位」後，按轉班鼓節奏行進。樂、歌生由執麾（麾旌旗之屬，用以指揮樂之始終，每奏樂皆次第舉麾，樂止偃麾。升麾於東、降麾於西）者前導，先自廊側升東西階，分別至廊上及露臺上左右兩邊就位。

（二）佾生隨執節者於第二個「五步一頓」之轉班鼓節奏起步，自東、西廡廊皆向中庭對進，然後轉向大成殿前左右階，升階而登中央露臺。以上皆「五步一頓」建鼓單拍敲擊以節之。

執事者各司其事：（按建鼓節奏就位）各執事人員（禮生）按建鼓之節奏，分別移步就位。

糾儀官就位：（引贊引糾儀官就位後暫退）

引贊唱：「糾儀官請就位」此時糾儀官隨引贊就位，立於丹墀（露臺）東南端糾儀臺，面對西南。

陪祭官及與祭者全體就位：（引贊引陪祭官就位後暫退）

引贊唱：「請全體陪祭官就位」此時陪祭官若干人隨引贊就位，與祭者排成數列，立於大成殿前庭南端儀門前，面向大成殿。

分獻官各就位：

（每位分獻官各有引贊、亞贊兩人，為示區別，位於右者曰引贊、左者曰亞贊，擔任引贊兩人，聞通贊唱：分獻官就位後，引贊趨分獻官前唱：「請分獻官就位」，即位於分獻官前左右引導就位）

西廡先儒、東廡先儒、西廡先賢、東廡先賢、西哲、東哲、西配、東配等八位分獻官，各依序隨引贊詣盥洗所（盥洗所右禮生用枓——音主，從斗——音音雷／中舀出水來，向獻官手上澆下，左禮生進巾揩拭），盥洗後隨引贊就位，面向大成殿。

正獻官就位：

引贊唱：「請正獻官就位」，正獻官隨引贊詣盥洗所，盥洗後隨引贊就位，立於大成殿正前方（如附件祭孔大典圖）。

啟扉：

大成殿對面之儀門（大成門），由執事人員（禮生）開啟。

迎神：（樂奏咸和之曲，有樂有歌無舞）

（一）樂長唱：樂奏「咸和之曲」，麾生隨即舉麾，司柷（柷——音音祝，為起樂所用，形如米斛，木製朱漆樂器）者擊柷三響；繼為司敔（敔音桃，亦稱搏浪鼓，兩旁有耳，用手搖之小鼓。）者播敔三通，於是諸樂和鳴，歌生齊唱：「大哉孔聖。道德尊崇。維持王化。斯民是宗。典祀有常。精純並隆。神其來格。於昭聖容。」特鐘（亦稱鎛鐘，鎛音博，獨懸一簨之大鐘。）於每一樂句前一擊，眾樂遂依 4／4 拍齊奏。其間編鐘（小鐘，各應律呂、大小以次，編而懸之、上下十五鐘共懸於一簨虡）及舂牘（拍板）擊第一拍，編磬（石製樂器。制同特磬而小，十五磬共懸一簨虡，長寬同而厚薄異，應十二律四倍律也。）擊第三拍，搏

拊（形如鼓，懸於項下兩手拍擊作聲，擊之以節樂。）則每拍均有擊應。特磬（石製樂器，較編磬而大，一磬一懸。）則於每一樂句之末一擊，旋律樂器及歌生於每句奏畢，均休止八拍。先由特磬敲擊一拍上句作結後，建鼓（鼓名、穿鼓腰為方孔，以柱貫其中而豎之。柱上施華蓋，頂為鳥飾之，柱下有縱橫十字形之四足拊，刻四獅形。）一擊，應鼓（應朔鼙也，即小鼓，直徑一尺八寸、深二尺連座架四支穿鏤花。建鼓在東、應鼓在西。）二應，如此連續三次，再擊特鐘一拍而起奏下一樂句。樂聲開始後，由禮生四人，提雙燈、雙爐為先導，另由禮生分持雙斧、雙鉞（大斧）及繖、扇後隨，分東、西兩行相對，魚貫出儀門之側門，至門外會合併。

（二）在迎神禮生入儀門時，

　　通贊唱：「全體肅立」。以至誠表「敬神如在」——此時神隨禮生入門，所有殿庭諸獻官、執事人員及與祭、觀禮賓客，皆莊嚴肅立。

（三）待迎神樂章（咸和之曲）奏畢結束時，樂長高唱：「樂止」。司敔（敔音羽，為虎形木雕樂器）者用籈（音真，用竹長二尺四寸，析其半為十二莖擊敔之樂器）擊敔首三響，刷虎背齒形之鉏（音舉）鋙（音語）三次，麾生隨之偃麾。

（四）迎神儀隊行至正獻官位置前時，

　　通贊唱：「全體行三鞠躬禮、一鞠躬、再鞠躬、三鞠躬、禮畢」，此時殿庭所有諸人員皆應聲行三鞠躬禮。

（五）迎神儀隊行至正獻官位置前時，

　　通贊唱：「全體行三鞠躬禮、一鞠躬、再鞠躬、三鞠躬、禮畢」，此時殿庭所有諸人員皆應聲行三鞠躬禮。行，改由中門轉入，迎神至大成殿。復將斧、鉞、繖、扇還至原處。

進饌：

（主壇、四配、東西哲、東廡先賢／先儒、西廡先賢／先儒，同時進行）執事者（案前右側禮生）將案上之祭品，稍稍移動位置，復置於原位。

正獻官行正獻禮、分獻官行分獻禮：

通贊唱：「正獻官行正獻禮」後，繼唱「分獻官行分獻禮」，樂奏「寧和之曲」，有樂、有歌、有舞。

（一）首由司晉鼓及鏞鐘之樂生——擊鼓、鐘，如「鼓三嚴」。擊鼓、鐘畢，

　　樂長唱：「樂奏寧和之曲、舞以寧和之舞。」繼之麾生舉麾、節生舉節，擊柷、播鼗、鳴特鐘後，樂歌及佾舞（僅奏唱「寧和之曲」前半首：自生民來。誰底其盛。惟師神明。度越前聖。），與諸樂和鳴並起。「八佾」六十四人佾生左手取籥（音樂、短笛狀竹管），右手持翟（木柄其端雕龍頭，口中植雉尾三莖）按音樂節拍獻舞，動作緩慢莊雅，蓋古之雅樂所當然。

（二）樂舞起時，正獻官引贊唱：「請正獻官行正獻禮」正獻官隨引贊，由東階升，詣大成殿至聖先師孔子神位前。

（三）各分獻官引贊依序唱：「請分獻官行分獻禮」即引導各分獻官詣東配、東哲、東

廡先賢、先儒（東由東進）。及西配、西哲、西廡先賢、先儒（西由西進）神位前。
請正、分獻官就位：正分獻官就案前祭拜位置。
上香：
大成殿至聖先師孔子神位、東配、東哲、東廡先賢、先儒。及西配、西哲、西廡先賢、
先儒神位案前右禮生「進香」——「上香」，左禮生「接香」插香爐。
獻帛：
（祭神之幣，白色無文絹製。）大成殿至聖先師孔子神位、東配、東哲、東廡先賢、先儒。
及西配、西哲、西廡先賢、先儒神位案前右禮生「進帛」——「獻帛」，左禮生「接帛」
置案上。

獻爵：
大成殿至聖先師孔子神位、東配、東哲、東廡先賢、先儒及西配、西哲、西廡先賢、先
儒神位案前右禮生「進爵」（「獻爵」），左禮生「接爵」置案上。

獻花：
大成殿至聖先師孔子神位、東配、東哲、東廡先賢、先儒。及西配、西哲、西廡

全體行三鞠躬禮：
通贊唱：「一鞠躬、再鞠躬、三鞠躬。」禮畢。
至此正、分獻官就原位不動，俟讀祝文行禮畢，再行復位。先賢、先儒神位案前右禮生
「進花」——「獻花」，左禮生「接花」置於供桌上。

恭讀祝文：
（行正獻禮，當唱奏「寧和之曲」樂章一半時，樂長即唱：「樂止、舞止。」至此樂暫
止而不擊敔，麾生、節生各偃麾、節、祝文以黃色紙摺五摺。）
（一）通贊唱：「請讀祝生就位——全體肅立——行三鞠躬禮——一鞠躬、再鞠躬、三
　　　鞠躬——恭讀祝文」接著讀者恭讀祝文。
（二）俟讀祝畢，通贊唱：「全體行三鞠躬禮——一鞠躬、再鞠躬、三鞠躬」此時，樂
　　　長再唱：「樂作、舞起」。春牘三擊，特鐘一擊後，麾、節再舉。諸樂繼奏「寧
　　　和之曲」後闋，第五句起，（采帛具成。禮容斯稱。黍稷非馨。惟神之聽。）樂章
　　　舞亦並起，直至曲終。樂長復唱：「樂止、舞止。」司敔者擊敔止樂，麾、節隨
　　　之而偃。

飲福受胙：（正、分獻官飲福受胙）
（一）通贊唱：「飲福受胙」後，正獻官引贊唱：「請正獻官飲福、受胙」正獻官隨引
　　　贊由東階升，詣大成殿至聖先師香案前。
（二）引贊唱：「就位」、「飲福酒（福酒指祭祀所用之酒，經神所享，故稱福酒，由
　　　香案前右禮生捧奉進福酒，正獻官接爵飲訖，左禮生接爵放回原處）」、「受胙
　　　肉（祭肉叫胙肉，以〝大餅〞代替，與福酒一樣地帶有神降之福份。香案前右禮
　　　生捧胙盤進，正獻官受福胙，左禮生接胙放回原處）」、「行三鞠躬禮，一鞠躬、

再鞠躬、三鞠躬」。禮畢，正獻官亞贊唱：「請正獻官復位」，由西階降復位。

撤饌：（樂奏咸和之曲，有樂、有歌、無舞）

（一）樂長唱：樂奏「咸和之曲」，麾生舉麾，拍春牘三響後，樂奏撤饌樂章之後闋──「禮成樂備，人和神悅。祭則受福。率遵無越」（因禮節較古制減省，用時較短，為配合祭典之進行，樂章前闋「犧象在前。豆籩在列，以享以荐。即芬即潔，」省略。）不擊建鼓、特鐘，而以春牘，搏拊擊拍。（各壇執事者「祭案前禮生」，各將神壇上祭器如籩（竹製盛祭品）、豆（木製盛醬泡菜）等，稍稍移動位置後，復立於原位。

（二）樂長唱：「樂止」麾生偃麾。

送神：（樂奏「咸和之曲」，有樂、有歌無舞）

（一）樂長唱：樂奏「咸和之曲」，鐘鼓齊鳴，通贊唱：「全體肅立」。

（二）歌生唱送神樂章：「有嚴學宮。四方來宗。恪恭祀事。威儀雍雍。歆茲惟馨。神馭還復。明禋新畢，咸膺百福。」形式與迎神禮同。前任迎神之諸執事，再按迎神禮時程序，分持燈、爐、斧、鉞、繖、扇相對並行送神，由大成門中門出，俟執事者行至大成門外，樂長始唱：「樂止」。送神行列執事暫停大成門外兩旁。

（三）當儀隊執事人員行經正獻官位置前，通贊唱：「全體行三鞠躬禮，一鞠躬、再鞠躬、三鞠躬」，此時全體參禮者同時應聲行禮。

捧祝帛詣燎所：

讀祝者捧祝，司帛者捧帛（引贊引正獻官及各分獻官由正壇、四配、十二哲、東西廡壇禮生依序捧帛，虔敬出大成殿，經儀門）詣燎所，焚祝文及帛。

望燎：（樂奏咸和之曲）

（一）通贊唱：「望燎」後。樂長唱：樂奏「咸和之曲」樂章同於送神。晉鼓擊於第一拍、鏞鐘擊於第三拍時，正獻官引贊唱：「請正獻官詣燎所望燎」正、分獻官隨引贊詣燎所望燎。當正、分獻官行抵儀門時，通贊唱：「請陪祭官及與祭者向後轉。」（與祭人員均在原地轉身向外行注目禮。）

（二）執事者之提燈、提爐、斧、鉞、繖、扇等已於送神時從中間門出去，暫停在大成門外，此時以正獻官為中心，成一字形橫排，引贊唱：「請正獻官、分獻官望燎」（正、分獻官望帛、祝文焚化的進行），蓋以虔敬誠意完成致祭及送神序。

鳴炮：

帛、祝文焚化後，通贊唱：「鳴炮」

復位：

（一）通贊唱：「請陪祭官及與祭者向後轉。」

（二）正獻官亞贊唱：「請正獻官復位」正獻官隨引贊復位。

（三）分獻官亞贊亦唱：「請分獻官復位」分獻官隨引贊復位。

（四）　送神儀隊自大成門兩側進入，並返還器物，而復位。
（五）　樂長俟各執事均復原位後，始唱：「樂止」。

闔扉：
執事人員闔閉大成門。

撤班
「請正獻官退」正獻官隨引贊退。
「請分獻官退」分獻官各隨引贊退（東配、西配、東廡先賢、西廡先賢、東廡先儒、西廡先儒依序退離）。
「請陪祭官退」
「請糾儀官退」糾儀官隨引贊退。
「請執事人員退」執事者按建鼓之單節奏退。
「請樂、歌、佾生退」。樂、歌、佾生則相繼按「五步一頓」之「轉班鼓」節奏，分別依序退至丹墀兩側及東、西廡廊下散班。

二、褒忠義民廟九獻禮祭典

　　據六堆文教基金會調查，全省有 37 座義民廟，屏東竹田鄉西勢的六堆忠義祠，是第一個「義民廟」。早期義民廟都有春秋二祭，後來漸漸淡化，屏東六堆忠義祠停辦祭典已有很長一段時間，最近才繼續辦理義民祭。右堆地區位於旗山旗尾的義民廟，每年農曆七月底有辦理「普渡」、「渡孤」法會，但無行三獻禮或九獻禮之祭典。

1930年代六堆忠義亭

六堆忠義祠祝文（屏東李籐福禮生書）

祝文

維

中華民國○○年歲次○○（乙酉）月建○○（庚辰）朔日○○（癸亥）越祭日癸亥之良辰

今有信士○○○……

謹以剛鬣柔毛膳饈菓品粄果酒筵金帛之儀 等

致祭于
祝言曰　恭維

忠勇義士	賦性堅剛	主持正義	克凜綱常
地方擾亂	愛國保疆	臨危受命	馬革裹屍
氣吞逆賊	效死沙場	英靈未泯	在天翱翔
千秋萬世	史冊留芳	建祠紀念	祭典昭彰
薦牲獻帛	奉酒升香	英魂毅魄	來享壺漿
叨蒙默祐	六堆隆昌	更祈顯赫	物阜民康

尚饗

　　陳運棟《臺灣的客家禮俗》中記載九獻禮禮儀範本、宮堂用九獻禮與新竹縣枋寮義民廟的九獻禮祭典儀式[07]。徐福全《臺灣民間祭祀禮儀》書中也摘錄《徘迴於族群和現實之間》一書所附「枋寮褒忠義民廟」行大禮程序。

　　新竹縣枋寮義民廟以九獻禮方式進行祭典，民國 78 年是最後一次，民國 79 年後改為三獻禮方式進行祭典，三獻禮祭典有春秋兩祭，秋祭在國曆 10 月到 11 月舉行。現在已經沒再以三獻禮方式祭祀，農曆七月的義民節，也簡化成只用獻花、獻果、獻酒方式祭祀。

07　陳運棟所書「新竹縣枋寮義民廟九獻大禮」（頁 174-179），文內（頁 178、179）排版有錯置。
08　註：（）內書上漏掉「，」。

新竹縣枋寮義民廟的九獻禮祭典儀式 [08]

總通唱：滿堂肅靜 各俱乃職

讚唱：滿堂肅靜 各俱乃職

總通唱：司鼓生，播鼓三通。司鐘生，鳴鐘九響。樂司者，奏大樂，莊和發引。

讚唱：司鼓生，播鼓三通。司鐘生，鳴鐘九響。樂司者，奏大樂，奏小樂，鳴金三陣，連發三元。

總通唱：主祭者，引祭生亦就位，執事者各司其事。

讚唱：主祭者，引祭生亦就位，執事者各司其事。

總通唱：主祭生濯龍池

讚唱：引祭生，引，主祭生，濯龍池。

引祭生唱：詣——于，濯龍池所濯龍池，復位

總通唱：主祭生參神。

讚唱：主祭生參神鞠躬。叩首，再叩首，三叩首。高陞。

總通唱：主祭生降神

讚唱：執事者酌酒焚香，引祭生。引。主祭生。降神。

引祭生唱：詣——于降神所，降神。初揖，再揖，三揖。灑酒。（主祭生等暫立兩旁。各拱手接駕，待鐘鼓響盡）復位。

總通唱：司鐘鼓生，鳴鐘擊鼓。樂司者，奏大樂。引神生，恭迎聖駕。

讚唱：司鐘鼓生，鳴鐘擊鼓。樂司者，奏大樂。善信男女躬身肅立，引神生，恭迎聖駕。

總通唱：「樂奏忠義之章」。

讚唱：「樂奏忠義之章」。

「大霸山蒼，臺海水黃，英風颯爽，巨浪飛揚，民之範則，國之元良，大忠大義，日月爭光。」

總通唱：執事者酌酒。焚香。主祭生。行初上香禮。

讚唱：執事者酌酒。焚香。引祭生，引，主祭生。行初上香禮。

引祭生唱：於——香席前。上香，再上香，三上明香。禮酒。初揖，再揖，三揖。

總通唱：全體善男信女行三鞠躬禮。

讚唱：全體善男信女原地肅立，向勅封粵東義民爺爺暨列尊神之位前行三鞠躬禮。一鞠躬。再鞠躬。三鞠躬。

總通唱：進牲生、供進豬羊。進菜生、供進菜品。

讚唱：進牲生、供進豬羊。進菜生、供進菜品。

總通唱：樂奏義軍之章。

讚唱：樂奏義軍之章。

「東粵之士，義勇端莊，墾闢炎服，拓我臺疆，救民守土，沾感難忘，衛鄉保國，英名昭彰。」

總通唱：麒麟獻瑞。

讚唱：麒麟獻瑞。

總通唱：執事者。滿堂開酌，酌酒奉祿，行初獻禮。

讚唱：執事者。滿堂開酌，酌酒奉祿，引祭生引主祭生，行初獻禮。

引祭生唱：詣——于

宣神生唱：勅封粵東義民爺爺神位前。『觀音佛祖』、『神農皇帝』、『三山國王』、『福德正神』之位前。『建創施主諱先坤林公』、『大先生陳公諱資雲』、『施主劉公諱朝珍』、『施主戴公諱元玖』、『開山順寂上開下智武禪師』、『創建施主諱立貴吳公、諱廷昌王公、諱宗旺黃公、諱茂祖錢公』、『施主兼原經理諱澄漢潘公、諱景熙蔡公、諱崇珍詹公』、『重脩廟宇經理諱萬福傅公、諱景雲徐公、諱裕光張公』之諸長生祿位前。

引祭生唱：進酒。進祿。初揖。再揖。三揖。平身復位。

總通唱：主祭生。宣文表。

讚唱：引祭生。引。主祭生。宣文表。

引祭生唱：詣——于

宣神生唱：勅封粵東義民爺爺神位前。『觀音佛祖』『神農皇帝』『三山國王』『福德正神』之位前。『建創施主諱先坤林公』、『大先生陳公諱資雲』『施主劉公諱朝珍』『施主戴公諱元玖』、『開山順寂上開下智武禪師』、『創建施主諱立貴吳公、諱廷昌王公、諱宗旺黃公、諱茂祖錢公』、『施主兼原經理諱澄漢潘公、諱景熙蔡公、諱崇珍詹公』、『重脩廟宇經理諱萬福傅公、諱景雲徐公、諱裕光張公』之諸長生祿位前。

引祭生唱：跪 宣文表熱。俱跪（宣文表完畢）。叩首。再叩首。三叩首。高陞。平身。復位。

總通唱：「樂奏懷忠之章」。

讚唱：「樂奏懷忠之章」。懷忠之章：「捐身赴敵，一志從王，保我眾庶，祐我村鄉。義所在，事急敢當。殺身成仁，應爾名揚。」

總通唱：麒麟獻瑞。

讚唱：麒麟獻瑞。

總通唱：執事者。滿堂再酌，酌酒奉祿，行亞獻禮。

讚唱：執事者。滿堂再酌，酌酒奉祿，行初獻禮（筆者註：應引祭生筆誤）引主祭生，行亞獻禮。

引祭生唱：引——于

宣神生唱：勅封粵東義民爺爺神位前。『觀音佛祖』、『神農皇帝』、『三山國王』、『福德正神』之位前。『建創施主諱先坤林公』、『大先生陳公諱資雲』、『施主劉公諱朝珍』、『施主戴公諱元玖』、『開山順寂上開下智武禪師』、『創建施主諱立貴吳公、

諱廷昌王公、諱宗旺黃公、諱茂祖錢公』、『施主兼原經理諱澄漢潘公、諱景熙蔡公、諱崇珍詹公』、『重脩廟宇經理諱萬福傅公、諱景雲徐公、諱裕光張公』之諸長生祿位前。

引祭生唱：奉酒。奉祿。初揖。再揖。三揖。平身復位。

總通唱：主祭生。讀祝文。
讚唱：引祭生。引。主祭生。讀祝文。
引祭生唱：詣——于

宣神生唱：勅封粵東義民爺爺神位前。『觀音佛祖』、『神農皇帝』、『三山國王』、『福德正神』之位前。『建創施主諱先坤林公』、『大先生陳公諱資雲』、『施主劉公諱朝珍』、『施主戴公諱元玖』、『開山順寂上開下智武禪師』、『創建施主諱立貴吳公、諱廷昌王公、諱宗旺黃公、諱茂祖錢公』、『施主（國王）』、『福德正神』之位前。『建創施主諱先坤林公』、『大先生陳公諱資雲』、『施主劉公諱朝珍』、『施主戴公諱元玖』、『開山順寂上開下智武禪師』、『創建施主諱立貴吳公、諱廷昌王公、諱宗旺黃公、諱茂祖錢公』、『施主兼原經理諱澄漢潘公、諱景熙蔡公、諱崇珍詹公』、『重脩廟宇經理諱萬福傅公、諱景雲徐公、諱裕光張公』之諸長生祿位前。

（引祭生唱：獻酒。獻祿。初揖。再揖。三揖。平身復位。）

總通唱：主祭生 加爵祿。
讚唱：主祭生。加冠。進祿。
總通唱：「樂奏義民之章」。
讚唱：「樂奏義民之章」。義民之章：「義勇安夷，忠烈衛鄉，草莽微臣，禦寇勤王，忠義永垂，民族之光，千秋俎豆，萬古綱常。」
總通唱：獻剛鬣、獻柔毛、獻家凫、獻舒雁、『兼原經理諱澄漢潘公、諱景熙蔡公、諱崇珍詹公』、『重脩廟宇經理諱萬福傅公、諱景雲徐公、諱裕光張公』之諸長生祿位前。

（引祭生唱：跪 讀祝文生俱跪（讀祝文畢）。叩首。再叩首。三叩首。高陞。平身。復位。）

總通唱：「樂奏襃忠之章」。
讚唱：「樂奏襃忠之章」。襃忠之章：「襃忠義士，烈氣輝煌，扶持危亂，威武奮揚，御封累代，績著邦鄉，千秋典範，萬載流芳。」
總通唱：「麒麟獻瑞」。
讚唱：「麒麟獻瑞」。
總通唱：執事者。滿堂加酌，酌酒，奉祿，行終獻禮。
讚唱：執事者。酌酒奉祿，引祭生引主祭生，行終獻禮。
引祭生唱：詣——于

宣神生唱：勅封粵東義民爺爺神位前。『觀音佛祖』、『神農皇帝』、『三山國王

』、『福德正神』之位前。『建創施主諱先坤林公』、『大先生陳公諱資雲』、『施主劉公諱朝珍』、『施主戴公諱元玖』、『開山順寂上開下智武禪師』、『創建施主諱立貴吳公、諱廷昌王公、諱宗旺黃公、諱茂祖錢公』、『施主兼原經理諱澄漢潘公、諱景熙蔡公、諱崇珍詹公』、『重俻廟宇經理諱萬福傅公、諱景雲徐公、諱裕光張公』之諸長生祿位前。』[09]

總通唱：獻牲禮、獻粄果、獻財帛、焚祝文疏文。
讚唱：獻剛鬣、獻柔毛、獻家鳧、獻舒雁、獻牲醴、獻粄果、獻財帛、焚祝文疏文。
總通唱：「樂奏正氣之章」。
讚唱：「樂奏正氣之章」。正氣之章：「天地浩流，義昭綱常，荷鋤報國，負耒勤王。忠貞衛國，感佩無疆，民族正氣，百世馨香。」
總通唱：主祭者。復位。
讚唱：主祭者。復位。
總通唱：主祭者提壺望燎。
讚唱：引祭生。引主祭生提壺恭詣望燎。
引祭唱：引于望，燎所，望燎。初揖。再揖。三揖。復位。
總通唱：主祭生。辭神
讚唱：主祭生辭神鞠躬跪，叩首，再叩首，三叩首。高陞。
總通唱：告禮成生。告禮成。
讚唱：告禮成生。告禮成。
告禮成生唱：禮成（告禮成生即是引祭生）。
總通唱：司鐘鼓生，鳴鐘擊鼓。樂司者奏樂，送神生，恭送聖駕。
讚唱：司鐘鼓生，鳴鐘擊鼓。樂司者奏樂，送神生各善男信女躬身肅立恭送聖駕。
總通唱：主祭生，容身退位。大獻禮畢，國泰民安，五福俱全。
讚唱：主祭生，容身退位。撤饌生，撤饌。大獻禮畢，國泰民安，五福俱全。

禮成

09 註：（ ）內書上漏掉「，」。

三、臺灣民間祭祀禮儀

　　徐福全主編，民國 85 年臺灣省立新竹社會教育館出版之《臺灣民間祭祀禮儀》與《婚喪禮儀手冊》兩冊書籍，對臺灣南北客家人的各項婚喪喜慶祭祀之禮儀，有詳盡且深入之闡述：

> 臺灣地區祠堂之祭典儀節，以三獻禮為重心，行三獻禮者為主祭生，三次皆由他獻爵，與《儀禮》及《文公家禮》分別由（主人、主婦、賓）獻爵不同，婦女在祭典中完全沒有參與的機會，和當前男女平等之思想潮流不合，值得商榷。北部地區的祭禮，受現代祭孔儀節影響很大，頗多改變，如改下跪叩首為鞠躬便是一例，中南部地區及客家之祭禮大多依賴古制，行禮如儀。就其儀節之大同者而言，所有參與祭典者從主祭生到引贊，均需著長袍馬褂，事先須備好豬、羊、雞、鴨、魚等五牲及各種菜餚、米飯、山珍海味、酒、財帛……等祭品。[10]

> ……行禮者從開始到結束，這中間的前進後退，左還右轉、揖讓跪拜、舉手投足，均須按照既定的動作去做；最初設計這些動作時，便是希望藉這動作幫助行禮者或觀禮者，在這動靜周旋之間感悟到行禮的意義何在。如果透過這一套儀節的執行，仍然不能有這一層感悟，只知按照禮生的口令，一個命令一個動作，那真的只是「行禮如儀」而已。[11]

　　從文廟祭孔之祭祀禮儀與義民廟九獻禮祭典，以及《臺灣民間祭祀禮儀》之文獻資料中，來看客家「還神」祭典與臺灣早期傳統祭祀禮儀之文化源流。

10　徐福全，民 85：頁 100。
11　徐福全，民 85，頁 13。

第四節、客家「還神」祭典之文獻回顧

有關客家人「還神」（完神）的文獻記載不多，對「還神」祭典大都是簡述辦理時間或因何而辦，很少有詳述過程情形的記載資料。對客家「還神」祭典做深入探討的文獻資料或研究更少。

一、《臺灣舊慣習俗信仰》

鈴木清一郎著，馮作民譯，民國78年由臺北眾文圖書公司出版的《臺灣舊慣習俗信仰》，對「完神」的敘述是：

> 有的於是日深夜，備豬、雞、鴨……等敬物，祭拜天公眾神，俗稱完神。所謂完神者，乃是因為曾向天公眾神許願，稱為起神者，所必須完成的祭祀，若無起神則無須完神。

二、《六堆客家社會文化發展與變遷之研究》

財團法人六堆文化教育基金會出版之《六堆客家社會文化發展與變遷之研究－－宗教與禮俗篇》，書中林金作撰稿第四章〈生命禮俗〉與第五章〈六堆的禮俗與節慶〉，對客家人之「還神」（完神）祭典的敘述如下：

> ……客家人結婚有人在同日深夜另備牲禮祭拜天公眾神佛，俗稱「完神」；所謂完神由祈神而來，而起神則是向天公諸神祈福許願所必須完成的祭祀，若無起神則無須完神，一般人則在當天到神壇寺廟祭拜，以代替完神儀式。[12]

> 年三十除夕當天，客家人在凌晨都得先設高臺拜天公，天亮以後，還得分頭到村莊各處的角頭廟中敬神，名謂「完神」，意指感謝眾神在過去一年的保佑。[13]

12　林金作，民90，頁258，259。
13　林金作，民90，頁274。

三、《臺灣的客家禮俗》

陳運棟編著，民國 88 年，臺原出版社出版之《臺灣的客家禮俗》，也簡要提到南部客家人之「完神」（還神）祭典：

> 南部六堆客家人有的人在同日深夜，另備牲禮祭拜天公眾神，俗稱「完天神」
> 或「完神」；所謂完神由起神而來，而起神則是向天公諸神祈福許願，所必須
> 完成的祭祀，若無起神則無須完神。[14]

四、《臺灣南部美濃地區客家三獻禮之「儀式」與「音樂」》

臺北藝術大學柯佩怡的碩士論文，《臺灣南部美濃地區客家三獻禮之「儀式」與「音樂」》，此論文是研究美濃地區客家三獻禮之「儀式」與「音樂」，在吉禮儀典中之研究有對「還神」祭典的儀典做比較完整性的敘述。此論文在「儀式」與「音樂」之研究中，「音樂」之研究重於「儀式」之研究，在客家三獻禮之「儀式」研究較其他研究者更深入，也比其他文獻資料對客家之各種祭典儀式有更詳盡深入之探討。

中國自古以來，對各種祭祀禮儀皆有其嚴格的規範，不可逾矩，我們可以從相關禮書中了解到中國之傳統禮儀規範。有關客家「還神」（完神）祭典之文獻記載，雖然有些文獻資料中有提到客家之「完神」祭典，但筆者到目前，還未找到完整記載有關客家「還神」（完神）祭典之文獻資料。因此希望能對客家「還神」祭典，做深入之調查研究，提供完整深入的客家「還神」祭典資料。

14　陳運棟，民 88，頁 41。

第二章

六堆地區客家八音

說到客家八音，好多人會問，「什麼是八音？」、「客家八音是什麼？」、「客家八音是不是由八種樂器演奏的？」依《中國音樂史》中所說：「八音」是我國古代最早的樂器分類法，西周（公元前 11 世紀至前 771 年）時期，音樂已經很發達，僅在文獻中見於記載的樂器已有 70 多種，由於樂器新品種不斷增多，就產生分類的必要，周朝的樂器分類法是以樂器的製作材料來進行分類的。《周禮 · 春官 · 大師》載：「皆播之八音：金、石、土、革、絲、木、匏、竹」。這種以製作材料為基礎的分類法，在我國幾千年的樂器分類中，曾產生過極大的影響，自周朝至清朝三千多年中，這種樂器分類法一直沿用。吳榮順教授於《臺灣南部客家八音紀實系列》一開頭即述說：「『客家八音』一直是客家人器樂合奏的代名詞，也是客家音樂中，合奏音樂的一種音樂形式」[01]。

六堆地區的客家八音團，從過去到現在，一直堅持以傳統方式成團演奏客家八音。八音音樂與客家人的生命禮俗與歲時祭儀活動無法分割。在過去，六堆地區的客家八音，純粹只為客家人的民俗活動服務。客家八音與客家人的婚、喪、喜慶，有著密切的無法分割的關係，客家人結婚前一天的「敬外祖」，晚上的「還神」祭典，聽到八音的聲音大家也同沾喜氣，聽到喪事場八音演奏出的音樂，也讓旁人的心為之一酸。客家各項祭典繁複禮儀中，客家八音隨時配合祭典演奏各種不同的音樂。所以，美濃地區的客家八音團團員，對客家八音曲調要有高深的技巧，也要熟悉客家人的各項禮俗儀式，才能與各項典禮禮俗作完美的配合。

通常稱「○○客家八音團」，都是看嗩吶手是誰，就以嗩吶手稱做「○○客家八音團」，嗩吶手就是團長，雖然各八音團都有其經常性的班底，他們是長期配合的團友，但這些班底的人並不固定，會更換，要作場時再聯絡尋找「夥計」邀請組合成團，這個八音團名只屬於團長個人而不屬於共有的團體，在美濃或六堆地區常發現，同一個八音團不同時間作場的團員可能是不同的人，團員也會出現在不同的八音團。這是美濃地區也是六堆地區客家八音團的特點。

01　吳榮順，民 91，頁 8。

常見的客家八音樂器組合

　　美濃地區客家八音的演奏形態，一直都維持著四人組的基本演奏形態（喪事時三人）。一人吹嗩吶，二人拉弦樂器，一人打擊樂的四人組，是個「小而美」的合奏形態，有些團會增加一把三弦，成為五人組樂團，但四人組的樂團還是美濃地區客家八音團的基本演奏形態。

　　隨著時代的潮流，西樂融入客家人的傳統生活當中，客家人的生命禮俗與歲時祭儀活動，西樂已經慢慢取代客家八音，雖然現在客家人生活中的各項活動，也順應時代的潮流，電子音樂、西洋音樂取代客家音樂，但是在客家人的許多生命禮俗中還是少不了客家八音的牽引。

第一節、客家八音與客家人的生命禮俗

美濃地區的客家八音團，一直都在為客家人的所有民俗活動、生命禮俗與歲時祭儀活動服務，且堅持著以傳統四人組的方式演出客家八音。客家人的結婚和喪葬，客家八音扮演了無法分割的一部分。客家人的婚禮，客家八音牽引著繁複的禮儀，讓每位客家子弟一步一腳印的去體驗人生結婚中的大事。從結婚前一天的「敬外祖」，到母親"外家"[02]、祖母外家、曾祖母外家祖堂祭拜的過程，讓客家子弟去感念母系親屬的恩澤。還要到庄頭庄尾伯公壇祭拜，也讓客家子弟感念土地的恩澤。晚上的「夜宴」以及「還神」（完神）敬天祭祖這一系列繁瑣的儀式，客家八音也都牽引著這些繁瑣的客家傳統祭典。在繁雜的各項儀程中，感恩及飲水思源的意味極其濃厚，尤其祭祖的儀式佔有極大的份量。

從結婚前一天的敬外祖、「還神」至結婚當天的迎娶、食晝[03]、以前晚上還有食新娘茶，整個儀程都要有「先生」在旁指導，帶領各項儀程的進行，客家八音在這兩天中亦隨著各項儀式的進行，在旁演奏八音曲調，當儀式的空閒時段，八音團也不得閒，還是要繼續的演奏。雖然現在有錄音帶，空檔時間有時會以客家八音的錄音帶播放代替現場演奏，但是有時遇到「要求比較多」的主人或賓客，會要求你現場演奏，甚至還會請你吹哪一首曲調，接受主人或賓客的「點歌」，所以客家八音團要接受喜事場的演出，必須要「有兩把刷子」，套一句他們所說的客家話"猴皮要躬緊"（要小心點）、"蓋硬斗"（不容易做）。

客家人的喪禮，客家八音更是不可缺，早期美濃地區客家人的喪禮中，若無客家八音是會被長輩講話的，因為早期美濃地區客家人喪禮時，如果沒有請八音樂團，可能的情形是家庭潦倒請不起，或者不名譽的情形。所以到現在，雖然客家的許多生命禮俗或祭典，可能不請八音團來演奏，而以音樂帶播放代替，但喪事時還是會請客家八音團現場演奏。

02　外家：娘家。
03　食晝：午宴。

客家八音團配合祭典演奏

客家八音牽引貫穿著客家人各項祭典繁複的禮儀，客家八音在客家人婚、喪、慶典、祭典中的地位就如同人的神經中樞，客家八音牽引著客家人各項儀典禮儀的進行，也賦予客家人生命禮俗及儀典的生命力。

第二節、客家八音的編制與演奏型態

美濃地區的客家八音團，早期或許是經濟的因素，十幾種樂器卻只有四人組之樂團，到現在美濃地區客家八音團還保持四人組的基本編制型態。

一、客家八音的樂團編制

六堆地區所看到的傳統客家八音團，正式演出時，其樂團編制大致有以下幾種：

（一）三人組樂團：

　　一般客家人喪事場合，都由喪家的女兒輩出資請八音團或西樂隊來作場。如果是請客家八音團來作場，通常都只是三人組樂團，除非另有要求則另當別論。三人組樂團相較於四人組樂團，少了一把胡弦。

（二）四人組樂團：

　　一支嗩吶、一把二弦、一把胡弦、一組打擊樂器，它是六堆地區最基本、也是最常用在客家人生命禮俗及歲時祭儀中的八音演奏形式。

（三）五人組或六人組樂團：

　　這是在比較大型的場面時，才會以這種編制出場。五人組樂團相對於四人組，於弦樂的部份多增加了一位三弦手。六人組則會依該團之需求，再增加弦樂器或其他，南部客家八音團，不管是幾人組，嗩吶就只有一支在吹奏，不像北部八音團，可能有二支、三支嗩吶同時吹奏的情形。

　　美濃地區的客家八音團，主要為客家人的生命禮俗及歲時祭儀服務。由於客家人謹守喪事中的數字符碼不能成雙、須為單數的習俗，客家八音團為客家人的喪事服務時即以單數三人組的編制演奏。平時的祭典禮儀或喜事場，到現在四人組小型編制的客家八音樂團，仍然是美濃地區客家八音團的基本編制型態。

常見的四人組合客家八音團配合祭典演奏　　　　行進中的客家八音團演奏

二、六堆地區客家八音使用的樂器與演奏型態

客家八音樂團使用的樂器，可分成吹、拉、打三類，

吹奏樂器有：嗩吶、直笛；

拉弦樂器有：二弦（椰胡，殼子弦）、胡弦（胖胡）；

打擊樂器有：堂鼓、小鈸、小錚鑼（叮噹）、座鑼（小鑼）、吊鑼（大鑼）、高低音響板各一個。

這是六堆地區八音團基本上使用的樂器，每一種樂器都只有一個。有時樂團會多增加了一位三弦手。從「高屏客家八音」有聲資料到現在看到客家八音的現場演奏，可以發現在臺灣南部六堆地區的客家八音團，從以前到現在都一直堅持著使用傳統八音樂器與演奏客家八音音樂。

傳統客家八音樂團演奏時，四位演奏者圍在一張四方的八仙桌旁來進行演奏，嗩吶手除了要吹奏嗩吶（兼吹直笛）之外，在過場樂段還得敲擊座鑼及吊鑼。胡琴手在大吹的【吹場樂】時也要協助打擊樂器之打擊。南部客家八音團，不管是幾人組，嗩吶就只有一支在吹奏，這也是南部地區客家八音團之特色。

六堆地區屏東內埔的吳阿梅先生[04]除了使用以上之樂器外，也會用到其他的樂器，它對嗩吶的運用與其他嗩吶手有一些的不同，他會依不同的場合運用不同型號的嗩吶，還把現代化的電子琴加入樂團伴奏。吳阿梅先生是筆者所見運用樂器最豐富的一位樂師。

04　吳阿梅本名為吳招鴻。

第三節、客家八音曲牌的分類

客家八音團演奏的曲牌如何分類，客家八音樂師都有他們不同的分類法，有些人以曲目運用的樂器來分類，也有以曲牌運用的場合來分類。

一、屏東內埔吳阿梅對客家八音曲牌之分類

吳阿梅是以曲牌運用場合的不同，來區分成「行路四調」、「敬拜曲」、「完神曲」、「好事大曲」、「喪事曲」、「響噠」六大類。[05]

二、美濃地區鍾彩祥對客家八音曲牌之分類

美濃地區客家八音團，對於曲牌的分類有其一致性的看法，其中又以當地的弦樂師鍾彩祥的分類最清楚，他們將客家八音曲牌分成「閒調」、「簫子調」、「噠子調」、「簫子與噠子均可吹奏之曲調」、「大吹」五類。[06]

三、筆者個人對客家八音曲牌之分類

筆者多年觀察客家八音為客家祭典禮俗服務演奏運用的曲調，近幾年協助美濃地區客家八音團處理行政工作，並協同客家八音團至國內外展演，對客家八音音樂有些微的心得，因此大膽的對客家八音之曲牌做個分類，此分類方式是以演奏曲牌之使用樂器來分類。筆者個人對客家八音曲牌分成大吹（吹場）、弦索調（噠子調）與簫子調三大類。

05 　吳榮順，民 91，頁 66。
06 　吳榮順，民 91，頁 67-69。

（一） 大吹（吹場樂）

大吹又稱吹場樂，在高屏六堆地區客家八音演奏大吹時，只用一支嗩吶吹奏樂曲，其他人則負責打擊樂器，所以客家八音的嗩吶手，吹奏嗩吶時基本上必須要會運用循環換氣（又稱吞氣），吹奏出的曲調才會順暢好聽。

大吹通常運用在儀式開始、結束，迎送神與化財時。因為只用一隻嗩吶在吹奏，整個曲調的感覺，不像北部客家八音那麼聲音宏亮，有浩瀚雄壯之氣，是一種很細膩又莊嚴的感覺。大吹曲調有團圓曲、響噠的各種曲調與吹場樂的七句詩等。

（二） 弦索調（噠子調）

弦索調又稱噠子調，六堆地區客家八音演奏弦索調，是一人吹嗩吶兼負責打擊座鑼與大鑼，一人拉二弦，一人拉胡弦，一人職司打擊樂器的堂鼓、小鈸、小錚鑼（叮噹）、高低音各一的兩個響板。

客家八音團配合客家人的結婚喜慶或其他祭典活動，在正式祭典儀式外的其他時間，客家八音團會以嗩吶配合其它樂器，演奏客家八音曲調，這種以嗩吶、弦樂器、打擊樂器演奏的曲調稱之為弦索調。一般祭典中很少用到弦索調演奏的曲調，但是平時大家常聽到的客家八音曲調又大都是此類的曲調。

弦索調所演奏的曲調又稱作閒調、行路調。弦索調可以演奏傳統客家八音曲牌，也演奏客家歌謠、小調，甚至流行歌曲，是最深入客家人心的八音曲牌，曲牌數量也最多。

在結婚的敬外祖、祭典的請伯公等婚喪喜慶祭典活動時，客家八音團會隨隊一面行進一面演奏客家八音，客家八音團最常在行進中演奏客家八音傳統曲調，客家八音樂師就把這些曲調又稱作行路調。例如：到春來、鐵段橋、二八佳人、大埔調、四大調、百家春大調、夢郎等曲調。

（三）簫子調

以直笛代替嗩吶演奏的曲牌，稱之為簫子調，在客家祭典中演奏的曲調，大吹以外大多是簫子調。非祭典時的閒調也可以不用嗩吶而用直笛演奏，簫子調演奏運用的樂器是，一人吹直笛，一人拉二弦，一人拉胡弦，一人職司打擊樂器的堂鼓、小鈸、小錚鑼（叮噹）、高低音各一的兩個響板。演奏簫子調時聲音比較響亮的座鑼與大鑼就比較少用到。

第四節、六堆地區客家八音的保存

客家人婚、喪、喜慶各種生命禮俗與客家八音是息息相關的，以前，客家人有祭典禮儀或慶典活動，都會請八音團來演奏。但是從民國 54 年起，客家八音的音樂已漸漸在改變，客家八音的音樂更普及，時時、處處都聽得到了，不是八音團增多了，而是人們用唱片的播放代替現場演奏的客家八音出現了。

一、高屏客家八音與天鵝唱片

「天鵝唱片」是一位住臺南的蘇孫謀先生自行經營的家族式唱片公司，民國 54 年起，蘇先生自己經常攜帶錄音設備，到高屏六堆客家地區進行客家八音的錄音，並將這些錄製的客家八音，製作成唱盤式的客家八音音樂唱片，後來卡式、夾式錄音帶出來後，又將這些唱盤式的客家八音，改以卡式、夾式錄音帶製作販賣。時至今日，在高屏六堆客家地區大小唱片行或夜市，以及在高屏六堆客家地區聽到播放的客家八音音樂，大都是「天鵝唱片」早期所錄製的「高屏客家八音」音樂。

蘇孫謀先生當時錄製「高屏客家八音」的範圍包括高屏地區的美濃、高樹、鹽埔與內埔等地區，所錄的八音團有：高樹泰山迦納埔的「郭清輝客家八音團」、美濃「鍾寅生客家八音團」、高樹「葉乾發新春客家八音團」、鹽埔昌仔「光明客家八音團」、內埔吳阿梅的「新興客家八音團」五個客家八音團體。共錄製 32 卷 100 首客家八音錄音音樂，這 32 卷「高屏客家八音」音樂帶，可說是當時臺灣南部高屏

地區留下來最完整紀錄「客家八音」的資料。這些客家八音音樂，帶給客家人在八音應用上的方便，讓客家八音音樂，尤其逢年過節時，處處都聽得到客家八音的音樂，雖然客家八音更普及，但也帶給客家八音團無形的傷害。

從民國 50 年到 85 年 30 多年當中，屏東高樹泰山的郭清輝、高樹的葉乾發、鹽埔的昌仔、美濃的鍾寅生、內埔的吳阿梅等 5 個嗩吶手，可以說是高屏客家人口中最有聲望的客家八音師父，同時也是目前有聲文獻留下較多紀錄的客家八音團[07]。直至現在，老一輩的也都還懷念他們吹奏的客家八音音樂。

六堆地區傳統客家八音團，若嗩吶手無法演出或不在時，這個團自然也跟著解散。「郭清輝客家八音團」、「葉乾發新春客家八音團」、「昌仔光明客家八音團」、「鍾寅生客家八音團」等 4 個客家八音團，高樹的葉乾發、泰山的郭清輝、美濃的鍾寅生、鹽埔的昌仔相繼去世，所屬的客家八音團也就解散，只剩下內埔吳阿梅的「新興客家八音團」現在還活躍於屏東地區。

二、臺灣南部客家八音紀實

民國 88、89 年，吳榮順教授受國立傳統藝術中心委託，進行「臺灣南部客家八音保存計畫」，對南部高屏六堆地區的客家八音團進行調查、訪問、研究與錄音，筆者曾協助此計劃之研究工作。當時調查研究時，在高屏地區還有很多的客家八音團，這些客家八音團也一直持續的在為客家人生命禮俗服務。雖然各八音團都有其經常性的班底，但這些班底的人員並不是固定不變，每次接到要作場時再聯絡尋找夥計成團演出，南部地區的客家八音團各團的團員是不確定的。

南部客家八音紀實系列研究現階段的客家八音團，最後選屏東內埔的「吳阿梅客家八音團」、屏東萬巒赤山的「潘榮客家八音團」、高雄美濃地區的「鍾雲輝客家八音團」與高雄縣杉林鄉的「陳美子客家八音團」這四個客家八音團作為主要研

07　吳榮順（2002）《臺灣南部客家八音紀實系列》，臺北，國立傳統藝術中心，頁 26。

鍾雲輝八音團

究的八音團,並將該團演奏的曲目進行錄音、錄影做保存與研究。4個團經多次的錄音整理後,共收錄110首演奏曲調,當然這100多首演奏曲並不都是傳統客家八音曲調,有一些是現代歌謠或福佬歌謠用客家八音樂器演奏,也收錄在內。

第五節、客家八音之現況與危機

一、高屏六堆地區客家八音團現況

　　高屏六堆地區的傳統客家八音團的現況,就屬屏東地區的吳阿梅客家八音團較為活躍,比較有接作場,團員比較齊,演奏的音樂也較豐富。其他的團就較弱了,或許還能接喪事場。右堆地區還有比較多傳統客家八音團,像是高樹地區的林英向

客家八音是客家人祭典不可少的禮樂

先生與楊榮春先生嗩吶手還尚在，可是林英向先生身體不好，高樹地區八音團班底人也缺，接場數又少，幾乎沒有成團作場了。美濃地區客家八音團的嗩吶手除鍾雲輝先生外，還有林作長先生、劉富喜先生以及幾位老一輩的嗩吶手，都還繼續接場活躍在美濃客家地區；杉林鄉的「陳美子」[08]，還有大家都稱呼為「小番子」的溫福仁先生，也都活躍在美濃、杉林等地區，甚至高屏地區也常會請他們去吹奏。

　　屏東地區的客家八音團，4 人組的傳統八音團所剩無幾，偶爾會看到 4 人組傳統八音團的作場，整個團隊並不如美濃地區的整齊，演奏技巧與會演奏的傳統曲目已不如以前。內埔的吳阿梅先生是個很好的嗩吶手，「天鵝唱片」中以及早期許多的錄音帶，都有收錄他演奏的客家八音音樂留下來，現在吳阿梅先生還是使用傳統客

08　陳美子通常大家都叫她「阿珠姐」，真正姓名是「楊陳美貴」。

家八音樂器，雖然還保有傳統客家八音團的演奏曲調，但也受到北管以及其他因素的一些影響，已經很少看到他以傳統 4 人組的八音團形式作場演出。它對嗩吶的運用與其他嗩吶手有一些的不同，他會依不同的場合運用不同編號的嗩吶吹奏，鑼也分許多種鑼在敲奏，也用上現代化的電子琴伴奏。吳阿梅先生是筆者所見客家八音團運用樂器最豐富的一位樂師。潘榮先生年事已高已不再作場，雖然屏東地區最近有不少的客家八音團或協會成立，也很積極的在練習，但是大都是以國樂團的方式組織與訓練，與傳統的客家八音團是有些許的不同，現在屏東地區已剩不多的傳統客家八音團了。

二、高屏六堆地區客家八音之危機

過去客家地區在新年期間會進行所謂的「噴春」儀式，客家八音團挨家挨戶吹奏客家八音樂曲，有吹走寒冬迎接新春、除舊佈新之意，各家戶也會包紅包給這些客家八音團。由於社會的變遷與經濟環境的改變，這種「噴春」儀式只有老一輩的樂師或少數的老人家還依稀有此印象，年輕人從沒見過，「噴春」的儀式已經完全在六堆地區消失。

請客家八音團與用播放客家八音音樂，兩者經費差異太大，現代的人聽不懂客家八音，也不計較播放的八音音樂是否正確，不像以前的人，聽得懂客家八音音樂，能區分哪種曲調適合哪種場合，客家人的生命禮俗、祭典禮儀都必須要有正確的客家八音貫穿全場。雖然南部地區的客家人，在各種生命禮俗中都還會重視要有客家八音，但是客家八音團的減少，以及客家八音團出場的價碼，影響到事主聘請的意願。

（一）資訊設備帶來的危機

今日，錄音機、錄音帶的普遍，以前天鵝唱片製作的客家八音錄音帶，帶給客家人聆聽客家八音的方便，也帶來客家祭典中客家八音的改變，例如：許多客家地區結婚前的「敬外祖」儀式，都用播放客家八音的音樂代替請八音團現場演出，他

們說：「播放客家八音的帶子，又省錢又不會偷懶，也沒人會計較，也有八音音樂呀。」資訊設備的方便衝擊著客家八音團，現在許多人都是以音樂的播放方式代替現場演出，因而客家八音團接場的機會、次數相對就減少，客家八音團員要依靠客家八音作場的收入來維持生活，越來越困難了，客家八音團接場的減少，收入不能維持生活，於是客家八音團員只好各自尋求演奏之外的謀生之路，把客家八音團的作場退居為附屬之位，久而久之八音團將會慢慢的解散消失。

（二）求短利自斷生路

有些以前曾是客家八音團的人，甚至現在客家八音團員，不僅對客家人的祭典活動有所認識，也了解客家祭典要搭配的八音音樂，於是就自行依祭典時需要的八音音樂，依順序剪接錄製「作場客家八音音樂帶」，他一個人只要帶個音響設備就可以接場了，經費不多，此一電子式的客家八音，在屏東地區已經漸漸取代客家八音團的現場演出。此種方式更是影響到客家八音團的生存。不但結婚「敬外祖」時不請客家八音團，改用錄音帶播放，筆者調查研究發現在屏東客家地區歲時祭儀，神明誕辰的「還神」儀式，也都不請客家八音團現場演奏配合，改用錄音播放的方式配合儀式的進行，這種情形在屏東地區頗為普遍，而在右堆的美濃地區雖然不像屏東地區那麼普遍，但也有不少祭典以播放錄音帶代替現場演出。客家八音團出場演出的費用高居不下，亦是影響聘請的另一項重要因素。

（三）喪禮的變革與客家八音

在客家人的生命禮俗中，喪事場到現在還都會請客家八音團現場演奏，因喪事場比較簡單，應用的曲調不多，團員也只有三人。敢接場的團比較多，依習俗樂隊的費用是由女兒出，女兒比較捨得出錢，這是原因之一。喪事時的行孝子禮、本族禮、六親禮的「行禮」儀式，西樂是無法取代，因而客家人的喪事場，到現在還是會請八音團的現場演奏。但是現在普遍的現象是中西樂合併，「行禮」時演奏八音，公祭及其他時間演奏西樂，有些客家八音團的樂師也學會西洋樂器，一人身兼二角色，基本上客家八音樂團，在客家人的生命禮俗中，還是有一些生存的空間。

但是，現代人的喪禮，家族自辦的越來越少，大都是全部交給禮儀公司辦理，禮儀公司有他們的辦理方式，音樂部分可能用國樂團或其他方式取代，客家八音團的最後生存空間也慢慢將被搶食。

現今的客家八音，臺灣南、北部的差異性非常的大，在六堆地區的客家八音團中，還保有許多傳統的調性與樂曲。在屏東地區的客家八音團，演奏的曲調已融入較多的福佬歌曲，或北管曲目與吹奏方式；在美濃地區的客家八音，完全還是一種「小而美」的四人組樂團，演奏的曲目與演奏方式，還是堅持著傳統客家八音之方式，而且也頑固的只為客家的生命禮俗來擔任主要的角色。

六堆地區的客家八音，一直都為客家生命禮俗及歲時祭儀來服務，雖然現代科技發達，客家八音音樂可由錄音帶、CD播放，但在客家生命禮俗及歲時祭儀時，還是需要客家八音團的現場演奏，其祭典儀式才能顯現出客家人生命禮俗的生命力。

由於六堆地區客家八音傳習方法上的特殊，當這一代失掉它口授心傳的環境與可能性時，它的傳習就會出現「代溝」與「障礙」。而新一代的人不願吃苦學習，老一輩的不願教，對於六堆客家八音的延續與再生，都可能是傳承上最大的隱憂，不久的將來，客家八音有可能會消失在客家人生活的環境之中。

屏東地區客家八音團受到福佬化、北管化的影響，傳統客家八音團的減少，使得客家生命禮俗及歲時祭儀「還神」祭典時，由錄音帶、CD播放代替客家八音演奏，更加速客家八音團的解散消失。

六堆客家地區的右堆美濃地區，可以說是歲時祭儀最複雜的一個區域，也是保有最完整的一個區域，結婚時的「敬外祖」與「祭祖」儀式，「祈福」、「還福」的「完神」祭典，「三獻禮」、「九獻禮」以及「祭河江」、「送紙灰」等等客家傳統祭典，到現在還持續在進行著，可以說每個月在不同的客家庄都有客家傳統祭典在舉行，這些祭典，客家八音都擔任著神經中樞之地位，客家八音為客家人的生命禮俗賦予傳承的意義，所以美濃地區的客家八音，到現在一直都維持著它的生命力。

5.＜奏大樂＞譜例二十四，CD1-27【小團圓】

客家八音運用於「還神」祭典樂曲譜之
一，奏大樂演奏《小團圓》曲譜。（樂譜
資料來源：柯佩怡《臺灣南部美濃地區客
家三獻禮之「儀式」與「音樂」》碩士論
文，民92）

6.＜奏小樂＞譜例四十二，CD1-48【倒疊板】

客家八音運用於「還神」祭典樂曲譜之
二，奏小樂演奏《倒疊板》曲譜。（樂譜
資料來源：柯佩怡《臺灣南部美濃地區客
家三獻禮之「儀式」與「音樂」》碩士論
文，民92）

22.＜禮成＞譜例二十，CD1-22【大團圓】

反覆 7 次，共演 8 次，最後一次 5/4 拍。

客家八音運用於「還神」祭典樂曲譜之
三，祭典結束演奏《大團圓》曲譜。（樂
譜資料來源：柯佩怡《臺灣南部美濃地區
客家三獻禮之「儀式」與「音樂」》碩士
論文，民92）

第三章

新威地區傳統祭祀
儀典與客家八音

新威，當地人以及附近的客家人都叫「新民庄」，是在美濃旁邊的客家庄，行政區隸屬六龜鄉，在鄉行政中心之西南方。六龜鄉有南客、北客、福佬、平埔、外省籍與原住民等族群，客家聚落主要是在隧道外的新威、新興、新寮三村，六龜人所稱之的「下三村」，早期稱作「新民庄」。

新威庄開庄的時間，據〈新威聖君廟誌〉記載，新威建庄始於乾隆五年，「溯自乾隆五年（西元 1727 年）（筆者註：應為西元 1740 年）原居廣東梅縣客家祖先約二十餘戶，為謀生計發展，渡海來臺，進入茗濃溪畔之新威地區，見原野廣闊、土厚泉甘，遂協力構築茅屋定居於此，種稻養牧，村落漸成，時稱新民庄。……」[01] 另據〈新威庄沿革〉與〈六龜庄沿革〉（昭和 15 年）所記「新威，雍正末年四社熟蕃墾地，乾隆 14 年（1749）邱雲龍自廣東鎮平縣移入」。新威之成庄於乾隆 14 年，且其成庄意義上有別於南方的東振新莊（屬高樹），取名新民庄。[02]

新威在日據時代的行政區域是屬於新威村，到民國 34 年光復後，把新威劃分為新威、新寮二村，到民國 42 年再把新威村分為新威、新興二村。

「新民庄」的人大都與美濃接觸，與六龜反而比較少。新民庄的開發、歷史文化、生活習性、風俗習慣等也都與美濃地區有著極密切的關係，有不少的家族也是從美濃遷徙過去定居，可是在美濃人的觀念中，卻認為「新民庄」卻是個「番仔庄」。客家歌謠有一首「新民庄調」，美濃人都叫做「番仔調」。或許新興村靠近隧道的二坡聚落是平埔族的後裔，「原地域的平埔族人在遭到客族大舉入侵家園後，紛紛北上走避二埤庄，導引茗濃溪水開埤做圳蓄水灌溉建立新家園。」[03] 再則早期茂林的魯凱族原住民，也常會渡過茗濃溪，帶些當地山產到新威地區以物易物，因此，「新民庄」會被美濃人叫做「番仔庄」。事實上「新民庄」卻是個道道地地的客家庄。

新威地區至今還保有許多客家傳統祭典，比美濃地區保有更傳統的文化祭典儀

01　新威聖君廟誌中敘述新威開庄之文。

02　陳祥雲，〈清代臺灣南部的移墾社會——以茗濃溪中游客家聚落為中心〉，《客家文化學術研討會論文集》。

03　李允斐、鍾榮富、鍾永豐、鍾秀梅，〈楠梓仙與新民庄的擴殖〉，《高雄縣客會與生活》，頁 34。

式。深入探討，可以發現新威地區的客家傳統祭典，大都從美濃傳承而來的。新威地區受到外在因素的影響比較少，反而還是堅持著以傳統的方式去執行，因此保有更道地更傳統的客家傳統祭祀儀典。

新威地區的「勸善堂」與「聖君廟」是居民的主要信仰中心，勸善堂管理委員會包含著「聖君廟」的管理與運作，新威地區的各項祭祀儀典也都以「勸善堂」與「聖君廟」為主導辦理。「新民庄」每年定期辦理最盛大也最傳統的祭典活動，有農曆 6 月 23 日恩主聖誕，勸善堂舉行的「九獻禮」祭典，以及農曆 3 月 8 日張公聖君聖誕前一天農曆 3 月 7 日，由「聖君廟」主導辦理的四項祭典：「送字紙灰祭典」、「祭河江祭典」，祭聖君的「還神」祭典以及「祭義塚」祭典。送紙灰、祭河江、祭義塚這些祭典，在客家地區已經很少辦理，新威地區還是堅持著傳統，年復一年的持續在辦理這些傳統祭典。

第一節、新威勸善堂「九獻禮」祭典

神明大多有其所屬之儒、釋、道系統，現在中國的民間信仰，許多已儒、釋、道三教融合一起。「勸善堂」主敬奉神為「關聖帝君」，一般稱為「文衡聖帝」又稱「恩主」。「文衡聖帝」是儒教對關公之尊稱，道教則尊稱他為「翊漢天尊」，佛教也尊稱他為「護法伽藍」。「文衡聖帝」已成為儒、釋、道多元化的神明。

農曆六月 24 日是「關聖帝君」聖誕日，客家習俗前一天晚上會行「還神」祭典祝賀，新威勸善堂慶祝恩主誕辰的祭典方式，是以九獻禮的行禮方式辦理。九獻禮祭典學習自美濃廣善堂，勸善堂是新威聚落主要的信仰中心，當天參與、參拜的信眾很多，參與祭典的民眾與祭典之行禮禮儀，並不比美濃廣善堂辦理的九獻禮祭典遜色。

新威勸善堂辦理九獻禮祭典，會把東西兩邊辦公休息處臨時布置東堂與西堂，東西堂是用合板上貼上用紅紙書寫的神牌與對聯。祭典都會請客家八音現場演奏，九獻禮祭典須動員的人數很多，祭典前各項職務工作人員會先安排並事先排練，屆時祭典才能順利進行。

一、九獻禮祭典壇位設置與祭品擺設

內堂的素食祭品

新威勸善堂九獻禮祭典分正堂、東堂與西堂，正堂有內壇、外壇，外壇又分上、下界，東西堂只分上下界。正堂的內壇只敬奉水果、米果、糖果、新丁粄。外壇分上下界，上界有兩桌，上桌前面擺放五個酒杯，桌子兩邊各擺放四組杯、筷與湯匙[04]。桌上擺放五盤水果、五盤米菓、五盤糖果、五盤素菜、五行素食（金針、木耳、冬粉、香菇、竹筍）乾溼各一，一盤米糕，五盤豆腐、油豆腐與米酒等。下桌供奉一盤新丁粄，一個發糕，前面擺放用碗公與盤子裝的「五湖四海」（紅燒全雞、大豐豬肉、小豐豬肉、魚、肉丸、蝦、炒大腸、炒魷魚、炒小卷、豬肝）（又稱作山珍海味），後面用托盤裝的「五牲」（豬頭豬尾、豬肉、雞肉、蛋、冬粉），還有一疊的壽金。下界是擺設在堂外，有兩張桌子敬奉品與上界一樣，供桌後面接著擺設許多桌子供民眾擺

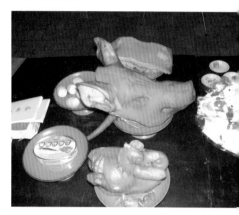

「五牲」祭禮

放敬奉品，下界兩旁各有兩隻全豬、兩隻全羊敬奉，豬羊桌下放有小盆裝豬羊血，每隻豬羊前面點著兩支蠟燭。

東西堂的敬奉品一樣，上界香爐前擺放五個酒杯，桌子兩邊各擺放四組杯、筷與湯匙，香爐兩旁點一對蠟燭、一對花瓶插上鮮花。桌上擺放五盤水果、五盤糖果、五盤米菓、五盤素菜、五行素食（金針、木耳、冬粉、香菇、竹筍），五盤豆腐、油豆腐、豆皮等，一盤米糕，一盤新丁粄，一個發糕。下界與上桌敬奉品一樣，但兩邊不擺放杯筷湯匙，另外加上葷食用托盤裝的「五牲」（豬頭尾、豬肉、雞肉、蛋、

04　一邊四組杯筷，兩邊共八組，其意思是給「四面八方」的神明用的杯筷，請神詞中有句「請到東來東座，西來西座」，擺放杯筷有其隱喻之意思。

新威勸善堂之「五湖四海」　　　　　　　　美濃廣善堂九獻禮「五湖四海」

冬粉），用碗公與盤子裝的「五湖四海」，與一疊的壽金，一瓶米酒。

（一）祭典前

　　祭典前每個人工作已先安排好並書寫在黑板上，在行九獻禮前，總負責人會再一一宣佈點名是否已到就位。確定各壇各項工作人員確定就位後，再開始進行儀式。

淨壇：（八音自由演奏）

　　各執事生先將內堂外堂及各堂擦拭乾淨，然後大家分工將各種祭品、供奉品、酒杯擺放妥當。

上香奉茶：【團圓響噠】【吹場樂】

　　全體工作人員在壇前分站兩旁，二位執事先點香後分給大家，一起上香後，二人再把大家的香收起，到各堂祭拜插香爐內，其他人員肅立兩旁。香插好後二位執事回到壇前，大家再一起雙手合什拜拜，拜後一起行跪拜叩首禮，拜墊不夠可分批跪拜。行禮後二位負責奉茶的執事至各神壇、神位前奉茶，奉茶時要敲鐘擊鼓。

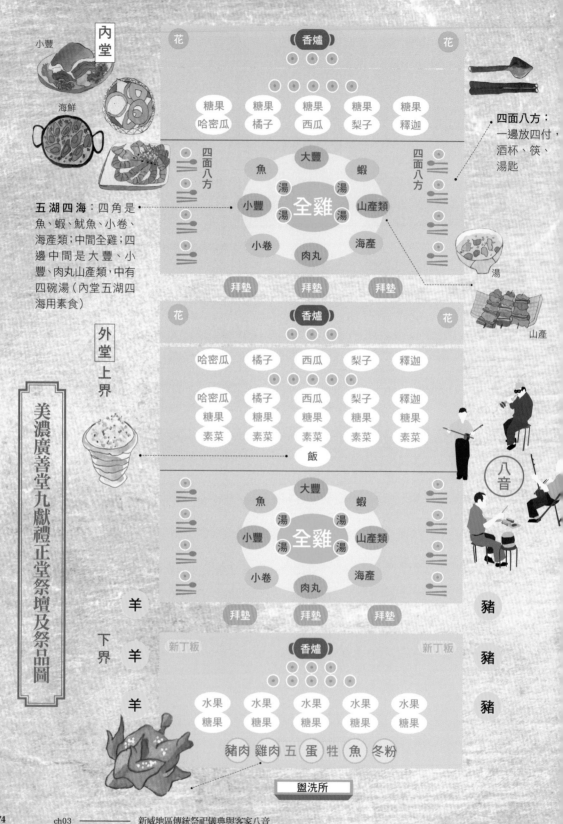

內堂

小豐

海鮮

四面八方：
一邊放四付，
酒杯、筷、
湯匙

五湖四海：四角是
魚、蝦、魷魚、小卷、
海產類；中間全雞；四
邊中間是大豐、小
豐、肉丸山產類，中有
四碗湯（內堂五湖四
海用素食）

花　　香爐　　花

糖果　糖果　糖果　糖果　糖果
哈密瓜　橘子　西瓜　梨子　釋迦

四面八方　　大豐　　四面八方
魚　　　　　蝦
湯　　　　湯
小豐　全雞　山產類
湯　　　　湯
小卷　　　海產
肉丸

拜墊　拜墊　拜墊

山產

湯

外堂

上界

八音

美濃廣善堂九獻禮正堂祭壇及祭品圖

花　　香爐　　花

哈密瓜　橘子　西瓜　梨子　釋迦

哈密瓜　橘子　西瓜　梨子　釋迦
糖果　糖果　糖果　糖果　糖果
素菜　素菜　素菜　素菜　素菜
飯

大豐
魚　　　　　蝦
湯　　　　湯
小豐　全雞　山產類
湯　　　　湯
小卷　　　海產
肉丸

拜墊　拜墊　拜墊

羊　　　　　　　　豬

羊　　下界　　　　豬

羊　　　　　　　　豬

新丁粄　　香爐　　新丁粄

水果　水果　水果　水果　水果
糖果　糖果　糖果　糖果　糖果

豬肉　雞肉　五（蛋）牲（魚）冬粉

盥洗所

74　　ch03　────　新威地區傳統祭祀儀典與客家八音

美濃廣善堂九獻禮東西堂祭壇及祭品圖

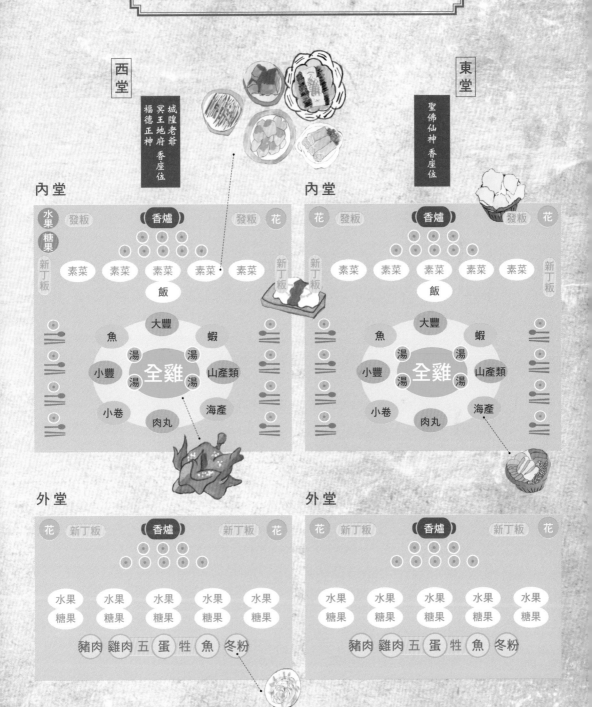

西堂

城隍老爺
冥王地府　香座位
福德正神

東堂

聖佛仙神　香座位

内堂

| 水果糖果 | 發粄 | （香爐） | 發粄 | 花 |

素菜　素菜　素菜　素菜　素菜

飯

大豐

魚　　　　蝦

湯　　湯

小豐　全雞　山產類

湯　　湯

小卷　　　海產

肉丸

内堂

| 花 | 發粄 | （香爐） | 發粄 |

素菜　素菜　素菜　素菜　素菜

飯

大豐

魚　　　　蝦

湯　　湯

小豐　全雞　山產類

湯　　湯

小卷　　　海產

肉丸

外堂

| 花 | 新丁粄 | （香爐） | 新丁粄 | 花 |

水果　水果　水果　水果　水果
糖果　糖果　糖果　糖果　糖果

豬肉　雞肉　五　蛋　牲　魚　冬粉

外堂

| 花 | 新丁粄 | （香爐） | 新丁粄 | 花 |

水果　水果　水果　水果　水果
糖果　糖果　糖果　糖果　糖果

豬肉　雞肉　五　蛋　牲　魚　冬粉

75

請誥[05]：（請誥開始八音吹號三響，請誥中音樂停）

請誥由三人跪在內堂，一人主誦請，兩人陪請，內堂還有兩位執事人，各壇亦有兩位執事，執事者請誥時要肅立致敬。請誥首先誦念「淨三業咒」、「淨壇咒」，然後才開始奉請各神，每誥跪誦三遍，誦三遍結束要行三跪九叩首禮，各執事人並將酒杯敬酒致意。共請十寶誥。

請誥畢，執事者將內堂與各堂敬的酒、茶收起，執事者再敬奉新的茶。大家準備行九獻禮儀典。

（二）九獻禮祭典

上香：（上香時吹場樂，跪拜時簫子調）

全體工作人員在前，民眾在後，一起在壇前分站兩旁上香（與請誥前上香一樣，多了民眾），上香後行跪拜禮。上香後即進行九獻禮祭典。

祭典儀式：

通生：諸生舉禮。

讚生：諸生各供迺職，毋倦缺禮。司鼓生擊鼓三通（司鼓生擊三通鼓），司鐘生敲鐘九響（司鐘生敲鐘九次）。

通生：啟扉。

讚生：啟扉生啟扉。（啟扉生將內壇的幕帘拉開）。【團圓】

通生：行奉毛血禮。

讚生：奉毛血生奉毛血。【團圓曲】

05　請誥：由一人以吟誦方式，誦念三恩主寶訓文，每篇都要誦念三遍。在廟堂沒行「拜天公」的儀式，而已請誥請神方式進行。請誥文如 3-8

請送神文（莊和泉先生）

請神文

伏以

日吉時良，天地開張，躬身下拜，立地焚香，香烟沉沉，神必降臨，香烟繞起，神通萬里，躬身拜請，年值公曹，月值公曹，日值公曹，時值公曹，功曹使者，傳香童子，奏事童郎，代民轉奏于 昊天金闕玉皇大天尊陛下，拜請，東極青華大帝，西極浩靈大帝，南極長生大帝，北極紫微大帝，中極無量大帝，再來拜請，上元一品賜福天官，中元二品赦罪地官，三元三品解厄水官，日月兩宮天子，日府太陽星君，月府太陰星君，金木水火土五行星君，移花接木星君，移星轉斗星君，交運脫運星君，羅猴帝都星君，當年太歲星君，本命元辰星君，註福註祿星君，二十八宿星君，三十六禽星君，七十二曜星君，暨列週天聖佛仙神星君一切神祇， 再來拜請，南無大慈大悲觀世音菩薩蓮下尊神，再來拜請，關呂張三聖恩主恩師大天尊，玉封五穀神農大帝，五顯靈官大帝，三界伏魔大帝，張蕭劉連四位聖君，敕封天上聖母娘娘，當府當縣城隍爺爺，左把筆右判官，本境開山地主，五方福德正神爺爺，門前護衛，井灶龍君，監察尊神見聞等眾，一切神祇，有事通請。恭請降臨，離宮到座，弟子未說人名先說地號，說來今據臺灣省○○縣○○鄉○○村居民信民○○○為○○○事。預日誠心齋戒淨意焚香，當於自宅堂前當空潔案叩答 天恩福愿事，茲值吉日良時，上界虔備齋蔬菓品，香茶緣酒，喜燭財帛長錢。下界虔備全豬全羊豬首牲醴，金銀寶燭列在壇前，請得上尊東來東座，西來西座，南來南座，北來北座，中心結起蓮花大座，大全財武上獻列尊神祇，一來領受，二來拜領，三來庇佑。開壺酌酒。

一請還當二請，二請還當三請，三請而畢，四請而週
三請而畢，今有臺灣省高雄縣六龜鄉新威村新年福首陳○○詹○○統帶合境人等，恭向皇天祈求新年福愿，捐今良辰特於聖君廟前，當空潔案叩許黃恩上界虔備齋蔬菓品，香燭緣酒，籺菓財帛，長錢文書一套，下界虔備一豕一羊豬首五牲，膳饈菓品，緣酒財帛開壺酌酒

送神

萬里皆亨通，日月齊照耀，星斗燦三光，合家老幼增吉祥，恭送 天尊上天堂，賜下甘泉在高堂，合家人等祈求福愿事，完畢送，天宮五彩蓮花吐寶堂，消災兮服滿堂，集福兮紫氣煌煌，金玉滿堂。

（新威莊和泉手抄本提供）

通生：行迎牲禮。

讚生：迎牲生迎牲。【團圓曲】

通生：正獻生東西獻生就位。

讚生：正獻生就位，東西獻生亦各就位。

通生：行盥洗禮。

讚生：正獻生、東西獻生盥洗。

引生：引——詣盥洗所盥洗 復位。

通生：眾生分班侍立。

讚生：眾生分班侍立肅靜。

通生：行迎神禮。

讚生：司鼓生擊鼓、司鐘生敲鐘、迎神生恭迎聖駕。【大吹】

通生：行奏樂禮。

讚生：奏樂者擊鼓三通【擊三通鼓】，鳴金三點【敲鑼三響】，奏大樂【團圓】，奏小樂【簫子調】，連三元【吹號三響】（鳴炮三響）。

通生：諸生行參神禮。

讚生：正獻生東西獻生參神鞠躬，跪，叩首，再叩首，三叩首，起。跪，叩首，再叩首，六叩首，起。跪，叩首，再叩首，九叩首，起。【簫子調】[06]

通生：諸生行上香禮。

06　在行禮或敬奉後，叩首時八音才開始演奏，以下演奏時同。

讚生：正獻生、東西獻生焚香禮酒，行上香禮。

引生：詣香席前，跪，上香，再上香，三上香，禮酒，叩首，再叩首，三叩首，起。【簫子調】

通生：行讀疏文禮。

讚生：讀疏文生讀疏文。

新威勸善堂恭祝南天文衡聖帝聖誕疏文

伏以

蓋世英雄　天生時達
古今義氣　佛法無邊

今據
臺灣省高雄縣六龜鄉新威勸善堂，堂主鍾文財副堂主詹錦開、劉仁超，常務監事邱潤財統帶鸞下生委員恭祝，信民莊和泉、鍾文財、黃進榮、徐清福……邱蘭英、黃辛亮、黃國珍
善信男女人等，虔具豬羊豬首牲體，膳饈菓品，蓮蕉吉菓，香楮財帛，清酌菲儀，文書一套，長錢萬貫，無敢冒瀆，奏叩于

本堂主席柳王二天君

關呂張三聖恩主恩師大天尊殿下暨列聖佛神寶座前

本堂醫院先師李真人

竊思

六戒保身　寶訓示眾庶延生之術
月刀扶主關心　顧漢祚鞏固長享之安
二心不是忠臣　却印封金　能使奸雄喪氣
十義本為倫紀　尋兄挈眷　追思當日古城
四方六合之中　咸識沖天義氣
日昇月恆之比　祇知下土頌詞

新澤並光明　丹心赤膽
威嚴昭氣象　表正形端
勸矣玉清宮　權職操乎首相
善哉關夫子　仁德及於生靈
堂建于斯　造書勸世
眾民至此　振聵發聾
信仰南天　大慈大悲
生祈恩主　至上至尊
恭維壽咏南山　功高德厚
祝禱樽開北海　地久天長
關懷際會芳辰　羣情作岡陵之頌
聖躬時逢令旦　冒瀆賡慶賀之歌
大莫興京　乃文乃武
帝誰與並　如地如天
壽域慶長登　布下民千秋惠澤
誕辰星永耀　施我輩萬古恩光

無以為情，惟其至誠，頂祝量其無極，謹修鄙意禮恭，眾信男女人等，拜獻菲儀，敢效頻繁告潔，疏陳大畧，總求鑒納微誠，謹抒悃愫，誠惶誠恐，稽首頓首，百拜進以上

聞

天運丙戌年六月二十四日新威勸善堂堂主鍾文財副堂主詹錦開劉仁超統帶合會善信男女人等百拜上申

引生：引——詣 昊天金闕玉皇大天尊陛下，南天文衡聖帝翼漢天尊，南宮孚佑帝君妙道天尊，九天司命真君護宅天尊主席靈侯太子之鑾座前，跪，讀疏文生亦跪，讀疏文【吹號三聲】。叩首，再叩首，三叩首，起，叩首，再叩首，六叩首，起，叩首，再叩首，九叩首，起，叩首，再叩首，十二叩首，起，復位。【簫子調】

通生：正堂行初獻禮。

讚生：正堂執事者酌酒奉饌，行初獻禮。

引生：引——詣南天文衡聖帝翼漢天尊，南宮孚佑帝君妙道天尊，九天司命真君護宅天尊主席靈侯太子，鑾座前跪，進爵奉祿，叩首，再叩首，三叩首起，平

身，復位。【簫子調】

通生：東堂行初獻禮。

讚生：東堂東讚生行初獻禮。

東讚生：東堂執事生執爵奉饌，東引生引東獻生行初獻禮。

東引生：引──詣 聖佛仙神寶座前跪 進爵奉祿，叩首，再叩首，三叩首，起，平身，復位。【簫子調】

通生：西堂行初獻禮。

通生：西堂西讚生行初獻禮。

讚生：西堂執事生執爵奉饌，西引生引西獻生行初獻禮。

西引生：引──詣 冥王地府地藏王菩薩城隍老爺福德正神香座前，跪，進爵奉饌，叩首，再叩首，三叩首，起，平身，復位。【簫子調】

通生：正堂行讀祝文禮。

讚生：正堂讀祝文生讀祝文。

新威勸善堂九獻禮正堂祝文

恭祝關聖帝君聖誕祝文

恭維

天運歲次丙戌年月建乙未朔日己酉越祭日甲子之良辰 今有

臺灣省高雄縣六龜鄉新威勸善堂，堂主鍾文財，副堂主詹錦開、劉仁超，常務監事邱潤財，統帶鸞下生委員，恭祝沐恩善信男女人等，謹具豕羊豬首五牲，膳饈香茶菓品，蓮蕉吉菓，香楮財帛清酌之儀，致祭于

本堂主席柳王二天君

關呂張三聖恩主恩師大天尊殿下暨列聖佛神寶座前

本堂醫院先師李真人

伏以

聖神德參天 地道並虞唐 存芝造內聖 德圖妙果梯 感應顯赫
文武昭彰 精忠高節 萬世流芳 化身掌法 靈應遐芳 洩玄熬運
演正純陽 饗飧載德 調飲洪洋 門庭護佑 赦罪消殃 中央土德
永沐恩光 愧無以報 感念衰賜 予等恭敬 整肅冠裳 伏祈奏恪
惠我無疆

文言曰

天尊位高德厚 地久天長 三聖下凡闡教 勸世循良 作善護福 作惡遭殃 言其報應 書載
周詳 諸真接踵 群聖臨堂 同心愛世 勸善有方 頒行宇宙 散發村鄉 迷途可醒 道岸是將
人有崇德 身有榮昌 鄙生承教聖訓親嘗 茲值

天尊令誕 堂下虔具酒漿為酒為醴 以豕以羊 伏冀鑒納 下土有光

尚饗

引生：引——詣南天文衡聖帝翼漢天尊，南宮孚佑帝君妙道天尊，九天司命真
君護宅天尊主席靈侯太子之鑾座前跪，讀祝文【吹號一聲】，（讀畢）叩首，再叩首，
三叩首起，跪，叩首，再叩首，六叩首，起，跪，叩首，再叩首，九叩首，起，平
身復位。【簫子調】

通生：東堂行讀祝文禮。

讚生：東堂讀祝文。

新威勸善堂九獻禮東堂祝文

東堂祝文

恭維

天運歲次丙戌年月建乙未朔日己酉越祭日甲子之良辰 今有

臺灣省高雄縣六龜鄉新威勸善堂，堂主鍾文財，副堂主詹錦開、劉仁超，常務監事邱潤財，統帶鸞下生委員，恭祝沐恩善信男女人等，謹具豕羊豬首五牲，齋蔬菓品，蓮蕉吉菓，香楮財帛清酌之儀，致祭于

聖佛仙真 暨列先賢 先儒寶座前

恭維

至聖述緒 各教綱常 恭敬仁義 禮智紅漢秋陽 文章流傳萬世 儀範百王 德參天地 普及萬芳 春風肘雨 化育賢良 功齊宇宙 法被孔彰 妙行應化 地久天長 三教聖主 日月爭光 上律下襲 萬古流芳 啟佑眾庶 福護禎祥 群黎載德 永沐恩光 屆茲 關聖恩主聖誕聊表衷賜 敬陳不腆 稽首誠惶 焚香恭敬 拜跪超蹌 伏祈來恪 在上洋洋

尚饗

東讚生：東堂讀祝文生讀祝文。

東引生：引──詣聖佛仙神香座前 跪 讀祝文【吹號一聲】。（讀畢）叩首，再叩首，三叩首，起，跪，叩首，再叩首，六叩首，起，跪，叩首，再叩首，九叩首，起，平身復位。【簫子調】

通生：西堂行讀祝文禮。

讚生：西堂讀祝文。

新威勸善堂九獻禮西堂祝文

西堂祝文

　維

天運歲次丙戌年月建乙未朔日己酉越祭日甲子之良辰 今有

臺灣省高雄縣六龜鄉新威勸善堂，堂主鍾文財，副堂主詹錦開、劉仁超，常務監事邱潤財，統帶鸞下生委員，善信男女人等，虔具豬首五牲，膳饈菓品，蓮蕉吉菓，香楮財帛清酌之儀，敬祭于

城隍爺爺

冥王地主 寶座前

福德正神

恭維

尊神掌王城之重 躬應七命之尊 莫皇猶之鞏固 安社稷之遐昌 位屆國土 道配陰陽 善惡昭彰而響應 功過該察以特權 幽明資其賞罰 贊化齊以調元 靈通三界 上達九霄 恭崇德峻 寵命攸隆 護民福國 聖佈神功 疆土叠頌 陬[07]邑頻恭 聲靈赫濯 保我以公 屆茲關聖恩主聖誕

慶祝聖宮敬呈酒醴 聊表肘恭 惟此昭告 默鑒愚衷

尚饗

西讚生：西堂讀祝文生讀祝文。

西引生：引──詣 冥王地府地藏王菩薩城隍老爺福德正神香座前，跪，讀祝文【吹號一聲】，（讀畢）叩首，再叩首，三叩首，起，跪，叩首，再叩首，六叩首，起，跪，叩首，再叩首，九叩首，起，平身，復位。【簫子調】

通生：正堂行亞獻禮。

讚生：正堂執事者酌酒奉饌，行亞獻禮。

---

07 陬：音ㄗㄡ，小村落。

引生：引——詣南天文衡聖帝翼漢天尊，南宮孚佑帝君妙道天尊，九天司命真君護宅天尊主席靈侯太子，鑾座前跪，進爵奉祿，叩首，再叩首，三叩首起，平身，復位。【簫子調】

通生：東堂行亞獻禮。

讚生：東堂東讚生行亞獻禮。

東讚生：東堂執事生執爵奉饌，東引生引東獻生行亞獻禮。

東引生：引——詣 聖佛仙神寶座前跪，進爵奉祿，叩首，再叩首，三叩首，起，平身，復位。【簫子調】

通生：西堂行亞獻禮。

通生：西堂西讚生行亞獻禮。

讚生：西堂執事生執爵奉饌，西引生引西獻生行亞獻禮。

西引生：引——詣 冥王地府地藏王菩薩城隍老爺福德正神香座前，跪，進爵奉饌，叩首，再叩首，三叩首，起，平身復位。【簫子調】

通生：正堂行終獻禮。

讚生：正堂執事者酌酒奉饌，行三獻禮。

引生：引——詣南天文衡聖帝翼漢天尊，南宮孚佑帝君妙道天尊，九天司命真君護宅天尊主席靈侯太子，鑾座前跪，進爵奉祿，叩首，再叩首，三叩首，起，平身，復位。【簫子調】

通生：東堂行終獻禮。

讚生：東堂東讚生行三獻禮。

東讚生：東堂執事生執爵奉饌，東引生引東獻生行三獻禮。

東引生：引——詣 聖佛仙神寶座前跪，進爵奉祿，叩首，再叩首，三叩首，起，平身，復位。【簫子調】

通生：西堂行終獻禮。

通生：西堂西讚生行終獻禮。

讚生：西堂執事生執爵奉饌，西引生引西獻生行終獻禮。

西引生：引——詣 冥王地府地藏王菩薩城隍老爺福德正神香座前，跪，進爵奉饌，叩首，再叩首，三叩首，起，平身，復位。【簫子調】

通生：諸生容身暫退，各行分獻。

讚生：正獻生、東西獻生，各執事生，容身暫退，各行分獻。

（此時司儀生點香給民眾信徒上香，上香後各自參拜）【簫子調】

※（還願：這一年曾向恩主祈求許願的，由執事生帶領上香，然後跪下，由副堂主誦念還願文，將各許願人還願的方式、項目或金額，一一念出）。

通生：諸生復位。

讚生：正獻生、東西獻生、各執事生，復位。

通生：諸生加爵祿。

讚生：正獻生東西獻生加爵祿。【簫子調】

通生：諸生進財寶[08]。

讚生：正獻生、東西獻生進財寶。【吹場樂】

08　進財寶：燒金，主祭者與祭者各執一疊壽金到金爐焚化。

通生：行焚疏焚祝禮。

讚生：讀疏文生焚疏[09]，讀祝文生焚祝，化財望燎禮。【大團圓】

通生：瘞毛血。

讚生：瘞毛血生瘞毛血[10]。

引生：引——詣 瘞毛血所，瘞毛血。【團圓】

瘞毛血為牲禮之血

通生：諸生行辭神禮。

讚生：正獻生東西獻生辭神鞠躬，跪，叩首，再叩首，三叩首，起，跪，叩首，再叩首，六叩首，起，跪，叩首，再叩首，九叩首，起。【簫子調】

通生：恭送聖駕。

讚生：司鼓生擊鼓，司鐘生敲鐘，迎神生，恭送聖駕。【大團圓】（鳴炮）

瘞毛血

通生：行告禮成禮。

讚生：告禮成生告禮成。（全體人員面向外雙手高舉並大聲說「禮成」）【團圓】【大團圓】（鳴炮）。

　　九獻禮祭典結束，信眾帶來敬奉的牲禮水果，自行收拾帶回，祭典之敬奉品與牲禮亦收拾起。祭典結束後堂裡有準備稀飯給大家饗用，用過餐後各自自行回家。次日中午善堂通常會有「登席」宴客。

09　焚疏焚祝文：把疏文及祝文于香爐裡焚化。

10　瘞毛血：把沾上豬羊血水與接血水的金紙拿到外面焚化，盆內的豬、羊血拿到外面倒於坎下。

新威勸善堂是新威地區「公廟」，歷史悠久，信眾包括新威、新興村，也就是現在的「新民庄」地區聚落內之村民。善堂與聖君廟一樣是「新民庄」地區居民主要的信仰中心。凡家中有大小事，都會到廟裡或善堂請示。勸善堂定期還有「扶鸞」為村民「辦事」，是「新民庄」人的「恩主公」，所以「恩主生」時居民都會準備牲禮或水果來祭拜，或是來還願。

第二節、新威地區客家「祭河江」祭典

古代有河神、龍神的傳說，地方父母官會去祭河神、拜龍神，大家印象最深刻的故事就是「河伯娶妻」的故事。而端午節划龍舟前，也會有拜龍神、點龍睛、祭河神的儀式，總覺得划龍舟前祭河神的儀式，只是一種活動的儀式，無法與「河伯娶妻」故事中，地方父母官去祭河神的故事串聯在一起。

第一次看到新民庄的「祭河江」祭典，即震懾於那種對天、地、人、神以及不知名的孤魂野鬼之誠敬心理，這並非在民間故事「祭河神」中所看到的那種對河神敬畏的心理，而是一種超然大愛的精神。祭典中準備了最豐盛的食物，以感恩的心感謝天地山河，賜福百姓，還為不幸在水中遇害的亡魂，賜予食物、錢財，並超渡它們，所有參與者完全是自動自發的付出，無私的奉獻精神，看到每一個人臉上所帶著的祥和、喜悅，深深帶給我極大的震撼與感觸，真是神聖的文化饗宴。

農曆三月八日是張公聖君聖誕日，前一天，農曆三月七日新威「聖君廟」會辦理「送字紙灰祭典」、「祭河江祭典」，祭聖君的「遷神」祭典以及「祭義塚」四項祭典。送紙灰、祭河江、祭義塚這些祭典，在客家地區已經很少見，筆者出生於新威，從小就聽說每年有這些祭典，筆者曾訪問過許多當地的耆老們，沒人能說出「祭河江」、「祭義塚」的祭祀活動從什麼時候開始有的。這些耆老告訴筆者的年代非常一致：「從我小時候有印象就有這些祭典。」新民庄的人那麼多年來一直堅持著傳統，年復一年的持續在辦理這些傳統祭典。

一、祭典前

農曆的三月七日一大早，在新威聖君廟前廣場就有許多的民眾聚集在那裡，準備著祭河江及送字紙灰的事宜，聖君廟與要舉行祭河神祭典的荖濃溪有段距離，所以廟前廣場，停放了許多輛當地村民自動提供的小貨車，準備載運神轎及要祭拜河神的祭品、物品、桌椅、金香等，一年來收集到的金香紙灰，也一袋袋的裝載在小貨車上，神轎、鑼鼓也備妥在廣場，不會騎車的老年人，也都坐上小貨車。

出發前先至「聖君廟」與「勸善堂」上香祭拜，祭拜後請廟裡的主神「張公聖君」神像上轎，而後再由擲筊方式，詢問還有哪些神明要一併隨行前往，若順筊要前往的就請上神轎，當請神時要打鼓敲鐘以示尊敬，客家八音奏樂，若無請八音團就用播放八音音樂的方式。另一頂神轎至勸善堂請堂內的神明，一起前往參與祭河神的祭典。

一切就緒，由鑼鼓車前導，沿途敲鑼打鼓，客家八音沿途吹奏，有些人自行開車，或騎車，或搭便車，數十輛大小貨車載著神轎、牲禮、字紙灰、金香、桌椅等用具、祭典人員、誦經的經生，和許多善男信女，數百人浩浩蕩蕩，前往選定的祭典地方荖濃溪畔。

荖濃溪每年夏天大水過後，地形地貌都會改變，要祭河江之前負責人員會先去勘查地形，並選定一塊平坦且較寬廣的地方，作為祭典之場所，到達荖濃溪畔祭典預定地後，大家即開始分工合作擺設神壇及祭壇，祭壇分兩地，一處靠溪邊只用一張桌子作為送字紙灰祭壇，另一處設祭河江神壇及祭壇。

美濃廣善堂送紙灰隨行的信徒與庄民　　　　　　　客家八音沿途吹奏，一起前往參與祭河神的祭典

早期祭河江在靠溪邊擺設的祭壇

二、新民庄的「送字紙灰」祭典

　　「送字紙灰」祭典在靠溪邊擺設一張祭桌，桌子前端供奉著「大成至聖先聖先師香座位」的牌位，祭桌上擺放五種水果、糖果、素果和粄粿等祭品。貨車載來的金香灰及字紙灰，也一袋袋的放置在祭壇旁的溪邊。「送字紙灰」祭壇佈置好後即先行「送字紙灰」祭典儀式。祭典儀式如下：

（一）上香【大吹】

　　禮生、主祭者、陪祭者與全體人員一起上香祭拜。上香後行跪拜禮或徒手拜拜。

（二）讀祝文【吹號】

　　禮生與主祭者跪下，其他人或跪或站立，由禮生誦念「送字紙灰」祝文[11]。

（三）進財寶、焚祝文與送字紙灰【大吹】

　　祝文誦念畢，執事者即拿壽金至空地焚燒，同時禮生把「送字紙灰」的祝文在香爐上焚化。工作人員也把載來的字紙灰一袋一袋的倒入河中，讓荖濃溪的溪水帶至各地的農田中，灌溉農作物，並滋養農作物，讓它長的更好，來年更豐收。

（四）送神禮成【團圓】

　　執事者將神牌與香爐內的香拔起，拿到燒金紙錢處焚化。最後鳴炮並收拾祭壇，祭品的水果、糖果、粄粿等都給民眾食用。

　　送紙灰祭典與送字紙灰後，大家到祭河江的祭壇，接著馬上要行祭河江的祭典。

新威送字紙灰的祭典祭壇　　　　　　　　　　新威送字紙灰將灰倒入河中

11　送字紙灰祝文如表 3-7。

三、「祭河江」祭典

祭河江的目的是敬備豐盛的牲禮祭品至荖濃溪畔，舉行誦經法會，感謝河神這一年來保佑地方風調雨順，農作物豐收，並祈求河神來年繼續庇護當地河川的水量充沛，田園農作物豐收，也保佑地方人民地靈人傑、幸福平安。

「祭河江」祭典祭壇設置分兩部分，一為神壇，另一為祭壇。祭壇上界較靠近溪邊，神壇在內面向著河，神壇上，中間為張公聖君神像，其他眾神也都供奉於臨時搭設的神桌上，神壇上擺設的祭品為五種素菜、五種糖果與五種水果。

「祭河江」祭壇的神牌是用紅紙製作的神牌位，上界為「龍宮水府暨列尊神香座位」、中界為「南無大願地藏王菩薩香位」、下界為「本溪屬內河伯水陸無祀諸魂香位」[12]，每界供奉鮮花、五種水果、五種糖果、五種粄粿等祭品，下界的「本溪屬內河伯水陸無祀諸魂香位」牌位前另加供奉豬頭、雞肉、魚等牲禮祭品，也準備檳榔作為祭品。祭壇兩旁有全豬、全羊和整袋的米、酒與飲料、香菸等祭品，除了上、中、下界主祭壇外，在祭壇四周並擺放四張面朝外的祭桌，祭桌上也供奉著雞、

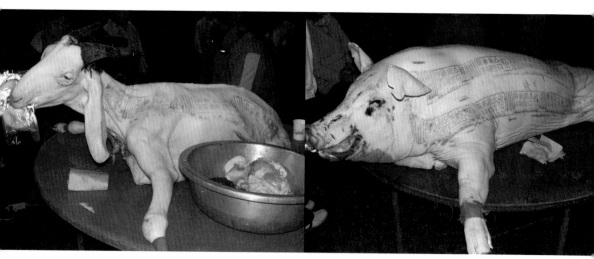

全羊　　　　　　　　　　　　　　　全豬

12　民國 93 年起只設兩界，中界的『南無大願地藏王菩薩香位』沒設置。

新威祭河江擺設祭壇之場所　　　　　　　在靠溪邊擺設的祭河江祭壇

豬、魚肉三牲及五種水果、糖果與粄粿等祭品，這四張祭桌是要一起祭拜四方好兄弟的。

　　新民庄的祭河神祭典是以誦經法會超薦渡的儀式進行，並請客家八音團現場吹奏（沒請客家八音團時，則由小貨車播放客家八音音樂替代）。祭河江祭典會先行敬神的祭拜與誦經儀典，然後再行祭河江祭典。祭河江祭典儀式如下：

（一）上香

　　執事者點香後給大家，經生帶領主祭者、陪祭者與全體人員先向諸神佛上香禮拜，上香禮拜後插一部分的香在神像前香爐，然後再轉向祭壇上香禮拜，上香後將香插於祭壇各香爐內。

（二）敬神

　　大家面向神像，經生團在前，主祭者、陪祭者在經生團後雙手合什，經生門先向神佛誦經。

（三）薦渡法會

　　向諸神佛誦完經典以後，再轉向祭壇進行誦經[13]超薦（渡）法會。

13　誦「小蒙山施食」經文。

法會開始就開始燒金。燒金時「經衣紙錢」要先燒，然後燒「銀紙」，再來燒「九金」，「壽金」要等到要送神時再開始燒，不同的紙錢要分開燒。

（四）讀祝文

由大法師[14]誦念『祭河江神祝文』[15]。

新威祭河江表文

祭河江文

恭維

中華民國歲次辛巳月建辛卯朔日丁亥月祭日癸巳之良辰　今　有

臺灣省高雄縣六龜鄉新民勸善堂鸞下生邱樹明、黃有德、邱運林……（有落名的人名字都要寫上並一一都要念出）（其他人名略）
統帶全村沐信士等謹具豬羊豬首五牲香茶粄酒財帛之儀致祭于
龍宮水府尊神本溪屬內河伯諸魂之前

緣因叨蒙　恩光惠顧　河水順流　無害農田之願　農民充饑一二農作織物有收慰喜　農人披星戴月之苦特全農帝之功
但願來期大施恩澤改轉順流彎而無曲而無害廣闊農田之美收全農人生活充實之饑叨蒙而應之光農民亦得同歡可享安居樂處　茲值春期節屆捐取今月是日依仗經生諷誦經咒普施諸魂等眾平等甘露法食承斯善利沛大吉祥虔敬焚香祈恩鑒納誠惶誠恐柳望

上通天地下達龍皇水府諸祇溪中河江河神河伯叨詧惠顧

來格來嘗

尚饗[16]

14　又稱主懺。

15　祭河江文如表 3-6。

16　祭河江文由張二文先生抄錄提供。

新威送字紙灰文

送字紙灰文

恭維

中華民國歲次辛巳[17]月建辛卯朔日丁亥月祭日癸巳之良辰 今 有

臺灣省高雄縣六龜鄉新威勸善堂鸞下生邱ＸＸ、劉ＸＸ……（庄中全部參與人姓名）等
即日誠惶誠恐為敬送字紙灰事 謹以齋蔬果品香茶粄酒之儀 致謝于

大成至聖孔聖先師香位前

文言曰

至聖制字傳人留通天地下達神鬼上古而今 無革有因紙張書就 世界更新 緬結繩之世代
若 記事之艱辛 鵝雁尚知利擺 下民那不知承尊 叨蒙 制字留傳 而今世上留通 蒙思我
德 上尊下欽 恩深畫匹 德大無倫 古今敬惜 字紙 築亭爐 焚化成灰 雖爐灰亦璘彬 謹以果
品香茶 敬祝 神真 非云報答 略表微誠 茲今送付水流 冀滌澆塵

（五）薦渡法會

讀祝文後經生繼續誦經。法會中法師並施法，擺米山[18]、灑淨等。

（六）施食

大法師向四方拋撒糖果與錢幣，民眾會撿拾，據說撿拾到這些糖果食用會庇祐
健康平安，錢幣會保祐發財賺大錢。

（七）送神、焚祝文

把祭壇上的神牌位、香爐內的香，以及『祭河江祝文』拿到焚燒壽金處焚化。

---

17 民國 90 年。

18 法師用一些米放在祭壇前桌上，擺成三堆成一「品」字形，也有的法師把米擺成「山」字型，表示
    米像山一般多要給它們。然後再施法施給所有的好兄弟。

香爐焚祝文   「還神」請送神

（八）禮成

　　祭河江祭典儀式歷時約一小時。全部祭典約兩小時結束。結束後把豬、羊、牲禮等祭品、物品用具收拾上車。祭壇上的水果、叛粿、素果、糖果分給大家食用或帶回家，民眾紛紛去取用這些祭品自吃或帶回家給家人吃，當地的說法是吃這些祭品神佛會庇祐你健康平安。

　　祭典後請神上轎與來時一樣由鑼鼓車前導，八音團隨後，神轎車輛及民眾的車隊依次敲鑼打鼓浩浩蕩蕩返回廟裡，回到寺廟後將請出的神明，請回廟內神位安座好（請神回座時廟裡要鐘鼓齊鳴），所有神明就定位後，大家上香祭拜，「送字紙灰」與「祭河江」祭典儀式全部結束。

　　祭典結束後，廟裡會請人準備稀飯點心給所有人員享用。用過餐後各自回家休息，下午要繼續行「祭聖」與「祭義塚」祭典。

第三節、祭聖君「還神」祭典

　　新威聖君廟每年辦理的送紙灰、祭河江、祭聖、祭義塚等祭典，方式都類似，但因主導人會更換，還是會有些許不同。四項祭典並不一定都有請客家八音團，視

經費與是否有人贊助，通常送紙灰與祭河江只用小貨車播放八音音樂代替，祭聖「還神」祭典就必定會請客家八音團，祭義塚若是以行三獻禮方式就有八音，若以誦經法會方式祭祀就沒請八音團。「送紙灰」與「祭河江」祭典要到溪邊，客家八音沒帶鑼鼓，打擊樂只有一支小錚鑼，配合祭典通常在儀式中只運用到【大吹】及【團圓】，其他行進間或閒暇時的演奏曲調大都是【弦索調】。

祭聖「還神」祭典所請的客家八音團，早期是請高樹的楊榮春客家八音團，也請過美濃鍾雲輝、杉林溫福仁客家八音團，最近是請美濃劉富喜客家八音團作場。

祭河江祭典回來後，下午進行恭祝張公聖君誕辰「還神」祭典[19]，祭聖祭典沒行拜天公的儀式，而是在廟裡先「請詁」，請詁後再行三獻禮敬奉儀式。[20]

新威聖君廟祭聖「還神」祭典祭祀儀典如下：

一、請詁（請詁開始吹號三聲，請詁中音樂停）

請詁生及執事生先上香致敬，上香後執事生奉茶[21]，接著請詁生請詁，請詁生跪著請詁，旁邊左右各一位陪請，執事生站立在兩旁。每一詁請三遍後執事生敬酒請詁生行三跪九叩首禮。請詁結束，執事生要將茶收起、酒倒回酒瓶收起。請詁之請神儀式後，接著即將行三獻禮的「祭聖」祭典。

19　在民國 89 年以前是依傳統「還神」祭典時間夜間才進行祭聖典禮，「祭聖」結束後再到新威公墓進行「祭義塚」祭典，所以在民國 89 年以前，新威地區的「祭義塚」祭典是在半夜子時以後才進行的。因為公墓沒有電，參與祭祀活動的人有許多的老人家，在民國 89 年新威勸善堂管理委員會（新威聖君廟亦屬於勸善堂管理委員會共同管理）決議，將祭義塚祭典提早辦理，所以「祭聖」的「還神」祭典時間就提前至下午進行祭祀儀典。

20　筆者調查紀錄中，也有沒先請詁就只有行三獻禮。

21　也會先奉茶再上香。

廟堂中請送神　　　　　　　　　　廟堂中請送神儀式

新威勸善堂請誥文

請三業咒

身中諸內境 三萬六千神 動作履行藏 前劫並後業 願我身自在 常住三寶中 當於劫壞時 我身常不滅 頌此真文時 身心口業皆清淨 急急如律令

淨壇咒

太上說法時 金鐘響玉音 百穢藏九地 群魔護騫林 天花散法雨 法鼓振迷沉 諸天賡善哉 金童舞瑤琴 願傾八霞光 照依皈依心 蚕法大法稿 翼侍五雲深 急急如律令

奉請

九天馬天君寶誥

志心皈命禮

九天揚化樞機共懔十方普濟海內施恩火德澤民司權喉舌仁慈濟世導化人心至廉至節命脈五祀宏德宏仁司管一家積功勤操持竈府者善德輔佐東廚惠澤群生移凶化吉愛惜兆民赦過消愆大悲大願 真君內相廣濟真人大忠大孝下凡監堂專理鸞務 馬天君

奉請

南宮柳天君寶誥

志心皈命禮

練化靈心道學無量修為見性功勳有就色空色相塵緣盡脫即仙即神凡俗登天飛鸞降世勸忠

勸孝監堂闡教戒惡戒淫被化多方回頭有術宣明義理妙奧無邊令人忠孝襃忠貶昧醒世廉節
排難解紛至仁至德悲憫蒼生切念下民大願大慈 南宮輔佐開堂濟世孚佑駕前協造善文　柳
星君妙道真人加陞太乙天君

　奉請

南天廖天君寶誥

　志心皈命禮

大漢監軍忠義上將英勇威神有智有畧無欺無險至孝至仁心存濟世義切飛鸞統領 南天佐
部受命
玉帝揮毫積功勳兼掌雷令著善果宣化人間管諸魔鬼轄眾陰兵慈悲保赤惠惜孱民斬妖護國
治怪安民廖天君 南天真相奉旨馳騁 玉封博施真人加陞道德天君

　奉請

周大將軍寶誥

　志心皈命禮

扶正勇將察地猛神鐵鬚銀齒黑而朱脣精忠特立勁節驚人稽查善惡糾察凡塵冥冥顯赫處處
遊巡鋤奸除惡救世憂民忠臣義士扶彼超昇乖兒逆子不勝怒瞋維持世教匡正人倫斬妖護法
大道常存最靈真宰最顯神君護朝護國剛直忠勇天君

　奉請

關聖太子寶誥

　志心皈命禮

靈侯太子文經武諱匡王護國德義巍巍忠孝節義全受全歸奇勳早建於西蜀異畧素著於北魏
大忠大孝至仁至勇補造化之不足佐 聖帝以立功護朝護國盡孝盡忠九天威靈顯化天尊

　奉請

文昌應化張仙大帝寶誥

　志心皈命禮

桂香內殿　文昌左宮七十二化之法身百千萬劫之運數育嗣天下演教人間金彈竹弓隨身帶
孤辰寡 宿滅行踪扶小子而衛通關蔭閨房而護產難聰明日益痘診減消難育者祈之便育難
痊者禱之必痊大悲大願大聖大慈 九天輔元開化靈應 張仙大帝七曲毓聖天尊

　奉請

豁落靈官王天君寶誥

志心皈命禮

先天主將一炁神君都天糾察　大靈官三界無私猛烈將金睛朱髮號三五火車雷公鳳嘴銀牙統百萬貔貅神將飛騰雲霧號令雷霆降雨開晴驅邪治病關過錯於一十二年受命玉帝積功勳於百千萬種誓佐祖師至剛至勇濟死濟生方方闡教處處開壇赤心忠良斬妖護法王天君太乙雷聲應化天尊

奉請

南天文衡聖帝寶誥

志心皈命禮

大上神威英文雄武精忠大義高節清廉協運皇圖德崇演正掌儒釋道教之權管天地人才之柄上司三十六天星辰雲漢下轄七十二地土壘幽酆秉注生功德延壽丹書執定死罪過奪命黑籍考察　諸佛　諸神監制群仙群職德圓果無亮度人萬靈萬聖至上至尊忠孝祖師伏魔大帝關聖帝君大悲大願大聖大慈蓋天古佛　玉帝殿前首相執掌雷部真元顯應昭明翼漢天尊

奉請

南宮孚佑帝君寶誥

志心皈命禮

玉清內相金闕選化身為三教之師掌法判五雷之命黃粱夢覺忘世上之功名寶劍光騰掃人間之妖怪四生六道有咸必孚三界十方無求不應黃鶴樓頭留聖蹟　玉清殿內煉丹砂存芝像於由崖顯神踪於雲洞闕法門之香火作儒教之梯航大悲大願大聖大慈開山啟教靈應祖師天雷上將靈寶真人洩玄贊運純養陽演正警化　孚佑帝君興行妙道天尊普度光圓自在文尼真佛

奉請

九天司命真君寶誥

志心皈命禮

一家之主五祀之神司喉舌於北斗之中察善惡於東廚之內賜福赦罪移凶化吉安鎮陰陽保佑家庭何災不滅何福不增有求必應無感不通火德澤民賴以生上調飲食奉雙親下煮饗殽滋壽命丹天世界竈府眾神欲酬護佑由未能普具香燈伸寸敬虔誠懇禱宥過愆屯弟子稽首謝洪恩願保門庭多吉慶大悲大願大聖大慈赤皇上品三炁火官洞陽大帝元皇定國南丹紀壽護宅天尊

玉清輔相九命東廚司命竈王真君

二、祭聖三獻禮祭典

請誥後各執事人員與主祭者要換穿「長衫」，站立祭壇前兩旁，民眾亦可參加站於後面，同時兩位執事者先至各壇前奉茶。【簫子調】奉茶後，執事者兩人點香分給大家，全體一起上香【大吹】，上香後由執事者將大家的香收起，插至各神前香爐與天公爐。【大吹】接著大家行跪拜叩首禮。

等大家都行禮後即將行三獻禮祭聖典禮，行禮前兩位主祭者要先請禮生。【團圓】民眾則到旁邊觀禮，只有主祭者與執事人員行禮。

三、三獻禮正典儀式：

通：奏樂者擊鼓三通【擊三通鼓】。鳴金三點【敲鑼三響】。奏大樂【小團圓】。奏小樂【簫子調】。連三年【吹號三聲】（鳴炮三響）。

通：主祭者就位，與祭者亦各就位。

通：盥洗。

引：引詣盥洗所，盥洗。復位。【團圓】

通：降神

引：引——詣降神所，降神。復位。【簫子調】

通：參神鞠躬，跪，叩首，再叩首，三叩首，起。跪，叩首，再叩首，六叩首，起。跪，叩首，再叩首，九叩首，起。【簫子調】

通：執事者焚香禮酒，行香席禮。

引：詣香席前，跪，上香禮酒，叩首，再叩首，三叩首，起。【簫子調】

通：執事者執爵奉饌，行初獻禮。

引：引——詣張公聖君蕭公劉公連公靈侯太子爺香座前，跪。進爵進祿，叩首，

再叩首，三叩首起。復——位。【簫子調】

通：讀祝文

引：引——詣張公聖君蕭公劉公連公靈侯太子爺香座前，跪。讀祝文亦跪，讀祝文【吹號一響】。讀畢。叩首，再叩首，三叩首，起。跪，叩首，再叩首，六叩首起。跪，叩首，再叩首，九叩首起。復——位。【簫子調】

通：執事者執爵奉饌，行亞獻禮。

引：引——詣張公聖君蕭公劉公連公靈侯太子爺香座前，跪。進爵進祿，叩首，再叩首，三叩首起。復——位。【簫子調】

通：執事者執爵奉饌，行三獻禮。

引：引——詣張公聖君蕭公劉公連公靈侯太子爺香座前，跪。進爵進祿，叩首，再叩首，三叩首起。復——位。【簫子調】

通：主祭者容身暫退位，與祭者各行分獻。

休息，各人自由參拜。【簫子調】

通：主祭者復位。

通：加爵祿【簫子調】（兩位主祭者各拿一壺酒，再至各神壇前敬酒，最後至豬羊身上灑繞一圈）。

通：獻帛，執事者執帛，讀祝者執祝，化財焚祝文。

引：引——詣，進財寶。【團圓】復位。（放炮）

通：辭神鞠躬跪，叩首，再叩首，三叩首，起。跪，叩首，再叩首，六叩首，起。跪，叩首，再叩首，九叩首，起。【簫子調】

通：禮畢。【團圓】繼續【大團圓】結束。兩位主祭者去向禮生致謝敬禮。

儀式結束後，將「祭聖」祭壇的祭品與豬羊收起，送上小貨車載到新威苗圃旁的公墓要祭義塚。通常祭典過後的祭品是不能重複使用，但是祭品先用於祭拜神明，用於「祭義塚」祭拜無主孤魂應無妨。而且當天有四個祭典，豬羊牲禮用量很多，可重複使用的祭品再利用，可節省一些的經費。

第四節、新民庄的「祭義塚」祭典

一般人都認為「義塚」就是「有應公」、「萬應公」。事實上「義塚」與「有應公」、「萬應公」是有些的不同。

一、客家人的「義塚」與「祭義塚」祭典

客家人有撿骨的習俗，土葬方式埋葬，經過三、五年後要挖出來撿骨，把骨骸依照人體的坐姿排列放進「金甕」內，再放進「家塚」內，有些人因為家庭某種的因素或發生其他的事情，而無法將先人的骨骸撿起，或已撿起卻無法放入「家塚」內，而讓這些骨骸暫放於某處，也可能棄置在外，而無人給予祭祀。在客家村庄，會在公墓裡設立一個專門收容無人祭祀的骨骸地方，稱之為「義塚」。通常客家人都會尊稱義塚內的為「古老大人」，平時「義塚」是關起來的，到要「祭義塚」時才打開來。

臺灣南部美濃地區，許多公墓內都有「義塚」，有「義塚」就有辦理「祭義塚」的祭典，每個地方的祭典方式卻不盡相同。通常清明節過後當地會準備牲禮到「義塚」去祭拜「古老大人」，行「祭義塚」祭典。農曆七月俗稱鬼月，有些地方會在農曆七月初就把「義塚」的門打開，一直到月底再把「義塚」的門關起來，月底要關「義塚」的門時，當地人會辦理準備豐富的牲禮「渡孤」，並燒紙錢給他們，當地人也會自動「辦牲禮」食品到「義合當地寺廟的慶典時間，或是特別訂定一個「祭義塚」的時間，辦理「祭義塚」的祭典活動。

「祭義塚」的方式，除以上在七月底辦理「渡孤」，以及當地人自動「辦牲禮」祭拜的方式，其餘祭典方式還有以誦經法會與行三獻禮的方式「祭義塚」。

祭義塚   新威祭義塚祭典

附表 3-9

清明祭祀義塚文式

恭維

諸君靈蹟久彰，座居離地，局陳堂煌，庇我兆姓，物（原勿字）阜民康，爰集祀脂，永
薦馨香，清明佳節，恭進霞觴，衣冠整齊（原濟字），拜跪趨（趍之簡字）蹌，昭昭在上，
赫赫在傍，保庇境內，恍惕徬徨，飫之簠簋，奏以笙簧，雖云不腆，誠敬誠惶，惟期降福，
貴列金庄，蕃衍生息，祀脂悠長，悃忱致祭，深感難忘 伏冀

諸靈不昧，愿來格以來嘗

尚饗 [22]

22　鍾錦城先生提供其父鍾潤章留下之文稿。

二、在夜間進行的「祭義塚」祭典

　　以前，新民庄的「祭義塚」祭典時間，是在晚上半夜12點以後才去祭拜。平時，不要說在晚上到公墓，白天要經過或到公墓那裡，心裡都會有些毛毛的，晚上半夜三更所舉行的「祭義塚」祭典，的確存在了一種既神祕又恐怖的色彩。許多人都不敢去，所知道的情形也都是聽別人敘述或一再轉述的細節，有些人甚至會添油加醋添加了不少的恐怖氣氛。

　　這種在夜間進行的「祭義塚」祭典，從什麼時候開始，到底有多久？大家也說不出一個確切年代，只不過每年都在默默的持續進行著。

　　民國89年，忽然想將新民庄的「祭義塚」祭典記錄起來。詢問辦理時間後決定要去攝影紀錄，可是心裡還是有些毛毛的。那次參與夜間進行的「祭義塚」祭典，給予我莫大的震撼與悸動，一個小小的客家村庄，幾十年來，他們堅持著客家人的傳統，固執著自己的信念，自動自發的為客家人的傳承，默默堅持下去，出錢出力、年復一年，無怨無悔。儘管「義塚」裡的先人跟自己完全沒有親屬關係，可是他們卻以比敬奉自己祖先更誠敬的心，去敬奉、祭拜，這就是客家人的互相幫助、團結合作的精神。

　　以下將新民庄夜間辦理的「祭義塚」，祭典過程與儀式紀錄於下：

　　當晚十點開始，聖君廟先行「祭聖」的「還神」祭典，到11點多「還神」儀式結束後，再把「還神」用的祭品載到「義塚」，舉行「祭義塚」之祭典。本來祭拜過的祭品是不可以再祭拜的，但是這些祭品是敬神用過的，再去祭拜「好兄弟」應無妨。

（一）祭典前

1、整理環境

　　祭典前白天時已事先派人來除草、清掃與整理環境，到的時候只需稍整理乾淨並架設發電機及照明電燈，「義塚」碑上、門上及各處都貼上五福紙，前面的石獅

也綁上紅布條。

2、擺設祭品

　　先把載來的桌子擺好，再把豬、羊、三牲、素果、糖果、粄粿、水果等祭品，以及居民準備要祭拜的「牲禮」，擺設妥當。

3、開義塚門

　　「義塚」兩邊門上各書寫「男莊」與「女肅」，男的骨骸要放在「男莊」這邊，女的骨骸要放在「女肅」這邊，要打開「義塚」的門，必須由一位屬龍和一位屬虎的人，兩個人同時打開「男莊」與「女肅」的門，一般人是不能隨便打開的。【大吹】

4、整理納骨室

　　「義塚」的門打開後，由一個人拿著樹枝樹葉進去裡面[23]清掃納骨室，把亂的或倒下的骨骸或金甕扶正整理並擺放好。【大吹】

5、納骨

　　祭拜之前要先查看「義塚」旁的男女暫時納骨室，是否有人放置骨骸在裡面，如果有就要把這些放置在外的「古老大人」男左女右請入納骨室內。如果不知道這個骨骸是男或是女的，那就用擲筊杯的方式問出是男或是女的，然後再把它請進去。

（二）祭義塚祭典（三獻禮方式）

　　準備就緒，執事者點香給大家，全體人員分站在兩邊一起上香致敬，上香後再行三跪九拜禮。不跪拜用雙手行拜拜禮也可以。上香後開始燒經衣紙錢，給「先人」及「好兄弟」換上新衣服。

　　祭義塚三獻禮祭典：

23　要清掃裡面一般是用掃把，但是清掃罈子上的灰塵與蜘蛛網，用掃把清掃是有些不敬，所以就地取材，折些樹枝樹葉整理清掃裡面。

儀式前主祭者先請禮生，請禮生後儀式開始。

通：行奏樂禮。【團圓】

通：奏樂者擊鼓三通。【擂鼓三次】

通：鳴金三點。【敲鑼三次】

通：奏大樂。【小團圓】

通：奏小樂。【簫子調】

通：連三年。【吹號三聲】（鳴炮三響）。

通：主祭者與祭者就位。（主祭者，與祭者兩人就祭拜位置站好）。

通：行盥洗禮。

引：引──（帶領兩位主祭者）詣盥洗所，（祭壇外面安置一張椅子，上面放一個臉盆，臉盆內盛著水，臉盆邊再擺放一條毛巾）盥洗。（兩位主祭者單手沾到臉盆內的水後，再沾臉盆邊的毛巾，表示已經盥洗過了。）復──位。（兩位主祭者回到祭拜位置）【簫子調】。

通：行降神禮。（兩位執事一人拿香、一人拿茶交給兩位主祭者）

盥洗所　　　　　　　　　　　　　　盥洗儀式

引：引——詣（兩位主祭者一人拿著香、一人拿著茶跟著引生）天神香爐前，上香、奉茶，復——位。【簫子調】

通：行香席禮（主祭者與祭者跪下後，兩位執事再把香、酒交給主祭者、與祭者，祭拜後執事再把香、酒接起，並拿到香爐前，先將香內插，後在酒杯中倒酒）。（祭拜後主祭、與祭者再行三跪九叩禮）【簫子調】。

通：執事生執爵奉饌，引生引獻生行初獻禮。（下界執事一人拿一杯酒，一人用小盤子內裝一塊肉，把祭品交給上界執事）。

引：引——詣（兩位主祭者跟著引生走）古老大人靈座前，跪（兩位主祭者跪下）進爵俸祿（上界執事把祭品交給兩位主祭者，兩位主祭者就以酒、肉進俸致敬），叩首，再叩首，三叩首，起，復位（引生引兩位主祭者回到下界祭拜位置）。【簫子調】

通：行讀祝文禮。

引：引——詣古老大人靈座前，跪（兩位主祭者跪下）讀祝文，（讀祝文生跪於中間拿出祝文讀祝文，主祭者、與祭者跪於兩旁，讀祝文結束後行三跪九叩首禮）復位。（引生引兩位主祭者回到下界祭拜位置）

通：執事生執爵奉饌，引生引獻生行亞獻禮。（下界執事一人拿一杯酒，一人用小盤子內裝一塊肉，把祭品交給上界執事）。

引：引——詣古老大人靈座前，跪，（兩位主祭者跪下）進爵俸祿，（上界執事把祭品交給兩位主祭者，兩位主祭者以酒、肉進俸致敬）叩首，再叩首，三叩首，起，復位。（引生引兩位主祭者回到下界祭拜位置）【簫子調】

通：執事生執爵奉饌，引生引獻生行終獻禮。（下界執事一人拿一杯酒，一人用小盤子內裝一塊肉，把祭品交給上界執事）

引：引——詣古老大人靈座前，跪，（兩位主祭者跪下）進爵俸祿，（上界執事把祭品交給兩位主祭者，兩位主祭者以酒、肉進俸致敬）叩首，再叩首，三叩首，

起，復位。（引生引兩位主祭者回到下界祭拜位置）【簫子調】

通：諸生容身暫退，各行分獻。（此時各司儀生各自參拜，參拜後休息。）

休息約十分鐘後執事者再點香給大家上香。（上香跪拜後為開放給民眾祈求的時段）【簫子調】。

這段時間開放給大家向「古老大人」祈求，祈求「古老大人」幫你解決困難達成心願。在這裡許願，除了要說出希望古老大人幫你達成的願望，另外還必須要說出還願答謝的方式，然後擲筊杯看「古老大人」是否同意幫你解決問題。如果古老大人同意後，就必須確實的依照約定還願，若信口開河隨便承諾，當地耆老說如果你言而無信的話後果會很嚴重的。當地的人都認為在這裡祈求頗為靈驗，只要答應的願望都會實現，所以在這個時段有很多人在祈求。祈求後有的人會包義塚香爐的香灰回家。通常承諾還願的方式是明年的祭義塚時準備牲禮來此答謝。所以每年祭義塚時有許多民眾準備牲禮來祭拜，有些是去年的承諾來還願的。等到都沒有人要祈求後，再繼續進行祭典。

通：諸生復位

通：諸生加爵祿。（主祭者、與祭者各執酒壺至每一個酒杯，一一敬酒做最後的致敬，然後再到豬羊那裡，用酒在豬羊身上周圍灑一圈）。【簫子調】

通：諸生進財寶。（執事生將壽金金紙一疊交給兩位主祭者）

引：引——詣（兩位主祭者拿著金紙跟著引生走）化財所，化財望燎。（燒金紙錢）復——位。【吹場樂】主祭者、與祭者拿著金紙到燒紙錢的地方去燒。也就是要給這些「好兄弟」金銀財寶。（這時忽然一陣煙飄來，把引生、主祭者、與祭者都陷入煙霧中。）

通：行焚祝禮，讀祝文生焚祝。（讀祝文生把祝文于香爐裡焚化）【吹場樂】

通：行告禮成禮。（通生、禮生、主祭、與祭者與所有執事者向義塚行合什參拜禮，再轉向外合什行禮。）【大團圓】

（三）祭典後

祭典結束後，開義塚門的兩人把義塚的門關上並鎖上。其他人收拾祭品、祭壇。通常糕粄、糖果、素果、水果之類的祭品都會給民眾自由取用享用，豬羊五牲祭品則收拾載回。回到廟裡把各個物品歸位，祭典全部結束時已半夜兩點了。

整個「祭義塚」的過程令人非常感動，當初害怕的心情完全消失不見，近百人為了傳統的祭典，大家盡心盡力的付出，還有好多老人家，三更半夜全程的參與，那種虔誠的心令人感動，這或許就是客家人的團結互助精神。

夜間「祭義塚」，沒電又有許多的不方便，因此，民國89年勸善堂委員會議中決定，民國90年要改在白天辦理。白天也許會較方便，參與的人可能會更多，讓更多的人了解這個祭典，把客家人珍貴的傳統祭典活動繼續流傳下去。

民國89年的「祭義塚」祭典，是在夜間辦理的最後一次，民國90年起，「祭義塚」祭典要改在白天舉行。很慶幸能把夜間進行的「祭義塚」祭典，過程攝影紀錄下來，很可惜的是，這是最後一次在夜間舉辦的「祭義塚」祭典，幾十年的特有祭典方式就此劃上句號。

第四章

杉林、圓潭地區客家
「還神」祭典與客家八音

美濃鎮是個客家鄉鎮，居民大都是客家人，鄰近的六龜鄉、杉林鄉、旗山鎮與甲仙鄉，這四個鄉鎮並不全是客家人，也有客家族群居住，前章提到六龜鄉南客、北客、福佬、平埔、外省籍與原住民族群都有，客家聚落主要是在隧道外的「下三村」。杉林鄉則約有一半的客家族群，旗山鎮主要是福佬族群，客家聚落只在「圓潭」與「手巾寮」地區。甲仙鄉的族群也很多，客家、福佬、平埔、外省、原住民都有，這些族群都融合在一起，沒有整個客家人的聚落。美濃鎮周邊這些鄉鎮的客家人，其族群、歷史、文化背景都與美濃客家族群有著極密切的關係。

杉林鄉、旗山中正里的福安庄，六龜的新民庄，有不少的家族是從美濃遷徙過去的，杉林鄉的客家人還保有客家人的生活方式、生命禮俗與祭祀文化。杉林地區客家人的「還神」祭典，因為許多也都是以播放音樂帶方式配合祭典，行「還神」祭典禮儀沒有客家八音的現場伴奏，祭典儀式的完整性就較差。圓潭中正里的福安庄地區，卻都一直堅持以傳統方式，並請客家八音團現場演奏，行客家傳統「還神」祭祀儀典。

第一節、福安庄宣化堂「還神」祭典

圓潭中正里福安庄當地為客家族群的聚落，該地信仰中心宣化堂，敬奉觀世音菩薩與三恩主。由於村民的虔誠信仰以及廟堂有一貫的傳承工作，因此當地的祭祀儀典有著良好的傳承。

農曆1月9日是民間習俗中「天公生」的日子，宣化堂會於1月8日晚上舉行拜天公及行三獻禮的「還神」祭典，祭典還是會請客家八音團現場演奏。年底時還會再辦理「還福」祭典。祭典方式與年初「天公生」的「還神」祭典一樣。福安庄進行的「還神」祭典，其儀節嚴謹完整，保留了當地客家祭典文化。祭典儀式中的請神儀式，是以一個人吟誦「玉皇真經」請神，已不復見傳統請神方式。據筆者從福安庄老禮生鍾錦城先生所提供父親手書的祭典文表資料中，可以看出以前福安庄「還神」的請神方式，並不是誦「玉皇真經」，而是以傳統的請神詞請神。

福安庄「還神」祭典，請溫福仁客家八音團的機率比較高，因溫福仁比較了解當地「還神」祭典之儀式，能密切的配合祭典演奏，宣化堂天公生「還神」祭典祭祀儀式如下：

一、請誥

「拜天公」祭典前，先在內堂行「請誥」儀式，「請誥」是以吟誦方式誦念請誥文，請誥時旁有兩位執事者協助上香、奉茶、敬酒等工作。請誥文每一神誦請三遍，三遍誦念畢執事者敬酒，並至各神壇敬酒。請誥與陪請者行三跪九拜禮。

請誥時八音停止演奏，民眾與其他非請誥工作人員，則在旁休息或準備其他事宜。

二、拜天公祭典

拜天公壇位設三界，由高至低分三層，每一界有兩張桌子，最外層最高是上界，中間豎立一支涼傘，兩旁各有一支帶根帶葉的甘蔗，甘蔗上掛著一串長錢紙。上界供奉「昊天金闕玉皇大帝陛下暨列週天佛聖仙神香座位」神牌位。敬奉品飯糰、水果、米菓，油炸素菜、炸豆腐、豆乾等各五盤及素食的「五湖四海」。兩旁各擺放杯子、筷子、湯匙四組。中界供奉「南宮孚佑帝君呂」、「南天文衡聖帝關」、「九天司命真君張」三聖恩主殿前暨列主席恩師香座位神牌。敬奉品與上界一樣，但「五湖四海」用葷食的，兩旁也各擺放四組杯、筷、湯匙。下界供奉『南無大慈大悲觀世音菩薩蓮下暨列眾位尊神香座位』神牌位。敬奉品前桌與中界同，後桌供奉「五牲」（豬頭、豬肉、雞肉、魷魚等）。「少牢」中的豬羊，全羊改用麵羊不用生羊。

宣化堂各項儀典前都會很嚴謹的先行上香、獻花、奉茶、獻果獻酒儀式。客家八音亦配合吹奏音樂。

[左] 中間豎立一支涼傘，兩旁各有一支帶根帶葉的甘蔗，甘蔗上掛著一串長錢紙

[右] 以紅紙剪成圍繞而上的長錢紙

[下] 素食的「五湖四海」

屏東地區客家還神祭典拜天公壇位與祭品擺設圖

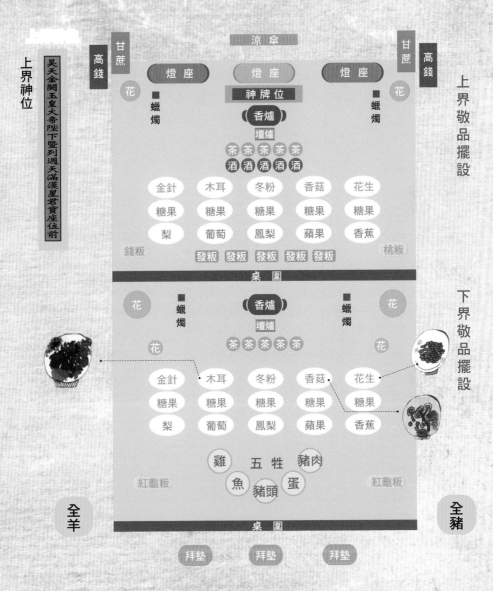

上界神位

昊天金闕玉皇大帝陛下暨列週天滿漢星君寶座佐前

上界敬品擺設

下界敬品擺設

涼傘

高錢　甘蔗　　　　　　　　　甘蔗　高錢

燈座　　　燈座　　　燈座

花　　神牌位　　　花

蠟燭　　香爐　　　蠟燭

壇爐

茶茶茶茶茶
酒酒酒酒酒

金針　木耳　冬粉　香菇　花生

糖果　糖果　糖果　糖果　糖果

梨　葡萄　鳳梨　蘋果　香蕉

錢粄　　　　　　　　　　　桃粄

發粄　發粄　發粄　發粄　發粄

桌圍

花　　蠟燭　　香爐　　蠟燭　　花

壇爐

花　　茶茶茶茶茶　　花

金針　木耳　冬粉　香菇　花生

糖果　糖果　糖果　糖果　糖果

梨　葡萄　鳳梨　蘋果　香蕉

雞　五牲　豬肉

紅龜粄　魚　豬頭　蛋　紅龜粄

全羊　　　　　　　　　　　全豬

桌圍

拜墊　　拜墊　　拜墊

屏東地區客家人還神儀式壇位與祭品的擺設
（參考屏東林增鳳禮生手繪圖製）

還神儀式壇位與祭品擺設圖

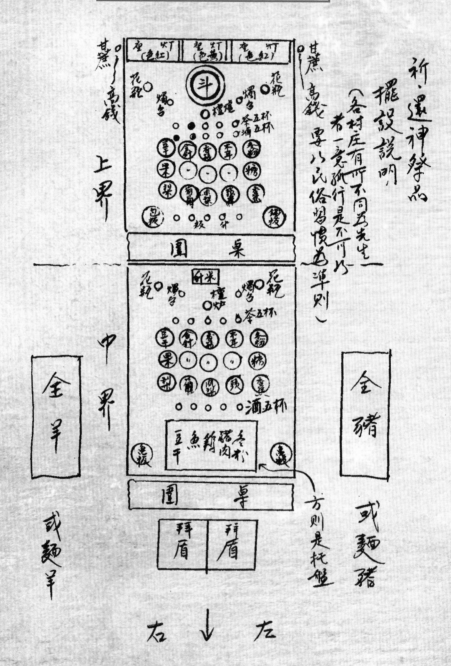

屏東縣長治鄉德協村林增鳳先生手繪原圖

［上］屏東地區讀表文儀式
［下］拜天公三界祭壇與祭品

（一）祭典前

1、上香【吹場樂】

由一位主祭兩位執事人員一起上香，上香後主祭者跪下雙手合什，兩位執事生將香插到上、中、下三界的香爐內。

2、獻花【吹場樂】

執事生將上界供桌上的一對鮮花取下，交由主祭者，主祭者跪拜奉獻，再由執事者供奉至供桌上，主祭者還是跪著。（堂裡要敲鐘）

3、奉茶【吹場樂】

茶放在茶盤上，右邊執事將茶盤交給主祭者，主祭者敬拜後，再把茶交給左邊執事者，兩人再到上、中、下三界神牌前敬茶。（奉茶時吹號一次）

4、獻果獻酒【吹場樂】

執事生將上、中、下三界供桌上的水果各取一份與下界的酒一起置於供盤中，右邊執事將茶盤交給主祭者，主祭者敬拜後，再把茶交給左邊執事者，兩人再到上、中、下三界神牌前獻果，下界獻果也獻酒。獻果獻酒後主祭者與執事生行三跪九叩首禮。

（二）拜天公正典儀式：

福安庄宣化堂行「還神」祭典，拜天公是以誦「玉皇真經」方式行之。

1、上香【簫子調】

所有祭祀與執事以及參與民眾分站兩旁，執事生點香先拜一下後再分香給大家，上香後執事生將大家的香收起插至各界壇香爐，香插好大家再徒手拜，執事生再到堂內上香。全體人員行三跪九叩首禮，最後一叩首後全體跪著不起來。

2、請神（開始時吹號一次，請神中音樂停）

禮生跪著其他人也都跪著，禮生誦念「玉皇真經」[01]之請神段誦請諸神佛，執事生在旁站立著。每請一界神畢，執事生敬酒，全體人員行三跪九叩首禮，行禮後再請。請神畢，休息。【簫子調】

玉皇真經

玉皇經序 降於汕江慕仙道館上

人心不古。惡類多多。世風日偷。奸邪比比。諸真不能救止。列 聖不能挽回。我

玉皇大天尊。慈祥在抱。惻袒為心。降下經文。頒行塵世。無非欲寰宇。返夫上古純樸之風。勿蹈末世澆漓之俗耳。無如積弊難轉。沉疴莫療。見者。聞者。孰是受持誦習。得者。護者。孰是實力奉行。吁誦習奉行。且難其侶。安得一敬信之士。纂修重刻。而傳之不朽哉。今廣省。彭子癸峰敬奉是經持之有日。又復付梓流傳。揣其意。蓋欲普天之下。共同實力奉行。咸遠千災。而迎百福也。立心固苦。用意亦週。我

玉皇上帝。在凌霄寶殿中。安得不點頭道善。而賜福祿於無疆哉。經刻成矣。諸子代乞序於予。予因弁言數語於其首。　　　　　　光緒丙申三月之望 蓬萊李鐵拐恭撰

玉皇真經誦本

舉香咒 先行三跪九叩首禮後。合掌立宣以下六咒。每咒一揖第二遍不免宣六咒。

爐內焚寶香。香煙達上蒼。上蒼神聖降。降宅賜禎祥。

淨口咒

人言從口出。出納必隄防。隄防無妄吐。吐穢誦經章。

淨心咒

人心萬物靈。靈為萬物遷。遷善改諸惡。惡念化為烟。

淨身咒

人身在紅塵。紅塵濁氣薰。氣薰須沐浴。沐浴對高真。

01　玉皇真經如表 4-1，儀式先誦請神請各天尊，請神後讀表文，接著再誦經典，化財後誦收經偈送神。

請土地咒

功曹土地神。神魂最有靈。靈威來擁護。擁護誦皇經。

安群真咒

群真皆下降。下降現金身。金身來保衛。保衛誦皇經。

啟詞　（合掌跪宣每抬頭雙圈一叩首）

伏以恭焚真香。香烟渺渺通
帝闕。虔誠上叩。叩請巍巍眾聖賢。
今有大中華民國○○省○○府○○縣○○鄉（鎮）○○村（里）○○路○○號士
○○○等。為○○事。虔心諷誦
皇經。香花請。香花迎。香花請
聖駕來臨。

志心皈命禮。（以下各　聖號均加此句合掌跪宣）

大羅天帝。太極聖皇。化育群生。統御萬物。渺渺黃金闕。巍巍白玉京。若實若虛。不
言而默宣大化。是空是色。無為而役使群靈。時乘六龍。遊行不息。氣分四象。幹旋無
邊。乾健高明。萬類善惡悉見。玄範廣大。一算禍福立分。上掌三十六天。三千世界。
下握七十二地。四大部洲。先天後天。並育大慈父。古仰今仰。普濟總法宗。乃日月星
辰之君。為聖神仙佛之主。湛寂真道。恢漠尊嚴。變化無窮。屢傳寶經以覺世。靈威莫
測。常施神教以利生。洪威洪慈。無極無上。

大聖大願。大造大悲。黃金金闕。白玉玉京。
玄穹高上帝。玉皇錫福赦罪大天尊。十二叩首
九天應元。風雲雷雨。雷聲普化天尊。此下每神九叩首
乾元洞天。尋聲赴感。太乙救苦天尊。
玉虛師相。玄天上帝。真武蕩魔天尊。
清微天宮。黃金闕內。元始萬法天尊。
靈壇聖主。擎天頂地。靈威廣法天尊。
孔聖先師。文宣聖王。興儒盛世天尊。
西方佛祖。廣度十方。慈悲教世天尊。
玄穹道祖。道法彌深。太上道德天尊。
東嶽泰山。兼管冥神。東皇赦罪天尊。此下每神六叩首
文昌司祿。輔仁開化。梓潼解罪天尊。
蓋天古佛。無量度人。昭明翊漢天尊。
紫微元極。中天星主。伯益錫福天尊。
三元三品。三官大帝。賜福解厄天尊。
中央天宮。大梵天王。托塔大法天尊。

無上瑤池。王母消劫。救世大慈天尊。

通明大將。蓮花化身。八臂多法天尊。此下每神三叩首

大慈大悲。救苦救難。慈航普渡天尊。

天后元君。先天聖母。消災解罪天尊。

西方伽藍。韋馱尊者。清微護法天尊。

金闕選仙。孚佑演正。興行妙道天尊。

南斗六司星君。北斗七垣星君。仗此信香三炷。普同供養群真。

開經偈　以下俱合掌跪宣。每遇神佛雙圈一叩首。每行鉤處宜略停聲。在接誦下文方清
楚

皇天上帝開方便。便益多端久自見。見此　皇經誦一遍。體懺愆尤皆斷念。念念不絕隨
所祈。所祈種種皆如願。願以此經虔持誦。誦讀奉行休厭倦。

解罪消愆一品

道言

玉帝天尊。天尊故大光明。光明照諸世界。世界濁氣層層。層層惡孽深重。深重如山難
云。難云此諸惡世。惡世遭及苦辛。苦辛或染疾病。疾病纏害其身。其身或遇邪祟。邪
祟擾害不寧。不寧不靜諸苦。諸苦不一紛紛。紛紛群黎大眾。大眾細聽皇經。皇經傳述
下界。下界解罪祛瘟。祛瘟錫福遣鬼。遣鬼消愆頻頻。頻頻惡業當改。改惡從善奉行。
人生在世罪多端。

玉皇詰誠爾一番。或是前生罪孽重。故爾今生疾病纏。或是少年行惡事。致使中年禍萬
般。從今以後先懺悔。懺悔前愆天地歡。凡人生。孝為先。孝能癒病格蒼天。懺悔生平
不孝念。念念常存孝順焉。能盡孝。事周全。自然清吉福綿綿。綿綿禍祟從今解。解罪
消愆第一篇。第二件。弟兄和。弟兄不和罪孽多。懺悔弟兄不和事。事事咸亨得自如。
如此懺悔第三件。件件災厄皆不見。第四還須莫犯淫。淫惡滔天怒鬼神。淫孽更比殺孽
重。重重鬼祟必纏身。或絕嗣。或除齡。死在陰司受極刑。受極刑。變飛禽。萬劫不得
轉人形。從今懺悔淫字念。懺悔以後除惡名。男子清心還寡慾。女子孝順守節貞。

玉帝自然欽仰爾。萬般禍祟不來臨。莫貪酒。莫貪財。忍氣時常記在懷。倘有貪嗔癡愛
慾。一切懺悔莫徘徊。知禮義。重廉恥。各安生理守規矩。毋作奸巧喪良心。奸巧害人
終害己。倘有欺天蔑理念。念念懺悔天佑爾。敬　天地。禮　神明。切莫怨天與尤人。呵
風罵雨是大罪。貪妒嫉良罪非輕。時時省察存懺悔。百病消除福壽增。行方便。積陰功。
時存善念格　天公。倘有損人利己念。從今懺悔樂無窮。萬般罪過難數清。總要時常口問
心。倘若於心有愧事。斯時即刻存懺悔。悔罪自然萬罪消。此是消愆真妙語。語爾世人
虔心誦。誦讀志心皈命禮。

玄穹高上帝。玉皇滅罪消愆大天尊。三跪九叩
太乙真人讚曰。

皇天上帝。著此皇經。消愆解罪。錫福頻頻。人能遵守。鬼敬神欽。誦之一遍。安樂咸亨。
汝等大眾。心慕身行。久久不怠。名列仙真。此讀上一品經
延壽錫福二品
坐凌霄。慧眼觀看大眾們。大眾們。福薄命短為何因。為何因。
玉帝分剖與爾聽。與爾聽。虔心持誦此 皇經。此皇經。延壽錫福度眾生。度眾生專心持
誦列仙真。列仙真。逍遙快樂享長春。享長春。奉行遵守莫疑心。人生在世間。行善最
為先。壽夭窮通皆有定。專心行善可回天。天最喜行善人。行善之方在於誠。誠心孝親
如大舜。上天自與爾延齡。誠心誠意敬蒼天。蒼天佑爾享康年。誠心和睦兄和弟。和氣
盈庭籌算延。誠能清心兼寡慾。

玉皇與爾添壽元。誠能敬惜聖賢字。惜字千萬壽自綿。誠能忍口全物命。壽考康寧[02]子
孫賢。賢人語。語萬千。千言誥誡已在先。 先聖生期兼朔望。晦臘夫妻莫共眠。有八節。
與風雷。敬謹獨宿莫胡為。養性守身莫妄作。延壽之方在此全。福可折。亦可錫。錫福
之方宜勉力。宜勉力。積陰功。陰功高大福無窮。無窮福祿緣何得。諦釋皇經爾自默。
福不在財多。財多不是福。福在子孫賢。子孫賢是福。行方便。上蒼賜爾福無限。積陰功。
上天賜爾福無窮。改刻薄。福祿滔滔無限樂。教子孫。子孫賢良萬倍金。要忍氣。忍得
氣來萬倍利。惜五穀。上蒼自然添衣祿。知勤儉。勤儉之人天顧眷。祈福之方在此全。
折福之條宜謹戒。凡處世。好奢華。暗地折福罪無涯。大小斗。盤算人。子孫敗產亂胡
行。有五穀。不愛惜。定然少衣又缺食。凡百事。占便宜。終久吃虧禍懸眉。折福之端
宜懺悔。惜福之方勉力為。為人在世能依此。此是延年錫福經。經功湛寂宜遵守。遵守
百善百福臨。遵守千善千祥集。遵行萬善列仙真。虔心持誦此經者。稽首志心皈命禮。

玄穹高上帝。玉皇延壽錫福大天尊。三稱九叩

慈航真人讚曰
玄穹上帝發慈悲。延壽錫福意深微。倘若世人能佩服。災消病減在於茲。誦之一遍千祥
集。堅持百遍壽齊眉。逍遙快樂昇天界。虔誠持誦謹皈依。此讀上二品經
降神逐鬼三品
玉皇大天尊。略節此皇經。焚香高誦念。群真即降臨。志心皈命禮。九叩眾群真。清微
天宮孔聖人。誦經有請降來臨。一切不仁並不信。無禮無義諸罪名。但能誦經存懺悔。
大賜靈威赦罪刑。

西方佛祖僧聖人。慈悲普救十方人。一切貪嗔癡愛慾。不敬三寶諸罪刑。但能懺悔誦此
經。大發慈悲擁護真。

清微元始大天尊。仙法無窮度眾生。眾生懺悔持經者。大賜靈威度上昇。
三清應化李老君。道法彌深護蒼生。蒼生懺悔誦經者。大賜靈威衛其身。

02 　另一經書中寫「黃考台背子孫賢」，筆者認為應是有誤，依柯佩怡之文

陰曹東嶽大天尊。掌管陰司五獄刑。如有懺悔持經者。滅罪消愆衛其魂。
清微廣法大天尊。法力無邊佑黎民。黎民懺悔誦皇經。天宮仙籍註仙名。

文昌顯化大天尊。保護群黎誦皇經。昭明翊漢關帝君。擁護群黎誦皇經。爾諸末世凡人。
及未來一切眾生。但能存心懺悔。焚香持誦此經。
帝遣飛天大神。清微四大天君。護法韋馱尊者。並及億萬仙真。天兵天將護宅。六丁六
甲護身。但須身行心慕。無徒口誦云云。更有善男信女。或遭疾病纏身。但能持誦解說。
自有救難觀音。並及明醫聖主。太乙救苦真人。保護身無疾病。消災脫難清平。或遭鬼
祟纏害。或遭猛獸時瘟。但能懺悔持誦。
帝遣護法真君。萬法真君。大法真君。多法真君。廣法真君。衛法真君。輔法真君。佐
法真君。並及玄天上帝。蕩魔天尊。四大元帥。十大天君。袪除邪祟。滅迹亡形。禍患
消滅。道氣常存。又或有人。或遇軍陣。或遇冤家。但能懺悔。存念此經。自有三官大帝。
解厄天尊。神仙兵馬。金精猛獸。無軮數眾。黃巾力士。擁護其身。又有末世凡人。遭
值劫運。盜賊水火。但能懺悔。持誦此經。自有四大天王。八大金剛。常來擁護。火祖
維持。龍神保佑。尊經功德。不可盡數。群真不可俱述。爾等大眾人民。專心持誦遵行。
遵行久久不怠。自然仙籍註名。切莫疑信相半。口誦心違不遵。如有妄行詆毀。定然斬
首分形。罰變昆蟲草木。子孫汩沒除根。

玉帝傳此經。勞力又勞心。爾等群黎輩。虔心對聖真。志心皈命禮
玄穹高上帝。玉皇降神驅鬼大天尊。三稱九叩
玄天上帝讚曰

皇經功德無窮。群真普降蒼穹。一切妖魔拱手。諸般鬼祟潛蹤。萬道祥光普照。千層惡
孽皆空。在在精神舒泰。時時度量從容。名列仙班仙籍。魂歸天府天宮。七祖咸登極樂。
九玄盡出冥中。務要專心持誦。毋為毀謗疏慵。大眾頒行勿忽。自然得享年豐。此讚上
三品經未送神每遍宣至此止，九叩首

收經偈（如未完經送神，勿宣此偈，待送神時連此偈合掌跪宣送神）
玉皇宥罪大天尊。慈優一切諸眾生。願以此經功德義。殷勤解說度迷津。誦經已畢。稽
首禮謝。
無極聖眾天尊。三稱九叩接誦。香花請。香花送。香花送。
聖上天宮。（至此完經。九叩首送神。）[03]

03 旗山圓潭中正里福安庄宣化堂提供並參考：柯佩怡《臺灣南部美濃地區客家三獻禮
之「儀式」與「音樂」》，國立臺北藝術大學音樂學系碩士論文。旗山圓潭福安庄
宣化堂及當地結婚還神祭典請神，誦此〈玉皇真經〉。

3、上香【簫子調】

主祭、陪祭者、執事者及民眾再回到拜天公壇位前上香。上香後眾人分站兩旁由男子先行跪拜，再由女子跪拜。行叩首禮時執事生敬酒。

4、讀表文（開始時吹號一次，音樂停）

祭祀人員再回壇前行三跪九叩首禮，最後大家跪著由讀表文生讀表文。讀畢行叩首禮，【簫子調】執事生敬酒。

5、誦玉皇真經

大家再回壇前行三跪九叩首禮，禮生繼續誦「玉皇真經」。（音樂停）誦畢行叩首禮。【簫子調】

6、化財焚表文【吹場樂】

禮生、主祭者與執事者，拿金紙錢到金爐化財燒紙錢，禮生將表文一起金爐燒化，執事者將兩支甘蔗取下，長錢紙不取下掛在甘蔗上連甘蔗葉一起燒，長錢紙燒化後將甘蔗葉柄部折斷。燃放鞭炮。

7、送神（音樂停）

再回壇前行跪拜禮後，大家跪著禮生繼續跪著誦玉皇真經內之收經偈。

8、禮成【團圓】【大團圓】

收經偈送神詞誦畢，眾人行三跪九叩首禮跪拜。堂內要打鼓敲鐘，將蠟燭火熄滅，香爐的香拔起拿到燒金處焚燒，上界涼傘收起。將祭壇祭品收起，拿到內堂擺放，三界神牌收起，拜天公儀式結束。（八音先演奏小團圓接著吹奏大團圓結束）。

（三）三獻禮祭典

拜天公儀式後，繼續要行三獻禮祭典儀式，原先拜天公上界的祭品移至內堂，中界祭品移至外堂，下界的祭品連同桌子移至外堂下界處，豬羊換邊並轉向。

行三獻禮儀式前亦有五位主祭與執事人先上香、獻花、奉茶、獻果獻酒，行禮

方式與前同，在此不多贅述。

三獻禮正典儀式：

祭典開始，所有祭祀與執事以及參與民眾分站兩旁，執事生點香先拜一下後再分香給大家上香，上香後執事生將大家的香收起至內外神壇香爐插上。【吹場樂】香插好全體執事人員行三跪九叩首禮，執事人員行禮後換民眾跪拜，民眾跪拜後執事人員又再一次的跪拜。執事者插好香全體人員行三跪九叩首禮。【簫子調】

行禮前主祭者先請禮生。【小團圓】請禮生後執事生會先把堂門的布幔放下。執事者有內堂執事者也有外堂執事者，各司其事。各司儀生就位後儀式開始。通生在內堂控制整個的行禮儀程。（通：通生，引：引生。）

通：諸生舉禮，諸生各司迺職，勿倦缺禮。

通：擊鼓三通（擊堂內大鼓三通鼓）。敲鐘九響（敲堂內鐘九響）。

通：啟扉（將布幔拉開）【小團圓】

通：奏樂者擊鼓三通【擊三通鼓】。鳴金三點【敲鑼三響】。奏大樂【小團圓】。奏小樂【簫子調】。連三年【吹號三聲】（鳴炮三響）。

通：主祭者就位，與祭者亦各就位，執事者各舉其事。

通：盥洗。

引：引詣盥洗所，盥洗。復位。【團圓】

通：行迎神禮：眾生分班侍立肅靜，司鼓生擊鼓，司鐘生敲鐘，迎神生恭迎聖駕。【吹場樂】

兩位執事生一拿涼傘、一拿涼扇，由堂內走到堂外，全體人員亦要雙手合什轉面朝外，執事生面向外單手（在外的手）持傘（扇）屈膝半跪狀，起立後互換位置再換手拿傘（扇）屈膝半跪，如此九次，九次後走回堂內壇前，再如此做九次，大

家再轉面向堂內。全體執事人員需恭敬致敬。迎神後將涼傘涼扇放置兩邊。【吹場樂——大團圓】鳴炮，堂內同時要擊鼓敲鐘 36 響。

通：主祭生參神鞠躬，跪，叩首，再叩首，三叩首，高昇。跪，叩首，再叩首，六叩首，高昇。跪，叩首，再叩首，九叩首，高昇。【簫子調】

通：主祭生行上香禮。

引：于香席前，跪，上香，再上香，三上香，禮揖，再禮揖，三禮揖，高昇。【簫子調】

通：執事者執爵奉饌，行初獻禮。

引：引——詣宣化堂觀世音菩薩、南宮孚佑帝君、南天文衡聖帝、九天司命真君三聖恩主暨列主席恩師香座位前，跪。進爵進祿，禮揖，再禮揖，三禮揖，高昇。復——位。【簫子調】

通：讀祝文

引：引——詣宣化堂觀世音菩薩、南宮孚佑帝君、南天文衡聖帝、九天司命真君三聖恩主暨列主席恩師香座位前，跪。讀祝文生讀祝文【吹號一響，讀祝文時無音樂】。讀畢。禮揖，再禮揖，三禮揖，高昇。復——位。【簫子調】

通：執事者執爵奉饌，行亞獻禮。

引：引——詣宣化堂觀世音菩薩、南宮孚佑帝君、南天文衡聖帝、九天司命真君三聖恩主暨列主席恩師香座位前，跪。進爵進祿，禮揖，再禮揖，六禮揖，高昇。復——位。【簫子調】

通：執事者執爵奉饌，行三獻禮。

引：引——詣宣化堂觀世音菩薩、南宮孚佑帝君、南天文衡聖帝、九天司命真君三聖恩主暨列主席恩師香座位前，跪。進爵進祿，禮揖，再禮揖，九禮揖，高昇。復——位。【簫子調】

通：主祭者容身暫退，與祭生行分獻禮。【簫子調】

負責敬酒執事生再一一敬酒，敬酒時執事生點香大家準備再上香。【簫子調】大家上香，上香後由兩位執事生至各壇前上香致敬。執事者插好香全體人員及民眾行三跪九叩首禮。執事生又再一一敬酒【簫子調】

通：諸生復位

通：加爵祿。兩位主祭者拿酒至各壇再一一敬酒。【簫子調】

通：諸生獻帛，執帛者執帛，讀祝者執祝，化財望燎。【吹場樂】～【小團圓】（讀祝文者將祝文於堂內磬內焚化，其他堂外執事者拿紙錢至香爐焚燒。）

通：主祭生辭神鞠躬跪，禮揖，再禮揖，三禮揖，高昇。禮揖，再禮揖，六禮揖，高昇。禮揖，再禮揖，九禮揖，高昇。【簫子調】

通：司鼓生擊鼓、司鐘生敲鐘、迎神生恭送聖駕。與迎神時一樣但先在堂內拜再到堂外拜。【吹場樂】～【大團圓】鳴炮，同時要擊鼓敲鐘 36 響。主祭者向外行三跪九叩首禮。

通：諸生告禮成。【團圓】～【大團圓】（八音先演奏小團圓接著吹奏大團圓結束）。

禮成後將蠟燭扇熄，收拾祭品與祭壇。

所有祭祀活動結束後，準備稀飯供大家宵夜，客家還神祭典後都會準備鹹稀飯供所有參與人員享用，另外炒一盤祭祀豬羊的內臟（下水）佐配。大家饗用後即各自回家。

宣化堂的祭典儀式，各項禮儀都很嚴謹的一再重複在行禮，晚上九時即請誥開始，到行三獻禮畢整個儀式結束時已經凌晨一點多了，祭典時間很長。

第二節、祖堂陞座「還神」祭典

客家人家族之宗祠，不只是該家族的祭祀空間，而是該家族精神維繫之中心。客家人堅信，祖堂之風水關係著整個家族之興旺。鍾錦城先生祖堂原為三合院中之客家傳統祖堂，因某些原因，三合院東半部前之地權為他人所有，此地所有權人並在祖堂前蓋房屋，並在其所有權範圍砌上圍牆，圍牆正對祖堂牌位，在風水中這是不吉的，因而將祖堂改設置至新建房屋之兩樓。

家族之祖堂陞座，是家族中之大事，為表尊重，會準備牲禮祭品至附近土地伯公祭拜，也會到庄中的寺廟祭拜。當然，祖堂陞座，通常都會行「還神」祭典。請客家八音團為祖堂陞座祭典擔任祭儀音樂工作。民國 90 年 1 月圓潭福安庄鍾家祖堂陞座，從下午起就先準備牲禮到附近伯公壇「敬伯公」，傍晚到宣化堂請神及牌位供晚上陞座「還神」祭典用，儀式結束後還要將請來的神與牌位送回宣化堂。客家八音在敬伯公、敬神、請神、送神等戶外行進時，會沿途演奏客家八音，行進中的演奏都以嗩吶、二弦、胡弦、打擊樂器只帶小鈞鑼演奏客家八音【弦索調】。儀式開始、結束或請神時就只有一支嗩吶與小鈞鑼演奏【大吹】或【團圓】曲調。

以下為民國 90 年 1 月，圓潭福安庄鍾家祖堂陞座，祭典儀式與客家八音之運用情形。

一、敬伯公

下午，準備牲禮（豬肉、雞肉、魷魚、米粉、冬粉、蛋）及金香紙錢、蠟燭、粄、茶、酒與鞭炮等，置於橃[04]內。鍾家家族人員與庄內協助的村民扛著牲禮，八音沿途奏樂下，至附近的土地伯公廟祭拜。【弦索調】到伯公壇後將牲禮擺放伯公壇桌上，主祭與陪祭大家一起上香祭拜，稟明祖堂翻修之事，上香後並行叩首禮。【弦索調】上香祭拜後休息一段時間讓伯公享用，【弦索調】化財燒紙錢並燃放鞭炮【團圓】，將酒倒回瓶內，收拾祭品放入橃內，步行回家。

04　放置祭品的長形無蓋木箱，木箱兩端繫以繩索，以一長竹竿兩人挑之。

祖堂陞座時祭品有「帶子帶孫」、「金銀財寶」、「財丁兩旺」、
「五穀豐登」、「長命富貴」等意涵

二、敬神與請神

　　敬伯公回來後，再用欉扛著另一組牲禮，八音還是沿途演奏，【弦索調】步行
至當地信仰中心宣化堂祭拜神明，並要請神及還神祭典拜天公時用的三界神牌回
家，請神要捧神或神牌的人要換穿著「長衫」。到宣化堂時，先將欉內的牲禮祭品
擺放至供桌上，大家先上香祭拜【弦索調】並稟告，過一段時間後再化財燃燒紙錢、
放鞭炮【團圓】。

　　請出一座神像，三界神牌位，兩面令旗，恭請神像牌位時廟裡要擊鼓敲鐘以示
尊敬，【吹場樂】由內堂人員將神經過香爐交給外堂人，神像及神牌請出後由穿著
「長衫」的人在八音前導下，將神請回家。【弦索調】神像與神牌位請回來後先擺
設在上界。

三、結壇

壇位設置於庭院中央，主祭祀壇位設置上、中、下三界，結壇時神像及三界神牌位安放於上界的桌子上，面對祖堂。上界桌上再供奉五盤水果與五盤糖菓。中界、下界有桌子但都不設神位與祭品。

結壇儀式與客家八音之運用：

1、上香【團圓】

兩位長者先進舊祖堂點香祭拜，一人於祭壇前跪下同時祭拜，待長者出來時，大家再一起祭拜，拜過後把香交給兩位執事者，將香插入香爐內。

2、獻花【吹場樂】【團圓】

旁邊兩位執事者把鮮花交給主敬者，主敬者跪著，兩位執事生半跪，主祭者敬拜後，再把花交給兩位執事者，將花供奉在桌上，獻花後主獻者行三叩首禮。

3、奉茶【吹場樂】（奉茶時吹號一次）

茶放在茶盤上，右邊執事將茶盤交給主祭者，主祭者端茶三人一起敬拜後，再把茶交給左邊執事者，兩人將茶敬奉在上、中、下三界。

4、獻果、獻酒【吹場樂】

將三界敬奉的水果各取一顆及一壺酒放盤上，動作與前項同。獻花、奉茶、獻果、獻酒後執事者與家人行三跪九叩首禮。

5、化財【團圓】

焚燒金紙錢，化財後結壇儀式結束。

「結壇」結束後，主祭者及八音團員便可稍作休息，等待晚上的拜天公及祖牌陞座儀式。（休息時間八音會暫時休息或播放客家八音音樂帶）

四、祖牌開光點眼

晚上先將拜天公壇位佈置妥當，供奉品亦
先擺放好。拜天公壇位設置三界，上界中間豎
立一支涼傘，兩旁各有一支帶根帶葉的甘蔗，
甘蔗上掛著一串長錢紙。上界供奉「昊天金闕
玉皇大帝陛下暨列週天聖佛仙神香座位」神牌
位。中界供奉「南宮孚佑帝君」、「南天文衡
聖帝」、「九天司命真君」三聖恩主殿前暨列
主席恩師香座位。下界供奉「南無大慈大悲觀
世音菩薩蓮下暨列眾位尊神香座位」神牌位。

上、中、下界都各有兩張桌子擺放神牌與
敬奉品。上界有五個酒杯，一對蠟燭、一對鮮
花，兩旁各一個發糕，錢叛一盤 36 粒，新丁

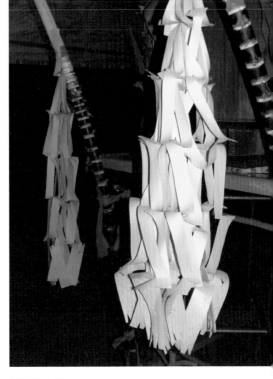

甘蔗與長錢紙

叛一盤 36 粒。敬奉品前桌上依序各有五盤飯糰、水果、米菓，油炸素菜。後桌中間
有九盤小盤的油炸、炒素菜，旁邊四盤大盤的花生等素菜，共 13 盤稱「五湖四海」
或稱「山珍海味」，素食以豆類為主有花生、炸豆腐、炸豆乾等。兩旁各擺放四付
杯子、筷子與湯匙。中界前桌與上界同，後桌供奉八盤的雞肉、豬肉、魚肉等。兩
旁也各擺放四付杯子、筷子、湯匙。「五湖四海」上界是素食的，中界是用葷食的。
下界前桌與上、中界同，後桌用托盤裝「五牲」（豬頭、豬肉、雞肉、魷魚等）。

左右各一隻全豬、全羊，羊
旁放一尾活魚，左豬右羊。
各界桌前要圍上桌圍。

圓潭拜天公的祭品「五湖四海」

旁邊還有二張桌子，一張安放關聖帝君神像，神前供奉碗筷五付、飯糰、水果、米菓、糖果各五盤、二束鮮花。另一張桌子安放祖先牌位。

行「拜天公」儀典之前，要先將新做的祖先牌位「開光點眼」，「開光點眼」由祖牌雕刻師傅主持。祖牌開光儀式及八音之運用情形如下：

1、上香【大吹】

儀式之前所有家族人員持香先向宣化堂請來的神像及牌位上香禮拜。

2、請神、謝恩師

禮生誦念請神詞，【吹號一聲】請神誦念三遍，說明請神到此之目的，並祈求庇佑闔家平安。請神後謝恩師，敬酒【簫子調】。

3、開光點眼

由製作祖牌師傅林興棟開光，【吹號角三聲】為新的祖牌行「開光點眼」，每點一處，禮生會說四句吉祥話，眾人大聲答「有」。（點眼時音樂停）開光後鳴放鞭炮。【簫子調】

4、上香、獻花、獻茶、獻果【簫子調】

開光後向祖牌行上香、獻花、獻茶、獻果，獻畢後行三跪九叩禮。

五、拜天公祭典

拜天公祭典前先由三人行上香【弦索調】、獻花【吹場樂】、奉茶【吹場樂】（奉茶時吹號一次）、獻果獻酒【吹場樂】禮，最後行三跪九叩首禮。【吹場樂】與前面之儀式一樣，接著大家集合拜天公壇前，繼續要行拜天公祭典。

1、上香、行禮【簫子調】

全體人員分站兩旁上香。上香後全體人員行三跪九叩首禮，最後一叩首後全體繼續跪著。

2、請神（開始時吹號一次，音樂停）

由主祭禮生誦念「玉皇真經」之請神，誦請諸神佛降臨，其他人跪著。執事者要依請神段落敬酒。

六、祖先牌位陞座

誦讀「玉皇真經」，儀式所花費的時間非常冗長，為了不要使儀式過於冗長，並配合陞座的時辰，因此拜天公祭典誦經中，同時進行新祖堂的祖先牌位的陞座儀式，誦經者繼續誦經。

主祭者、陪祭者及家人與協助人員將帝君牌位、祖先牌位及舊祖堂內所用之的祭祀用品，一起奉著，依序上至二樓新祖堂處。八音團員亦跟隨著演奏音樂。【弦索樂】

陞座儀式如下：

1、陞座

持牌位者將牌位安放適當位置。然後工作人員將祭品逐一擺設妥當。【弦索調】

2、上香

主祭者、執事者、家人上香祭拜。【弦索調】

3、掛八仙彩

將八仙彩布掛在祖牌上方。【弦索調】

4、上樑

將新燈籠樑由兩位男士各持一端，安放於祖堂內屋頂靠近外方三分之一處。【弦索調】

5、上燈

先上燈籠再上六紗燈，上燈時要說好話。【團圓】

6、化財

燒金紙錢，燃放鞭炮。【團圓】

七、拜天公

祖牌陞座後全體再下樓回到拜天公壇，繼續拜天公儀式。

1、上香【簫子調】

主祭、陪祭者、執事者及眾人回到拜天公壇位前再上香。上香後眾人分站兩旁由男子先行跪拜，再由女子跪拜。執事者敬酒。【簫子調】

2、讀表文（開始時吹號一次，讀文時音樂停）

讀表文生讀表文，其他人跪著。讀畢行叩首禮。【簫子調】鳴放鞭炮。

3、誦玉皇真經（誦經典時音樂停）

禮生誦念玉皇真經經文，其他人跪著。誦畢行叩首禮。【簫子調】

4、化財焚表文【吹場樂】

將紙錢在屋外空地燒化，甘蔗上的長錢紙沒拆下，直接將甘蔗放紙錢上燒長錢紙，長錢紙燒化後將甘蔗折斷，表文亦拿到燒紙錢處一起焚化。【團圓】燃放鞭炮。

5、送神

誦玉皇真經內之收經偈。【音樂停】送神詞誦畢，眾人行禮跪拜，執事者將蠟燭火熄滅，香爐的香拔起拿到燒金處焚燒。【團圓】【大團圓】（八音先演奏小團圓接著吹奏大團圓結束）。

6、禮成

八、三獻禮祭祖祭典

拜天公儀式結束後壇位隨即拆除，祭品搬到新祖堂，舉行三獻禮祭拜祖先儀式。二樓空間不大，主祭者請禮生【小團圓】後即行三獻禮儀典，祭典儀式與客家八音之運用情形如下：

通：諸生舉禮，諸生各司迺職，勿倦缺禮。

通：奏樂者擊鼓三通【擊三通鼓】。鳴金三點【敲鑼三響】。奏大樂【小團圓】。奏小樂【簫子調】。連三年【吹號三聲】（鳴炮三響）。

通：主祭者就位，與祭者亦各就位，執事者各舉其事。

通：盥洗。

引：引詣盥洗所，盥洗。復位。【簫子調】

通：降神。

引：引詣降神所，上香禮酒。復位。【簫子調】

通：參神鞠躬，跪，叩首，再叩首，三叩首，高昇。跪，叩首，再叩首，六叩首，高昇。跪，叩首，再叩首，九叩首，高昇。【簫子調】

通：執事者焚香禮酒，行上香禮。

引：詣香座位前，跪，上香禮酒，叩首，再叩首，三叩首，高昇。【簫子調】

通：執事者執爵奉饌，行初獻禮。

引：引——詣潁川堂歷代祖先香前，跪。進爵進祿，叩首，再叩首，三叩首起。復——位。【簫子調】

通：讀祝文。

引：引——詣潁川堂歷代祖先香位前，跪。讀祝文生亦跪，讀祝文【吹號一響】。讀畢。叩首，再叩首，三叩首，高昇。跪，叩首，再叩首，六叩首，高昇。跪，叩首，再叩首，九叩首，高昇。復——位。【簫子調】

通：執事者執爵奉饌，行亞獻禮。

引：引——詣潁川堂歷代祖先香座位前，跪。進爵進祿，叩首，再叩首，六叩

首起。復——位。【簫子調】

通：執事者執爵奉饌，行三獻禮。

引：引——詣潁川堂歷代祖先香位前，跪。進爵進祿，叩首，再叩首，九叩首起。復——位。【簫子調】

通：主祭者容身暫退，各行分獻。【簫子調】

上香【簫子調】上香後敬酒。

通：主祭者復位。

通：加爵祿。【簫子調】

通：獻帛，執事者執帛，讀祝者執祝，化財焚祝文。【吹場樂】～【小團圓】

通：主祭者辭神鞠躬跪，叩首，再叩首，三叩首，高昇。跪，叩首，再叩首，六叩首，高昇。跪，叩首，再叩首，九叩首，高昇。【簫子調】

通：禮畢【團圓】【大團圓】（八音先演奏小團圓接著吹奏大團圓結束）。

九、送神

「三獻禮」祭祖儀式結束後，本次祖堂陞座的主要祭典已經完成，祭祀人員將請來之神像及三界之牌位，在彩旗前導下，以步行方式恭送回宣化堂。雖然已經夜深，八音還是沿途吹奏【弦索調】。抵達宣化堂後，先將神及三界神牌過香爐請回壇內，然後上香致敬，燃燒紙錢，鳴放鞭炮，最後八音以【大團圓】結束整個儀式。

事後，鍾錦城先生提供其父鍾潤章先生在民國17年，手寫的有關客家傳統祭典手稿手抄本正本欲贈送給筆者，但是筆者只將手抄本影印，將正本及一本影印本送還給鍾先生。鍾潤章先生的手抄本內，書寫有各種祭典的文表資料，內容豐富，是很好的參考資料。從其文表資料中亦可以發現，早期中正里的還神祭典方式與現今的方式有些不同，與美濃地區還神祭典一樣。

還神表文（鍾潤章先生）

表文

伏以

帝德巍峨　萬彙荷生成之德
皇恩浩蕩　四海樂蚌蠔之恩

是以　仁週廣布　德不遺乎　海噬山陬 05 化被邇遐　恩且及于昆虫草木　誠有求必應　亦靡感不通者也

今據

臺灣島○○縣○○鄉○○里○○庄信士福首○○○統帶合境（家）人○○○等，即日誠惶誠恐稽首頓首百拜致叩上緣因○○（吉）年○○（吉）月○○（吉）日良為○○○事。叩許天地，神祇庇佑合境（家）平安福愿。當日有求必應，茲當今日良辰為（○○○之福、○男完婚、○女于歸）之期，期臨合卺，裡崇奠雁之文。予等忖思屢蒙天恩惠澤，叼感神力扶持，竊想恩高莫及，理應叩答恩光。
謹以　剛鬣柔毛（豬首牲禮）膳饈菓品，階牲而並薦，齋心淨意。香楮而俱陳暨文疏一套，長錢萬貫，敢昭告于

傳香童子奏事童郎傳奏于
九天王府司命真君寶座前即轉達于

昊天金闕玉皇大帝陛下暨列佛聖仙神寶座前
南無大慈大悲觀世音菩薩蓮下暨列眾尊神寶座前

伏乞

聖座高懸，神通廣大，福蔭擬春，災消似浮雲流水，廐鹿鳴泮水之章，士登科第，農慶蒼箱，而且六畜共躋于興旺，合境（家）樂乎康強，則信等不勝沾感激，切（禱）之至謹拜表疏恭進以

聞

天運歲次○○年○○月○○日○○庄信士○○○統帶合境（家）人等誠心百拜（叩謝上申）

（資料來源：旗山中正里鍾錦城先生提供其父鍾潤章留下之文稿）

05　陬：音ㄗㄡ一聲，偏僻的地方。

寶誥告竣疏文（鍾潤章先生）

寶誥告竣疏文式

伏以

寶筏宏施，援渡生民登道岸。
誥文垂訓，援提黎庶出迷途。
完全善果，千祥雲集千災散。
竣就功勳，萬禍賓冰消萬福臨。
叩保蒼黎，惟望聯庄迪吉。
酬報恩德，欣蒙闔下平安。
天堂佛聖，施化雨於座上。
帝國仙神，佈甘露於堂中。

今據

臺灣島南部下淡水○○里（庄），　○○宮（堂）鸞下○○氏（名）等，為重著聖母（或○○）寶誥，連造城隍（或○○）真經，迄今寶誥造成，真經造就，諸生感德愧無酬報，爰卜○○日（時）虔修菓品，合備豕羊長錢玉帛列在案前。

伏乞奏事使者奏上
三官大帝殿前
觀音大士臺前
天上聖母臺前
牟尼文佛臺前
南宮孚佑帝君殿前
南天文衡聖帝殿前
九天司命真君殿前
城隍尊神案前
福德正神位前　會奏

昊天金闕玉皇大帝陛下雲車遠降，玉輦遙臨，納茲不腆俯饗專誠閱覽寶誥，准旨頒行，護佑閱者觸目驚心，聞風向化示察真經，口誦心維聲入精通，萬邦回善，四海昇平，不勝激切之致以

聞

天運歲次○年○月○日○○庄（堂）鸞下○○○統帶信士等百拜上申

（資料來源：旗山中正里鍾錦城先生提供其父鍾潤章留下之文稿）

第三節、福安庄客家結婚「還神」祭典

民國 95 年 3 月，圓潭中正里郭樹興先生結婚，結婚前依客家傳統習俗，有「敬外祖」、「結壇」、「還神」祭典。敬外祖與還神祭典時請客家八音團現場演奏。茲將祭祀儀典紀錄於下：

一、敬外祖

結婚前一天下午，準備三牲牲禮、金香、粄菓，新郎要到母親娘家與祖母娘家祭拜祖先「敬外祖」。禮貌上「敬外祖」前要先通知「外祖」的人，「敬外祖」時先將牲禮擺放祖堂供桌上，「外祖」的長輩要出面當主祭，帶領新郎上香祭拜祖先並向祖先稟告，上香後化財燒紙錢並鳴放鞭炮。「敬外祖」的牲禮不能帶回要留下，粄菓分給大家吃。

敬外祖時客家八音沿途或祭拜時通常演奏【弦索調】，祭拜結束要收起時吹奏【團圓】做結束。

二、請神

結壇前準備金香、酒、牲禮，由彩旗前導與沿途演奏客家八音，先到當地的宣化堂敬神並請神，【弦索調】請一尊神像三個神牌位到家裡，請神的人要穿著「長衫」（青衣），把神像與神牌位請回來先擺設在上界。

請神來回路上沿途或祭拜時通常演奏【弦索調】，祭拜結束要收起時吹奏，請神出壇時吹奏【吹場樂】最後【團圓】做結束。

三、結壇

結壇儀式與福安庄其他「還神」祭典，以及宣化堂祭典前儀式一樣，由一位主祭者、兩位執事人員行上香、獻花、奉茶、獻果獻酒，最後化財行三跪九叩首禮，

行禮方式都一樣，結壇只在上界擺五盤水果與五盤糖菓，客家八音主要是以【吹場樂】演奏。

四、拜天公

拜天公祭壇設上、中、下三界，三界神牌是從宣化堂請來，神牌與三界的敬奉祭品都一樣，全羊用麵羊代替，活魚以乾魷魚代替，結婚「還神」祭典，新丁叛是不可缺的。

拜天公祭典儀式以誦「玉皇真經」方式請、送神，儀式前由三人先行上香、獻花、奉茶、獻果獻酒禮【吹場樂】，爾後執事者再點香給大家上香【簫子調】，上香行禮後由禮生誦念「玉皇真經」之請神【吹號三次】，請神後讀表文【吹號一次】，再誦「玉皇真經」、化財焚表文、送神。拜天公儀式與宣化堂拜天公儀式雷同，儀式只差在化財之前會先擲筊詢問，聖筊後才化財。

五、三獻禮祭祖祭典

行三獻禮儀式前全體上香，然後由執事者獻花、奉茶、獻果獻酒，與敬天公時相同。獻果獻酒後行三跪九叩首禮。【吹場樂】再由主祭者請禮生，【團圓】各執事者就位後，即行三獻禮祭祖祭典。

祭祖儀式：

通：諸生舉禮，諸生各司迺職，勿倦缺禮。

通：奏樂者擊鼓三通【擊三通鼓】。鳴金三點【打鑼三響】。奏大樂【小團圓】。奏小樂【簫子調】。連三年【吹號三聲】（鳴炮三響）。

通：主祭者就位，與祭者亦各就位。

通：盥洗。

引：引詣盥洗所，盥洗。復位。【團圓】

通：降神。

引：引詣降神所，上香禮酒。復位。【簫子調】

通：參神鞠躬，跪，叩首，再叩首，三叩首，高昇。跪，叩首，再叩首，六叩首，高昇。跪，叩首，再叩首，九叩首，高昇。【簫子調】

通：執事者焚香禮酒，行香席禮。

引：引——詣香席前，跪，上香禮酒，叩首，再叩首，三叩首，高昇。【簫子調】

通：執事者執爵奉饌，行初獻禮。

引：引——詣汾陽堂歷代祖先香位前，跪。進爵進祿，叩首，再叩首，三叩首起。復——位。【簫子調】

通：讀祝文。

引：引——詣汾陽堂歷代祖先香位前，跪。讀祝文生亦跪，讀祝文【吹號一響】。讀畢。叩首，再叩首，三叩首，高昇。跪，叩首，再叩首，六叩首，高昇。跪，叩首，再叩首，九叩首，高昇。復——位。【簫子調】

通：執事者執爵奉饌，行亞獻禮。

引：引——詣汾陽堂歷代祖先香位前，跪。進爵進祿，叩首，再叩首，六叩首起。復——位。【簫子調】

通：執事者執爵奉饌，行終獻禮。

引：引——詣汾陽堂歷代祖先香位前，跪。進爵進祿，叩首，再叩首，九叩首

起。復——位。【簫子調】

通：諸生容身暫退，各行分獻。

全體上香【簫子調】上香後又敬酒。

通：諸生復位。

通：加爵祿。【簫子調】

通：獻帛，執事者執帛，讀祝者執祝，化財焚祝文。

引：引——詣，進財寶。【吹場樂】、【團圓】

通：辭神鞠躬跪，叩首，再叩首，三叩首，高昇。跪，叩首，再叩首，六叩首，高昇。跪，叩首，再叩首，九叩首，高昇。【簫子調】

通：禮畢【團圓】【大團圓】。獻生徒手參拜後去向禮生致謝敬禮。

儀式結束，最後將外壇香爐內的香拔起拿到燒金化財處燒，敬奉品、祭壇收起，結婚「還神」祭典結束。

圓潭福安庄聚落對當地信仰中心「宣化堂」的向心力特別的強，主導「還神」祭典儀式的禮生都是宣化堂的兼職信眾，因此堂內與家族的「還神」祭典儀式都雷同，從其祭典儀式的行禮方式，可以看出當地對祭祀禮儀的重視，行禮非常嚴謹。在這些地區，雖然還有不少客家傳統祭典，但是「還神」祭典的拜天公，比較少看到以誦念請神詞請送神的行禮方式。

第五章

美濃地區「還神」
祭典與客家八音

乾隆元年（1736）「右堆」總理、副總理林豐山、林桂山昆仲，率領十六姓 40 餘人，入墾靈山、月光山、雙峰山山麓，將新開拓的這片土地，定名為瀰濃。林豐山、林桂山昆仲所率領的十六姓人就沿美濃河北岸定居下來，這是瀰濃庄最早的永安聚落。

　　歷經 270 年，雖然隨著時代的進步、社會的變遷，地理景觀已有所改變，不復 200 多年前的舊模樣，在文化保存上，美濃地區一直保存著傳統的客家文化，是個保有傳統客家文化最完整的地區。瀰濃庄在客家文化的保存上，有其重要的功勞。

　　光復後的美濃，行政劃分原有 21 個里，有中圳里、東門里、泰安里、瀰濃里、福安里、合和里、中壇里、祿興里、德興里、清水里、吉和里、吉東里、吉洋里、龍山里、獅山里、龍肚里、廣德里、興隆里、廣林里、上安里與永平里。民國 71 年把上安里與東門里合併為東門里，瀰濃里與永平里合併為瀰濃里，所以現在美濃鎮有 19 里。

　　美濃鎮以聚落區分，有瀰濃、廣興、龍肚、中壇與南隆五個區塊。最早開發的地區是瀰濃地區，（含中圳里、東門里、泰安里、瀰濃里、福安里、合和里），而後有廣興地區（含廣德里、興隆里、廣林里），龍山里、獅山里、龍肚里屬於龍肚地區，中壇里、祿興里、德興里屬於中壇地區，清水里、吉和里、吉東里、吉洋里屬於南隆地區，德興里與龍山里的一部分亦屬於南隆地區。

　　客家人重視家族觀念，祖堂為家族向心力的精神支柱，客家人每天傍晚一定要將祖堂的燈點亮並上香、奉茶。過年過節時都要準備牲禮到家族祖堂祭拜，新建或改建祖堂要行「還神」敬天公與祭祖的儀式，客家男子結婚時也會行「還神」祭典。

　　土地伯公與客家人是如此的親近，村庄有庄頭庄尾伯公，田頭田尾伯公，伯公是地方神也像是自己長輩，伯公壇是客家人朝夕相處的地方。各個庄頭或聚落，每年都會在伯公壇行年初的「新年福」和年底的「還福」祭典，「新年福」和「還福」祭典都是以「還神」祭典之儀式進行祭拜。伯公壇新建、修建、改建完成時也都會行「還神」祭典。

本章擬將美濃地區客家人，家族、土地伯公、寺廟與南隆地區的各項「還神」祭典與客家八音之運用情形，做調查研究紀錄，多年來攝影紀錄了許多美濃地區的「還神」祭典。本章摘錄各種不同地區，不同形式與不同禮生所行之祭典儀式，呈現各種不同且完整的「還神」祭典儀式做研究探討。

第一節、客家結婚儀典與「還神」祭典

隨著時代的進步，社會的變遷，各族群在婚喪喜慶及各項祭典禮俗，都慢慢趨於簡化、而省略各種繁瑣的儀規。但美濃地區的客家人，到現在婚喪儀式，還是堅持著以傳統習俗禮儀方式辦理各項之祭典。

美濃地區的傳統結婚儀式，不只儀程繁瑣，更重要的是，具有飲水思源、慎終追遠及感恩的意義。從結婚前一天的敬外祖、敬內祖、「還神」祭典至結婚當天的迎娶、食晝[01]、上燈、祭祖、謝媒。在整個結婚儀程中，客家八音佔了極重要的份量，隨著整個儀程的進行，客家八音必須隨時配合各項儀程的進行，吹奏各種不同的曲調，客家八音把客家人的結婚禮俗賦予感情與生命活力。

一、美濃地區客家傳統結婚儀典

美濃地區客家傳統結婚儀典，一般可分成「敬外祖」、「還神」、「迎娶食晝」、「上燈拜祖謝媒和食新娘茶」等階段。以上的傳統儀式，隨著社會的變遷，這些傳統禮俗，已慢慢簡化，結婚前的敬外祖通常都還是會去祭拜，長子或曾許願的會行還神祭典，其他的可能就不會行還神祭典，比較傳統的家族還有上燈的儀式，在當天晚上食新娘茶的習俗已幾乎不再見。

01　晝：客語「午」的意思，當晝即中午，下晝即下午，食晝即吃午餐。

（一）敬外祖

　　南部地區客家人，結婚前一天，新郎家裡要準備祭品，帶新郎去「敬外祖」，「敬外祖」是個統稱，「敬外祖」包括「敬神」、「敬伯公」、「敬外祖」與「敬內祖」。

　　「敬外祖」要準備彩旗、茶、壽金、香、蠟燭、鞭炮、酒、酒杯與龜粄、紅粄、以及三牲（雞肉、豬肉、魚）祭品，預算要祭拜幾處則準備幾份，早期會用檻盛放祭品，現在大都用袋子或桶子每份分裝好後，到時再用拖盤裝牲禮，其他祭品用品則直接擺放桌上敬拜祭祀。

　　早期敬外祖時，由一對彩旗在前引導，接著是八音團、兩人抬檻，檻內放著要敬神或敬外祖的敬奉牲禮與物品，新郎及家中的長輩代表必須要參與祭拜。敬外祖，一般會由神明、土地公先祭拜，然後再到「外祖」祖堂祭拜，有時為了路程的順路，就不會要求太嚴格，順路的就先敬奉。

　　「敬神」通常到聚落信仰中心的寺廟祭拜，與家裡附近的土地伯公壇祭拜，客家人的土地伯公，有庄頭伯公、庄尾伯公、庄中伯公，甚至還可能有東、南、西、北等伯公。敬神的敬伯公可能會祭拜好幾個伯公。敬神完成時粄粿會分給民眾食用，祭品則帶回家。

　　「敬外祖」依傳統要到母親、祖母與曾祖母娘家的祖堂，三代「外祖」祖堂祭拜，（若外祖非客家人或沒有設置祖堂的會省略），敬外祖儀式具有飲水思源之意。敬外祖時祭品及粄果類要留給外家，不能帶回。

　　「敬外祖」祭祀的方式，當到達寺廟或外祖祖堂時，拿彩旗的人要先把彩旗擺放廟前兩旁（祖堂門口）。扛檻的人把檻抬入，把檻內放著的牲禮用拖盤盛裝著與敬奉物品擺放敬桌上，擺放好後要先點兩根蠟燭，然後奉茶，上香祭拜，並向神明或外祖祖先稟告今天祭拜的原因，然後將香插香爐內再行跪拜叩首禮，敬酒要敬三巡酒後才拿金紙錢去化財，化財後鳴炮，最後將祭品收起，粄菓分給大家吃。早期生活較困苦，許多小孩子聽到八音的聲音，就會到廟裡或伯公壇，等「敬神」結束時要祭拜的「粄子」吃，人多時還會用搶的，客家人稱作「打粄子」。現在經濟富

裕，祭拜後的「粄子」要給小孩吃，他們還不要哩！

　　整個敬神、敬外祖時客家八音團都要一起跟著在旁演奏客家八音，路上行進時也要沿路吹奏，祭拜時並隨著祭拜的進行演奏各種不同的曲調。敬外祖時客家八音團的四個人只攜帶一支嗩吶，一把二弦，一把胡弦，一個小錚鑼，沒有鑼鼓，因此行進間與祭祀時都是吹奏【弦索調】，只在祭拜最後結束時由嗩吶與小錚鑼吹奏【團圓】做結束。

　　客家八音演奏的曲目的運用，會隨著各個八音團對曲調的熟練度而有所不同，有些八音團熟悉的曲目不多，可能就只有那一兩首曲調在反覆的吹奏，有些客家八音團會的曲調比較多，運用的曲調就比較豐富。

　　有些人為了省錢，敬外祖時不請客家八音團，直接用錄音帶播放代替，播放八音音樂則無法配合祭典之儀式，這時的八音音樂僅純粹代表著喜慶之意。播放八音音樂還常會聽到，客家八音【鵝公叫鵝母】、【高山流水】等大曲調，這些曲調比較長，而且也須比較高深的技巧，現在客家八音團很少人會演奏，可是卻是錄音帶播放中最常被運用的曲調。

　　「敬神」、「敬伯公」、「敬外祖」都祭拜過後，最後回到家還要再準備牲禮祭品「敬內祖」，「敬內祖」即祭拜自己祖先，「敬內祖」儀式跟「敬外祖」一樣，「敬內祖」後先休息，並準備晚上的「還神」祭典。

（二）還神祭典

　　結婚前一天白天去敬外祖，到了晚上，須在家祖堂前進行「還神」的祭典。一般會辦理還神祭典，大都是長子、長孫或小時曾經有許願的，其他的男子結婚則不一定辦理還神祭典。還神儀式包括有「結壇」、「敬神拜天公」與祭祖「行三獻禮」三階段。

1、結壇

　　結壇在傍晚時進行，在祖堂前用三張八仙桌，兩張高長椅，兩張矮長椅，面向

還神祭壇拜天公   還神傍晚時結壇儀式

外面架設上、中、下三界壇位（或兩界）。上界在最外面最高，結壇時只擺設上界的神牌與敬奉簡單五盤糖果或水果。中界、下界不設神牌及祭品。

　　結壇儀式由禮生或長者帶領大家上香，上香秉告上天，告知此地晚上要舉辦「還神」「拜天公」敬神祭典，請傳香使者、奏事童郎轉告上天諸神，晚上蒞臨。上香後再奉茶、敬酒，最後化財鳴炮結束。

　　結壇時從上香開始，客家八音只有用一支嗩吶與鑼鼓演奏大吹的【團圓響噠】或【吹場樂】，一直反覆到要結束時再接著吹奏【團圓曲】結束。

2、拜天公

　　拜天公敬神儀式客家人又稱作「敬天公」，儀式應該要在「當日」舉行，也就是結婚當天，所以「還神」祭典，從敬神拜天公儀式到行禮，要在晚上 11 點以後才開始進行，晚上 11 點以後就是次日的第一時辰，也就屬於當日了，現在通常都會提早開始，但是結束時一定還是要超過晚上 11 點。

祭壇桌圍

　　拜天公祭壇的設置，常依禮生與當地的習慣設置，有三界也有設置兩界的。結婚「還神」祭典祭壇的設置擺設與敬奉祭品如下：

　　「上界」祭壇前端擺放一個斗，斗外圈貼上紅紙，斗內插上一面用黃紙中間貼紅色紙做的神牌位，牌位上書寫『昊天金闕玉皇大帝陛下暨列週天滿漢星君寶座位』，神桌前中央撐一把紙傘或黑傘，桌前兩旁綁著兩枝帶葉帶根的甘蔗，每枝甘蔗上再掛著一串「長錢紙」，上界桌兩旁各放一張長椅，靠內方綁上桌圍。前面一對鮮花、蠟燭與發糕，左錢粄右桃粄各一包，三杯茶、五杯酒，五盤水果、五盤糖果、五盤素食，五行食品（金、木、水、火、土，金以金針代替，木以木耳代替、水用冬粉、火用香菇、土用花生或豆干）。

　　「中界」祭壇桌前擺放一個斗，斗內插上一面用紅色紙做的神牌位，牌位上書寫『南無大慈大悲觀世音菩薩蓮下暨列諸聖神香席位』，桌上敬奉品與上界擺放一樣，有鮮花、蠟燭、發糕，三茶杯、五酒杯，錢粄桃粄改成新丁粄與紅龜粄，五碗飯，水果、糖果、素食與五行食品各五盤，桌靠內方也綁上桌圍。

「拜天公」，也就是客家人所謂的「還神」祭典，客家人的「還神」祭典，在行「拜天公」的敬神儀式後要繼續行「三獻禮」的祭祀禮儀。

一個完整的「還神」祭典，在傍晚時要先「結壇」向天神稟告，晚上再行「拜天公」的敬神儀式，最後行三獻禮的祭祖或敬神儀式。

拜天公應備之祭品

名稱	數量	備註
小平盤	60 個	
香爐	3 個	用斗代
茶杯	9 個	
酒杯	15 個	
金花	3 對	
飯糰	10 盤	中下界
五種糖果（各三盤）	15 盤	
發粄	6 粒	三界
錢粄、桃粄（各 16）	36 個	上界

上界供俸之桃粄

上界供俸之錢粄

名稱	數量	備註
鞭炮（燒金及結束放）	2 串	
豬頭、雞、魚、肉、蛋	1 付	五牲
太極金、壽金、天金、尺金、財子金	適量	
米酒	3 瓶	
茶壺泡茶	1 壺	
全豬全羊（腳圈紅紙）	各 1 隻	
紅、黃紙（寫表文）	各 3	禮生寫

名稱	數量	備註
鮮花	3 付	
神牌		借或禮生書寫
大蠟燭	6 支	三界
小蠟燭	4 支	豬羊
大香	15 支	
香	2 包	適量
五種水果（各三盤）	15 盤	
米菓等	15 盤	
龜粄、柑粄（紅粄）	各 32	中下界

中下界供奉之紅粄

中下界供奉之紅龜粄

名稱	數量	備註
新丁粄	適量	中下界

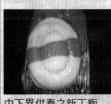

中下界供奉之新丁粄

名稱	數量	備註
托盤（1 個或 5 個）		放五牲
金針、木耳、冬粉、香菇、花生	各 3 盤	乾的
拜疊	3 個	後面可加
茶托盤	1 個	奉茶
活魚	1 條	
化財、結束燒的壽金	3 千	豬羊血水

拜天公上界神牌

（一）美濃地區客家還神祭典拜天公儀式三界壇位與祭品擺設圖

上界供俸祭品

拜天公中界神牌

中界供俸品

上界神位

昊天金闕玉皇大帝陛下暨列週天滿漢星君寶座位前

中界神位

南無大慈大悲觀世音菩薩蓮下暨列請位尊神香席位

下界神位

暨列五方福德正神香座位

長錢紙　甘蔗　　　　涼傘　　　　　甘蔗　長錢紙

花　蠟燭 發粄　神牌位　發粄 蠟燭　花
錢粄　　　　香爐　　　　桃粄

茶 茶 茶 茶 茶
酒 酒 酒 酒 酒

水果 水果 水果 水果 水果
糖果 糖果 糖果 糖果 糖果
金針 木耳 冬粉 香菇 花生

桌圍

上界敬品擺設

花　蠟燭 發粄　神牌位　發粄 蠟燭　花
紅龜粄　　　香爐　　　　新丁粄

茶 茶 茶 茶 茶
酒 酒 酒 酒 酒

水果 水果 水果 水果 水果
飯糰 飯糰 飯糰 飯糰 飯糰
糖果 糖果 糖果 糖果 糖果
金針 木耳 冬粉 香菇 花生

桌圍

中界敬品擺設

花　蠟燭 發粄　神牌位　發粄 蠟燭　花
紅龜粄　　　香爐　　　　新丁粄

茶 茶 茶 茶 茶
酒 酒 酒 酒 酒

水果 水果 水果 水果 水果
飯糰 飯糰 飯糰 飯糰 飯糰
糖果 糖果 糖果 糖果 糖果
金針 木耳 冬粉 香菇 花生

雞　五牲　豬肉
魚　豬頭　蛋

香　　　新丁粄　　　壽金

桌圍

拜墊　拜墊　拜墊

羊　　　　　　　　　新丁粄　　豬

下界敬品擺設

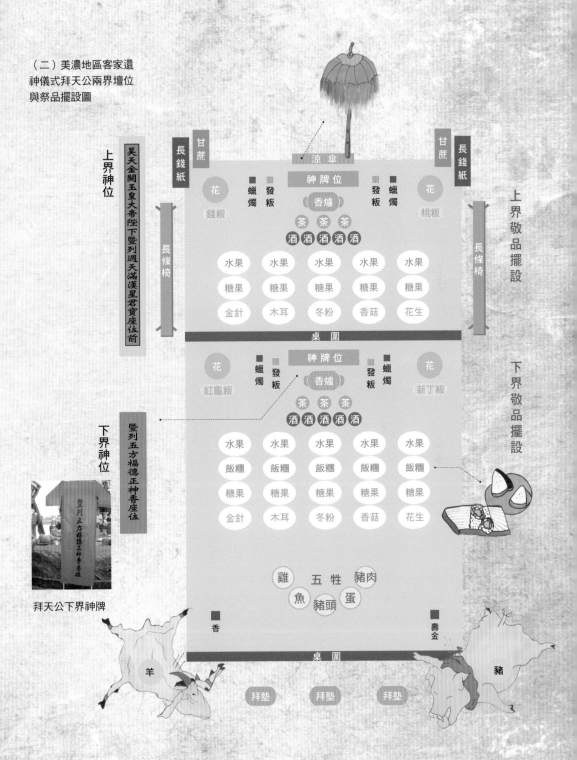

（二）美濃地區客家還
神儀式拜天公兩界壇位
與祭品擺設圖

涼傘

上界神位

昊天金闕玉皇大帝陛下暨列週天滿漢星君寶座位前

甘蔗　長錢紙

長錢紙　甘蔗

上界敬品擺設

花
錢粄

蠟燭　發粄

神牌位

香爐

發粄　蠟燭

花
桃粄

長條椅

茶　茶　茶
酒　酒　酒　酒　酒

長條椅

水果	水果	水果	水果	水果
糖果	糖果	糖果	糖果	糖果
金針	木耳	冬粉	香菇	花生

桌　圍

下界神位

暨列五方福德正神香座位

下界敬品擺設

花
紅龜粄

蠟燭　發粄

神牌位

香爐

發粄　蠟燭

花
新丁粄

茶　茶　茶
酒　酒　酒　酒　酒

水果	水果	水果	水果	水果
飯糰	飯糰	飯糰	飯糰	飯糰
糖果	糖果	糖果	糖果	糖果
金針	木耳	冬粉	香菇	花生

雞　五牲　豬肉
魚　豬頭　蛋

拜天公下界神牌

香

壽金

桌　圍

羊

豬

拜墊　拜墊　拜墊

「下界」用兩張供桌，前桌神牌位上書寫「暨列五方福德正神香座位」，敬奉品與中界一樣。後桌桌上敬奉五牲牲禮（豬頭、豬肉、雞肉、魚、蛋）。結婚「還神」的拜天公祭典，傳統的作法，後桌除五牲牲禮外，還要加新丁粄[02]，中間擺放「老太伯」與帖盒。桌前圍上桌圍，擺放三張拜墊給禮生與主祭者跪拜用，後面再放置一些的拜墊，給家屬們跪拜用。後面兩旁桌子上一隻全豬、一隻全羊，左豬右羊，羊旁加一隻活魚。

　　「老太伯」[03]現在已很少看到，客家長者還有此印象，用「老太伯」有其典故，老太伯是用豬的肺當身體，氣管當脖子與頭，下層再用冬瓜當底，插上棍子支撐身體，頭頂用黃瓜製作當帽子，再用豬囊（豬油的皮）當衣服，披在身體上，有些人

以食材組合而成的「老太伯」　　　帖盒

02　據說結婚還神時一定要用新丁粄，要添丁。（禮生劉添福口述）。

03　老太伯：相傳以前張員外，是個很有風度，任何事都能忍受的人，所以其堂號取名為「百忍堂」，有一次，張員外娶親，當時的縣官故意借酒鬧事，無論如何要跟新娘子同房，縣官說既然你敢掛牌稱「百忍堂」，看你是否都可以忍，張員外對於這種事，不比任何事都可以忍，鬧洞房要有個限度，不能太過分，最後張員外寧願把自己的「百忍堂」堂號拆下而不准縣官鬧事，於是張員外原來的「百忍堂」堂號就沒有了，張員外家前有一條很清澈的河流，於是原來是「百忍堂」的張員外就改為「清河堂」，因此之故，客家人結婚時就會做一個老太伯坐鎮在那邊，表示這個婚禮就不會有人來鬧事。（老太伯是用豬的氣管部位與冬瓜、黃瓜、塑造雕刻的一個小人像，嘴上還叨著一根煙）（劉添福禮生口述）。

用白蘿蔔削成長細絲，或用冬粉，鋪在身體上當衣服，再用紅色料把衣服染成紅色，畫出眼睛眉毛鼻子與嘴巴，嘴巴切開一個口點上一支香菸。「帖盒」現在在結婚的還神儀式也很少會擺放，比較注重傳統式的家長或禮生，才會擺放「老太伯」與「帖盒」[04]。

拜天公儀式可分成上香奉茶、請神、讀表文、庇祐（再請）、化財、焚表文與送神等階段。以下將儀式之執行方式與客家八音之運用情形說明如下：

(1) 上香【大吹】、奉茶【簫子調】、敬酒【簫子調】

執事者點燃清香後分給大家，禮生帶領全體人員一起向天神壇上香，上香後執事者把香收起插到上、中、下三界香爐內。【大吹】上香後執事者至三界各敬奉三杯茶，【簫子調】執事者再將各界酒杯中斟酒。【簫子調】最後大家再行三跪九拜禮，執事者站立於兩旁。

(2) 請神（開始吹號三聲，請神中音樂停，敬酒中簫子調）

行三跪九拜禮最後不起來，大家繼續跪著，禮生跪於壇前中間位置，主祭者跪於禮生兩旁，其他人在後面，禮生誦念請神詞，恭請上界玉皇大帝及諸星君、中界觀世音菩薩及眾神明、三界當地土地公、城隍爺等眾神明降臨，請神要誦請三遍。請神詞三遍請畢，禮生念開壺酌酒時，執事者至三界敬酒。敬酒時客家八音演奏【簫子調】。敬酒後再來拜請與第三請畢，禮生會說「再來酌上美滿神酒、美滿神漿」，禮生要敬酒，敬酒時客家八音演奏【簫子調】。三行跪拜禮後休息。讓神明享用佳餚美食，並有弦簫鼓樂助興【簫子調】。休息中八音繼續演奏【簫子調】。

(3) 讀表文（讀表文開始吹號一聲，讀表文時音樂停止）

又稱作誦表章、讀表章、讀文子（客語），表文是用黃色的紙書寫。休息後大

04　帖盒：一個小木箱，長寬高並無規定一定比例，但要合文工尺上的興旺，內要放結婚時須用到的全部紅包。

家回原位跪下，禮生誦讀表文，表文通常都是禮生親手寫的，敘述今天舉行拜天公的人、時、事、地、物，若之前曾有許願，現在依所許的還願方式、物品還願。讀表文後再休息。【蕭子調】

(4) 庇祐（蓋寶 [05]）（音樂停）

全體再上香，上香後禮生再念請神詞後段。此段前面客氣的再次的請眾神，後面則說到眾神若有事不敢久留可各回天、各歸壇，有送神之意。

(5) 化財焚表文【吹場樂】【團圓】

將折成圓筒狀的金紙拿到前面空地，將長錢紙與紙作的神牌取下，香爐的香收起只留一支，與表文一起拿到前面空地，先燒金再將長錢紙、神牌、香與表文放上一起焚化。最後拿酒灑繞一圈，大家拜一拜後回壇。【吹場樂】【團圓】

(6) 送神【團圓】【大團圓】

回祭壇，禮生誦念送神詞送神，請神要誦請三遍，送神只誦兩遍。也有禮生誦三遍與只誦一遍。誦畢先奏【團圓】接著吹奏【大團圓】，鳴炮結束。

3、行三獻禮祭祖祭典

拜天公儀式結束後，把祭壇收起，上界敬奉品移至內堂，中界的柀果可以分給民眾吃，下界的敬奉品及牲禮要移到祖外堂，豬、羊要交換轉向面朝祖堂。內堂放三個拜墊，外堂放兩個，外面再放一張長椅，椅上中間放一個臉盆，臉盆邊放一條毛巾。

準備就緒，接著要「行禮」行三獻禮祭祖，「行禮」的主要人員有通生、引生、禮生各一人、兩位執事者、主祭陪祭者各一人。結婚祭祖先行三獻禮，主祭者必須是新郎，與祭者可以是新郎的兄弟，一般在客家地區祭典時主要祭祀的人都是男的，女人大都是「陪拜」或是在協助處理事務。

05　蓋寶：起身祈福說好話之意，此段劉添福禮生稱為蓋寶。

行禮祭祖儀式是以傳統的三獻禮方式進行，盥洗降神後先行香席禮，再行初獻禮、讀祝文、亞獻禮、終獻禮，休息以後先加爵祿，最後進財寶與焚祝文。祭典之全程，客家八音必須配合祭典的儀式進行演奏，客家八音團若能密切的配合儀程的進行，整個祭典就有了生命。

儀式前執事者點香給每個人，大家都拿到香後一起上香，上香後執事者再把大家的香收起，插入祖先前香爐與祭壇的香爐內。【團圓】【吹場樂】上香後，兩位主祭者要用「托盤」（內放祝文）拜請禮生。【團圓】禮生收起拿到內堂桌上放。兩位主祭者先站旁邊。

儀式開始

通：諸生舉禮，諸生各司迺職勿倦缺禮。（引生、執事就定位）（八音不演奏）

通：奏樂者擊鼓三通，【擊三通鼓】鳴金三點，【敲鑼三響】奏大樂，【小團圓】奏小樂，【簫子調】連三年。【吹號三次】鳴炮三響。

通：主祭者就位，與祭者亦各就位。（主祭者與祭者兩位就定位）

通：盥洗。

引：引——詣盥洗所，盥洗，【簫子調】（獻生跟著引生到臉盆前手稍碰一下臉盆內的水）復位。

通：降神

引：引——詣降神所，上香禮酒。【簫子調】（執事一人拿香、一人拿酒走到降神處，交給兩位主祭者獻祭）復位。

通：執事生焚香禮酒，行香席禮。

引：詣香席前跪（執事把香、酒交給兩位祭者），上香禮酒（主祭祭拜後兩位執事把香與酒接起，拿到香爐插上、酒倒到酒杯中，再將酒杯斟酒。）叩首，再叩首，三叩首，高昇。跪，叩首，再叩首，六叩首，高昇。跪，叩首，再叩首，九叩

首，高昇。【簫子調】

通：執事生執爵奉饌，引生引獻生行初獻禮。（執事一人拿酒，一人拿肉走到內堂，待獻生跪下後把祭品交給獻生，敬奉後幫忙接起肉放桌上，酒倒酒杯中，兩人再將各酒杯斟酒。）

引：引——詣○○堂○氏歷代祖先香席前，跪，進爵進祿。敬奉後【簫子調】叩首，再叩首，三叩首，高昇，復位。

通：讀祝文。（不用到執事者）

引：引——詣○○堂○氏歷代祖先香席前，跪，讀祝文生亦跪，讀祝文。（禮生跪中間獻生跪兩邊，禮生讀祝文，獻生雙手合什。）【讀祝文開始吹號一聲】讀畢，叩首，再叩首，三叩首，高昇，復位。

通：執事生執爵奉饌，引生引獻生行亞獻禮。（執事與初獻禮一樣）

引：引——詣○○堂○氏歷代祖先香席前，跪，進爵進祿。敬奉後【簫子調】叩首，再叩首，六叩首，高昇，復位。

通：執事生執爵奉饌，引生引獻生行三獻禮。（執事與初獻禮一樣）

引：引——詣○○堂○氏歷代祖先香席前，跪，進爵進祿。敬奉後【簫子調】叩首，再叩首，九叩首，高昇，復位。

通：諸生容身暫退位，各行分獻。

各司儀生參拜，其他人也來參拜，參拜後休息一下，休息時間八音還是繼續演奏【簫子調】。

通：諸生復位。（引生、執事、獻生就定位）（音樂停）

通：加爵祿。（執事者各給獻生一瓶酒）（獻生執酒至每一個酒杯一一敬酒，然後再到豬羊那裡，用酒在豬羊身上繞灑一圈，然後回原位將酒交給執事者。）【簫

子調】

通：獻帛，執事者執帛，讀祝者執祝，化財焚祝文。

引：引──詣化財所【吹場樂】（執事者各拿一疊壽金，一起走到燒金處將壽金交給獻生燒。），進財寶。（讀祝文生把祝文於香爐上焚化）燒金時鳴炮。復位。

通：辭神鞠躬，跪，叩首，再叩首，三叩首，高昇。跪，叩首，再叩首，六叩首，高昇。跪，叩首，再叩首，九叩首，高昇。

通：禮畢【團圓】【大團圓】

禮畢後各司儀生各自作揖參拜，獻生向祖先最後鞠躬參拜後，要去向禮生致謝敬禮。把祭品、祭壇收起。結束三獻禮祭典。

客家人家族觀念濃厚，凡家中之大事，皆會祭祖稟告祖先。男子結婚前一天大都在祭祀，祭天地神明與祖先，有感恩、飲水思源與還願之意義與目的。

（三）迎娶

結婚當天要依「先生」看好的時辰去迎娶新娘，依傳統習俗，迎娶時要單數去雙數回來，迎娶隊伍之排列順序，準備之物品，迎娶中各項之禮節與做法等都有所規範。現在的交通工具與交通狀況，很難依傳統規定之順序行進，在此將客家人傳統式娶親隊伍順序、含意與做法簡述如下。

客家傳統娶親迎娶隊伍行進之順序、各項之含意與做法是：

1、彩旗：有辟邪之用意，須由男生執旗。

2、男燈：有添丁進財之意，須由男生執燈，早期如果路途遙遠，晚上還有照明之功用。

3、八音：美濃地區的客家八音，就只有四個人的樂團。沿途要演奏，也要配合各項祭拜禮儀演奏。由於迎娶是在路上行進中，所以客家八音樂器就只用四種，一支嗩吶、一把二弦、一把胡弦、一個小鈴鑼，一人帶一種樂器，打擊樂器就只用小鈴鑼而已。沿途隨性吹奏【二八佳人】、【大埔調】、【夢郎】、【倒吊梅】、【百家春】、【四大調】、【到

春來】、【高山流水】或【客家歌謠】等【弦索調】的曲調。

4、檯：要兩個檯，第一個檯內放五個盤子，放五牲（豬頭、豬肉、雞、魚、冬粉），若有還神中間要擺放「老太伯」，第二個檯內，放五色糖（五種糖果各兩包）、五行（金針、木耳、冬粉、香菇、花生）、長命草、芋頭、男襯衫、褲子、帽子（帽上前方用紙鈔折成一個花貼在上面）、文房四寶（紙、筆、墨、硯）、扇子、紅絲巾、緣粉與帖盒。

5、禮生：手提花菜籃，菜籃內放壽金、禮香、紙炮、禮燭、酒一瓶、糖果。

6、伴郎：幫忙拿衣服、枕頭、棉被等東西，並隨時要協助處理事請。

7、媒人：指導並隨時處理結婚事請。

8、新郎：早期是用轎子，現在都用轎車。

迎娶隊伍到達後，女方要先請新郎下轎後再進屋。

南部六堆客家地區迎娶的人抵達女家時，即由女方長命富貴有福氣的老婦帶同女家小孩，備煙或檳榔拜轎門，請新郎下轎進屋。[06]

到新娘家後，女方家要以湯圓或甜茶接待男方的迎娶人員，然後新娘父母及長輩要帶新娘新郎到女方祖堂祭拜。新娘在拜祖時，點香、點蠟燭要由新娘的叔叔、舅舅點，帖盒裡的「燃儀」紅包，即是送給新娘的叔叔、舅舅點香、點蠟燭的禮金。祭祖時八音也要演奏，通常也是演奏【弦索調】，只有到祭拜結束時才由一支嗩吶與一個打擊樂吹奏【團圓曲】結束。

在女方祖堂祭祖後，禮生要把帖盒裡的 1.『迎鸞之敬 五福俱全』兩行字帖子。2.「○府大閫範暨列尊姻 嬸老宜人 粧次」，左下方書寫著「通姻家又晚婦○門○氏端 肅拜」[07]。3.「○府大閥閱[08]暨列尊姻翁老先生大人 閣下」，左下方書寫著「通姻家又晚生○○○（新郎姓名）頓首拜」[09]。三份「滿門帖」交給新郎，由新郎請女方家人及親屬收下。「聘儀」、「開剪儀」、「開面儀」、「梳妝儀」、「姊妹儀」，

06　陳運棟，〈婚姻禮俗〉，《臺灣的客家禮俗》，臺北，臺原出版社，民 80 年，頁 50。

07　請新娘的婆、姨、嫂等，也就是要請女方的家人親戚。

08　閥閱：在地方上很有名望的尊稱。

09　要恭請新娘的男長輩們。

及其他的「書儀」、「籮筐儀」、「廚官儀」[10]可由媒人、禮生或新郎交給女方，唯「廚官儀」女方不能收起，要退回由男方付。一對紅蠟燭（不是禮燭，而是平時用的蠟燭）要帶回，待新娘到男方家後到祖堂祭拜用。

最後要由新娘的父親替新娘蓋上頭巾，新人再拜別父母上轎。新娘由長輩帶上轎，出發時新娘母親潑一碗水，表示希望出嫁以後不要太想家，好好的當個好媳婦，新娘將手上的扇子丟下，表示拋除以前少女時的壞習性，「車開片刻，新娘擲扇於地，謂之戒性癖」[11]，迎娶隊伍開始返回男方家。

娶親行列與來時順序一樣，由於回來時依習俗規定人數須為雙數，故人數有增加，隊伍依序是：

1、彩旗：一對彩旗。

2、男燈、女燈：男、女燈各一對。

3、客家八音：傳統客家八音團只四人。

4、櫼：兩個櫼。

5、禮生。

6、拖青：連根帶葉的小龍眼樹，拿時要拿頭部，葉子拖在地，樹幹掛一塊豬肉，拖青的人又稱伴郎頭，主人家要給拖青的人大紅包。[12]

7、伴郎、伴娘：幫忙拿東西與協助新郎新娘。

8、帶路雞：兩隻雞，一公一母，帶路雞不能殺，至少要過了四個月後才可以殺。

9、媒人。

10　聘儀：若訂婚時訂金未付訖，其餘的聘金就放聘儀裡，若聘禮已於訂婚時付清，則聘儀紅包內意思意思包個一些二百元就可。「開剪儀」給為新娘修剪頭髮的人的紅包、「開面儀」給為新娘修面挽臉人的紅包、「梳妝儀」給為新娘化妝的人的紅包、「姊妹儀」給新娘的親屬兄弟姊妹紅包，有幾個就要準備幾包。其他的「書儀」要給「先生」的紅包、「籮筐儀」給提花菜籃的人，提花菜籃的人必須要地方士紳，或有名望的人，若無可以由先生代提，「廚官儀」給辦桌的紅包。

11　陳運棟，民80，頁51。

12　相傳以前有個迎娶隊伍，忽然有一隻老虎要來攻擊，拖青的人馬上把掛在青上的豬肉丟給老虎吃，於是救了個迎娶的人，早期給拖青人的紅包要一斗金、一斗銀。

10、新郎新娘：早期用轎子的時候，一人坐一頂轎子，若只有一頂轎子，由新娘坐，新郎在旁用走的。現在都改用轎車。

11、掛尾蔗：兩支甘蔗，要連根連葉，根不能去掉，去根會無後，意味著傳宗接代，節節高昇，也有甜甜蜜蜜之意。

12、爛布籃：內放針、線、蠟、布，用花籃裝著，花籃可以掛在掛尾蔗挑回來，要給新娘以後作女紅用的物品。

新娘要依日課堪輿師所看的時辰才可以進房，所以現代人都會估算時間到可以進房的時間才回到新郎家。當新娘到達時，由男童用托盤端兩粒橘子（吉利）請新娘下轎，新娘要摸一下橘子，再放個紅包到盤子上，然後由好命的長者婦女[13]帶進洞房。

爛布籃

抵達男家，新娘下轎之先，新郎以摺扇輕扣三次，以寓壓雌威之意，其餘女方親屬儐相，都得等新郎前來迎接，花車後面掛有朱印八卦太極圖的米篩，並有『百子千孫』字樣，寓避邪及祝福之意，新郎向轎門拱手請禮時，轎夫要念：『今要轎門兩旁開，金銀財寶做一堆，新郎新婿入房內，生子生孫進秀才。』轎門開處，男家小童上來，奉上檳榔或香菸，新娘也以紅包致謝，然後男家全福婦人上前，一手拿米篩，一手扶新娘出轎，牽新娘入洞房，是『進房』。[14]

新娘進洞房後由新郎手拿帶秤陀的秤子將新娘的頭紗掀開，掀頭巾時，媒人或長者要說：「秤不離陀，陀不離秤，妳們兩個要永永遠遠結個好公婆。」好話祝福新人。

13　好命需夫妻都在且高壽，最好孩子也有成就。
14　陳運棟，民80，頁51。

（四）插新娘花、宴客

　　婚宴中或婚宴前家族中的長者會帶新娘認識家族的婦女長輩，新娘要幫長輩在頭上插花，一面插花一面介紹給新娘認識這位是誰，要叫什麼，早期大家族中帶領的人很重要，帶領人的身分、輩分、表示態度，雖然是在認親，都會暗示著這些親屬婦女長輩、同輩們不能欺負她，有我在挺她。「新娘由一婦人陪同，在宴客當中，一位女性的長輩親人在髮上插朵鮮花，這些鮮花都是送嫁者帶來的，從婆婆開始插，婆婆的花也特別大，其餘則較小，受插者得放紅包於花籃中，這是一種新婦認親的儀式。俗稱『插花』」[15]，插花後開始喜宴。美濃地區客家人的結婚喜宴是準時鳴炮開席，時間到就鳴炮開席，到現在還保持此準時的習俗。

　　喜宴中客家八音通常是以弦索調演奏為主，除了演奏傳統的客家八音曲調外，客家山歌調也是演奏的重要曲調，也會接受賓客的「點歌」，曲調並不限於是八音曲調或客家山歌，也會點當時的流行歌曲，所以敢接結婚喜事場的客家八音團，都必須要有實力的才敢接。親朋好友亦可上臺請客家八音團伴奏演唱客家歌謠，現在結婚喜宴由客家八音團演奏已很少見。

（五）上燈、祭祖與謝媒

　　午宴後依日課先生看的時辰，新郎新娘要到新郎的祖堂行「上燈」、「祭祖」與「謝媒」的儀式。儀式中客家八音會在旁伴隨儀式之進行演奏。

　　上燈：（開始【大吹】，上燈時可演奏弦索調，講四句說好話音樂停，結束時【團圓】）。

　　上燈時由禮生喊「上燈」，禮生喊上燈時，由新郎的叔叔與舅舅一起將燈籠掛上，上燈先掛兩個男燈左右各一，掛好後再上女燈，女燈要靠近男燈在內側也是左右各一，上燈時禮生要「講四句說好話」。

15　陳運棟，民80，頁52。

拜祖：【弦索調】

準備「三牲」牲禮，由新郎父母或長輩陪同新人向祖先上香祭拜，並稟告祖先今天某某家的某某人嫁到我們家，希望祖先以後要庇祐，上香後敬酒、燒紙錢。

謝媒：【大團圓】

拜祖後新人再用托盤放一紅包，致送給媒人，媒人收「謝媒」禮時也要說「四句」好話。

（六）食新娘茶

早期結婚當天晚上，會擺桌準備茶點「食新娘茶」的習俗，食新娘茶可以進一步的認識親屬、地方士紳，並有鬧洞房之意，現在大家為求方便，大都在喜宴結束後，至親好友在家裡圍坐一起，新娘再為這些至親奉茶，順便再一次的介紹讓新娘認識，新娘奉茶時大家都要準備一包紅包給新娘，新娘也回敬一份薄禮給大家。

食新娘茶一般是在家前「禾埕」或前庭，擺一排長桌，桌上準備瓜果點心，親朋好友大家坐下來閑聊，新娘會端茶一一敬客人，接到新娘端的茶的人，要向新娘說好話，早期的人都會用「講四句」好話祝福新人，長輩也可以送一紅包給新娘。食新娘茶時，除了向新人說祝福的話，有些人也會故意整新娘或新郎，叫「鬧洞房」，當然不能太過分，「老太伯」就是怕鬧太過分要壓陣的，也會講一講新郎、新娘的過去等等，當然唱歌餘興是免不了的。食新娘茶是一個很輕鬆愉快的情景，可是對新人來說可能壓力很大，隨時都會有人會鬧新人，要如何應付也是很頭大的事，當然有經驗的媒人或「先生」，都會適時的為新人解圍，達到大家娛樂助興的目的，藉此也讓新娘能在愉快的氣氛中融入此家庭中。

「食新娘茶」時若有八音演奏，演奏的曲調就比較隨性，【弦索調】、【簫子調】、客家山歌、當代流行歌謠、演唱伴奏都有，雖然是輕鬆愉快的時光，但新人緊張，客家八音也是一大挑戰。最後結束時，八音要演奏【大團圓】作結束。

現在的「食新娘茶」，很少像以前在晚上排長桌準備點心「食新娘茶」，大都利用下午送客後，家人圍坐一起，新娘向家裡人敬茶認親，長輩們準備紅包給新娘，新娘也準備小禮物致贈給大家，沒有像以前還有外人參加熱熱鬧鬧的「食新娘茶」。

二、美濃福安庄張維富娶親祭祀儀典

美濃福安庄張維富與福美路吳啟裕結婚，兩人的結婚祭典是筆者紀錄許多客家結婚儀典中，較傳統也較完整的結婚儀典。以下將美濃地區張家與吳家傳統方式辦理的結婚，各項祭祀儀典與客家八音之運用情形作現場調查紀錄。

福安庄張維富民國 87 年二月結婚，父親張春福先生堅持要依傳統方式辦理，而且要請客家八音不用現代音樂，從前一天的敬外祖、還神祭典，到結婚當天最後的上燈、祭祖、謝媒，都請客家八音現場演奏，並依客家傳統結婚禮俗行之。

（一）敬外祖

結婚前一天下午準備金香牲禮祭品與彩旗，在鍾雲輝客家八音團沿路吹吹打打下，到「外祖」祖堂「敬外祖」與寺廟伯公壇敬神。祭祀方式與客家八音之運用情形與前所紀錄相似，儀式在此就不再贅述。

[上] 敬外祖 [中] 敬外祖祭品 [下] 敬內祖

「敬外祖」首先到同樣在福安庄，福安街西河堂的阿嬤外家祭拜，由舅公接待祭拜。接著到廣善堂祭拜，再到美濃廣林里凹下，清河堂外婆家敬外祖。然後回到福安庄頭伯公、媽祖廟、庄尾伯公祭拜。回到家時約在下午四點，最後再準備牲禮祭拜張家祖堂祖先「敬內祖」。

（二）「還神」祭典

1、結壇

　　傍晚五點多，在祖堂正對大門處結神壇，神桌擺鮮花素果等。因新郎外出請親友參加晚宴，由張父及幾位家人焚香敬告上天。【團圓響噠】【大團圓】

2、拜天公

　　拜天公祭壇設立三界，儀式約在 10 點 20 分開始。儀式從禮生帶領上香開始。

(1) 上香【響噠】

　　由禮生帶領大家上香祭拜，上香後執事生將香插到香爐內。【響噠】眾人跪拜【簫子調】鳴炮。

(2) 請神（請神開始吹號，念請神詞時音樂停，敬酒時奏簫子調）

　　由禮生誦念請神詞，請神後執事生敬酒，【簫子調】各人行三跪九叩首禮參拜後休息。

(3) 上香【簫子調】

　　全體人員上香，上香後行跪拜禮。

(4) 讀疏文（讀文時音樂停）

　　禮生跪著讀疏文，其他人亦跪著。（開始時吹號三次）讀畢行叩首禮。【簫子調】休息一下後，全體再上香。

(5) 庇祐（禮生誦念時音樂停）

　　禮生再念請神詞後段。

(6) 化財焚表文【吹場樂】【團圓】

天公金、長錢紙、表文、香爐的香留一支其他全收起，拿到前面空地焚化。回來後行叩首禮，叩首禮後不起來。

(7) 送神

禮生念送神詞。（音樂停）送神詞誦畢，行三跪九叩首禮後，將蠟燭火熄滅，拿一疊壽金拿到燒金處焚燒。儀式結束，收拾祭壇。【大團圓】

3、三獻禮祭典

拜天公儀式結束將祭壇的上下界搬至內壇與外壇。行三獻禮祭祖儀式。儀式前全體上香【響噠】，上香後參拜，一人拿茶到各壇前敬茶。【簫子調】兩位主祭者請禮生【團圓】後祭典開始。

通：諸生舉禮，諸生各司迺職，勿倦缺禮。主祭者就位，與祭者亦各就位。

通：盥洗。

引：引詣盥洗所，盥洗。復位。【團圓】

通：行降神禮

引：引詣降神所，降神。復位。【簫子調】

通：參神鞠躬，跪，叩首，再叩首，三叩首，起。跪，叩首，再叩首，六叩首，起。跪，叩首，再叩首，九叩首，起。【簫子調】

通：奏樂生擊鼓三通【擊三通鼓】。鳴金三點【打鑼三響】。奏大樂【小團圓】。奏小樂【簫子調】。連三年【吹號三聲】（鳴炮三響）。

通：執事者焚香禮酒，行香席禮。

引：詣香席前，跪，上香禮酒，叩首，再叩首，三叩首，起。【簫子調】

通：執事者酌酒奉饌，行初獻禮。

引：引——詣清河堂歷代祖先香位前，跪。進爵進祿，叩首，再叩首，三叩首起。復——位。【簫子調】

通：讀祝文

引：引——詣清河堂歷代祖先香位前，跪。讀祝文生亦跪，讀祝文【吹號一響】。祝文讀畢。叩首，再叩首，三叩首，高昇。跪，叩首，再叩首，六叩首，高昇。跪，叩首，再叩首，九叩首，高昇。復——位。【簫子調】

通：執事者酌酒奉饌，行亞獻禮。

引：引——詣清河堂歷代祖先香位前，跪。進爵進祿，叩首，再叩首，三叩首起。復——位。【簫子調】

通：執事者酌酒奉饌，行三獻禮。

迎娶

引：引——詣清河堂歷代祖先香位前，跪。進爵進祿，叩首，再叩首，三叩首起。復——位。【簫子調】

通：主祭者容身暫退位，與祭者分獻。

休息，各人可以參拜【簫子調】

通：主祭者復位

通：加爵祿【簫子調】

通：獻帛，執帛者執帛，讀祝者執祝，化財焚祝文。

引：引——詣，進財寶。復位【團圓】（放炮）

通：辭神鞠躬跪，叩首，再叩首，三叩首，起。跪，叩首，再叩首，六叩首，起。跪，叩首，再叩首，九叩首，起。【簫子調】

通：禮畢。獻生最後徒手鞠躬參拜，然後去向禮生致謝敬禮。【團圓】【大團圓】

儀式結束後將敬奉品、祭壇收起。

（三）插新娘花、上燈、拜祖、謝媒

上午出發迎娶，迎娶回來後，新娘在午餐前跟親屬長輩插新娘花。下午兩點多新郎新娘到祖堂，由禮生、新郎父母親帶領，行上燈、拜祖、謝媒儀式。【大吹】

張維富娶親全程用客家八音現場演奏，有時休息期間會用播放客家八音錄音帶，但從前一天的敬外祖，晚上的還神祭典，到結婚的迎娶、食晝（吃午餐）到上燈、拜祖、謝媒都是客家八音現場演奏。休息時段與食晝時，客家八音也會吹奏客家歌謠的曲調，如山歌子、平板、哥去採茶、正月牌、桃花開、思戀歌、月有情等客家歌謠。

三、美濃福美路吳啟裕結婚祭祀儀典

吳啟裕的父親吳文隆先生，在長子娶妻時依傳統禮俗行各項祭典，全程以傳統八音團來演奏。因此二兒子結婚時也照古例，要敬外祖、還神、上燈儀典，並以傳統八音團演奏音樂。

吳啟裕民國 87 年三月結婚時，各項祭祀儀典與客家八音的運用情形如下：

（一）敬外祖

結婚前一天下午，準備彩旗、金香紙燭、牲禮，客家八音演奏聲中去敬外祖，先到廣善堂敬神，接著到美濃永安路姓林慶餘堂，阿嬤（祖母）的外家敬外祖，再到美濃博愛街京兆堂宋屋祠堂，外婆家（母親的外家）敬外祖，然後到靈山下的美濃開基伯公，與金字面橋頭伯公敬伯公。新郎吳啟裕小時認給清泉佛堂觀世音菩薩作契子，因此結婚敬外祖時要來祭拜。清泉佛堂地方人一般稱為「樹妹哥」的齋堂。樹妹哥是創辦人。

清泉佛堂祭拜後回到家，再準備牲禮至祖堂祭拜祖先「敬內祖」。

（二）「還神」祭典

1、結壇【團圓響噠】

傍晚五點多快六點時在祖堂前結神壇，上香祭拜秉告。

2、拜天公

拜天公的禮生，由福安庄黃庚祥先生擔任，黃庚祥先生擔任廣善堂文書時間很長久。儀式開始禮生居中，新郎、新郎父親分在左右兩側，最前排三人，其餘親人在第二排後排列。執事生點香給大家後由禮生帶領大家。

(1) 上香祭拜，上香後執事生將香收起插到香爐內。【響噠】眾人跪拜【簫子調】鳴炮。

(2) 請神（誦請神詞時音樂停）

禮生誦念請神詞。其他人在旁站立，酌酒時執事生敬酒【簫子調】。請神後各人行三跪九叩首禮，參拜後休息【簫子調】。

全體人員復位，復位行跪拜禮。【簫子調】

(3) 讀疏文

禮生讀疏文，其他人跪著。【吹號一次】讀畢行叩首禮。【簫子調】

還天神表文（黃庚祥先生）

伏以

帝德大生成鴻麻共仰
天恩宏覆禱駿惠均沾

今據

臺灣省高雄縣○○區○○鎮○○里信士○○○等，誠惶誠恐，稽首上言，竊惟得喪窮通，有生莫違乎吉凶禍福，彼蒼實權，雖呵護之無私，終祈求之是切，是於○○年○○月○○日，為○○○事，叩天申禱，幸獲垂憐，果祈求之應爱，諏即日，仰答 天麻，敬修文表一封，伏乞，功曹使者，奏事童郎，轉奏于

昊天金闕玉皇大帝陛下暨列週天滿漢星君香座前
南無大慈大悲觀世音菩薩蓮下暨列諸位尊神香座前

伏惟

開張聖德，察納微言，賜此瀆陳錫之祉福，在家在外，雲集千祥，乃文乃武，百福駢臻，雖下民叩祈求之微意，願 上帝之護佑無窮，信等不勝沾感激仰之至，謹拜表共進以。

聞

結婚完神表文（黃庚祥先生）

伏冀

天恩事德，竊私柔民乃王化之原，禮乃人倫之始，由此瀆陳之錫（祉）福，在家在外，
雲集千祥，乃文乃武，百福駢臻，將為酒食以召客，宜先齋戒以告神，誠惶誠恐，稽首
頓首，謹以剛鬣柔毛，齋蔬菓品之儀，伏乞

上帝居歆，神保是格，由此誦桃葉之詩，必宜家而宜室，緬姜嫄之盛，應載育而載生，
惟祈麟趾，振振瓜瓞綿綿，信民等不勝瞻仰謹拜表以

聞

天運歲次民國○○年○○月○○日信士○○○等統合家人等稽首頓首百拜上申

許福表文 [16]（黃庚祥先生）

伏以

帝德大生成，四海荷駢蓁之福
天恩宏覆禱，萬民仰高厚之功
今據

臺灣省高雄縣○○區○○鎮○○里信士○○○等，○○事，誠惶誠恐，稽首頓首上言，
竊為人生既賦形氣于生成，猶復栽培於爾後，方能世盛，可獲吉祥，自愧未修片善，致
惹災愆，伏乞

上帝恩開一線，捍患除殃，愿作○善，或具豕羊，醴恩報答，敬書文表一套，伏乞，功
曹使者，奏事童郎，轉奏于

昊天金闕玉皇大帝陛下暨列週天滿漢星君寶殿前

伏惟，矜其無知，恕其狂瀆，下民縱多罪孽，使庇自新，俾于茲穀，佑我男沾百福女納
千祥，航海梯山人人享平安之福，民享物阜，家家蒙吉慶之庥，信等不勝感激沾恩，謹
拜表進以

16　筆者註：許福，祈福也。

聞

天運歲次民國○○年○○月○○日信士○○○等統合家（境）人等九叩上申

（黃庚祥提供 [17]）

(4) 庇祐（音樂停）

禮生再誦念請神詞後段。

(5) 化財焚表文【吹場樂】【團圓】

天公金、長錢紙、表文、神位、香爐的香留一支其他全收起，拿到前面空地焚化。【吹場樂】【團圓】化財焚表文回來行跪拜禮。【簫子調】

(6) 送神【大團圓】

禮生誦念送神詞。（音樂停）送神詞誦畢，行三跪九叩首禮後，將蠟燭火熄滅，拿一疊壽金拿到燒金處焚燒。收拾祭壇【大團圓】鳴炮。

請神詞（舊式）（黃庚祥先生）

伏以，日吉時良，天地開張，躬身下拜，立地焚香，香煙沉沉，神必降臨，香煙彩起，神通萬里，拜請，年值公曹，月值公曹，日值公曹，時值公曹，功曹使者，傳香童子，奏事童郎，呈奏上，昊天金闕玉皇大帝陛下，東極青華大帝，西極浩（昊）靈大帝，南極長星（生）大帝，北極紫微大帝，中極無量大帝，上元一品賜福天官，中元二品赦罪地官，三元三品解厄水官，驅瘟逐邪四品天官，日月兩宮天子，南北二斗星君，東西南北五方五斗星君，二十八宿星君，三十六禽星君，六十花甲星君，七十二曜星君，諸天滿漢星君。（再來拜請），本命元辰星君，本年太歲星君，賜福賜祿星君，添福添壽星

17 據美濃廣善堂文書生黃庚祥先生說：各式之疏文、表文與祝文，用紙大小並無強制規定，但是內容必須要符合共折六折，第一面書寫疏文、表文或祝文，最後一面書寫年月日信民…九叩上申。中間四面每一面要六行字（代表天、地、人、日、月、星，第一行是天），喪事或給孤魂的文要單行，一般是五行（代表生、老、病、苦、死）。牌位的字數也依（生、老、病、苦、死）要六或七字，在生、老處，例如：福德正神香位，福德正神香座位。

君，移花接木星君，移星轉斗星君，諸天三百六十五度星君，諸天列位星君。（再來拜請）天兵天將，地兵地將，雷兵雷將，岳兵岳將，風伯雨師，雷公雷母，四海龍王。

（再來拜請）中界南無大慈大悲觀世音菩薩蓮下，五穀神農大帝，五顯靈官大帝，三界伏魔大帝，平山漢帝公王，梅溪助國公王，隨來香火公主，天上聖母娘娘，千里眼順風耳，左把筆右判官，司命灶君，福德正神，德勝公爺爺，張蕭劉連四位聖君，三山國王，清水祖師爺爺。（再來拜請）東西南北把隘公王，本府本縣城隍爺爺，本境里社真官，招財童子，進寶童郎，值日虛空過往，有事通請，無事不敢焚香亂請。

今據臺灣省○○縣○○鄉（鎮）○○里○○街○○號，居住信士○○○合家人等，至意虔誠，當空結起蓮臺，焚香叩許，為○○○事。

上界虔備齋蔬菓品，香燭長錢萬貫，下界虔備豕羊五牲吹首，五牲禮物排列臺前，揀取○○年○○月○○日為○○○事。

請得諸位尊神座位，一請完當，二請禮當，三當去全，請得在天者騰雲駕霧，在地者推車駕馬，在水者搖船駕槳，撥開雲頭舍香降駕，請神不看自有般翠，請神不來香煙朝來，請得東來東座，西來西座，南來南座，北來北座，中心結起蓮花寶座，一來領受，二來庇佑。開壺酌酒。（執事者酌酒）（三跪九叩首）

請得眾位神多盞少，千神共盞，萬神共杯，中心無盞，兩頭傳來傳去，各各合座相容，再來酌上第二巡酒漿。（執事者酌酒）（三跪九叩首拜）

一來領受，二來庇佑，庇佑合家（合境）老幼安康，男增百福女納千祥，四時調和，六畜興旺，讀書者名登金榜，耕田者積鼓千倉，生意者財源廣進，再來酌上第三巡酒漿。
（執事者酌酒）（三跪九叩首拜）
（暫停休息）以後（奏表文）以後焚化財寶
（請神牌，焚表文長錢紙化財寶）留三支香

送神詞

年有十二月，酒有二三巡，金有財寶金帛，紅火化燒，打開財庫，共燒各領，分錢自由分錢童子，分錢童郎，主人却下，人生難滿，千詰萬詰不如交錢一詰，千屬萬屬，不如交錢一屬，難主馬頭，斬首馬腳。再來酌上美滿巡酒美滿巡漿。（執事者酌酒）（三跪九叩首拜）

尾滿巡酒，尾滿巡漿，胞滿巡酒，胞滿巡漿，壺中有酒，壺中甘告，碗中有酒，碗中甘誓，一點落地，眾神皆醉，小小酒筵不敢久留，來有三請，禮當一送，送得在天者迴天，在地者迴地，在水者迴水。再來奉送，東西南北方，有路歸路，有壇歸壇，有所歸所，各歸本位，後有所請，福座降臨。（三跪九叩首）禮神

（資料：黃庚祥先生提供。黃庚祥先生美濃鎮福安庄人，民國九年出生，二十歲時就到廣善堂當文書生不曾間斷，也是各種祭典的禮生）

請神詞（新式）（黃庚祥先生）

伏以，日吉時良，天地開張，躬身下拜，立地焚香，香煙沉沉，神必降臨，香煙彩起，神通萬里，拜請，年值公曹，月值公曹，日值公曹，時值公曹，功曹使者，虛空過往，神祇夜遊神將，請于傳香童子，奏事童郎，拜請，昊天金闕玉皇大帝陛下，三聖恩主，南北二斗星君，本命元辰星君，本年太歲星君，列于通天星君。再來拜請，統天地水三界大地，儒釋道三教聖賢，列于諸位先師，通天將士。再來拜請，中界南無大慈大悲觀世音菩薩蓮下，五穀神農大帝，五顯靈官大帝，三界伏魔大帝，平山漢地公王，隨來香火公王，清水祖師爺爺，再來拜請，天上聖母娘娘，張蕭劉連四位聖君，千里眼順風耳。再來拜請，本省府縣城隍爺爺，左把筆右判官。再來拜請，界上開基福德正神，庄頭庄中庄尾福德正神，再來拜請，簷前使者，門神戶慰、井灶龍君，見聞等眾，暨列各位尊神，一切降臨，有事通請，無事不敢亂請。今有臺灣省○○縣○○鄉（鎮）○○村（里）○○號信士，情因○○事，揀取○○年○○月○○日合家誠心稽首，虔具上界齋蔬菓品，香燭米酒，長錢萬貫，下界虔備豕羊豬首吹首，五牲禮物，排列臺前，闔家誠心致意，叩敬（報答）

天恩，請得眾位尊神，光臨下土，敢我愚民之忖敬，享我不腆之菲儀。

（到此請三轉止，以下文）

再來拜請，三請既全，請得眾位尊神，在天者騰雲駕霧，在地者推車駕馬，在水者搖船駕槳，有宮出宮，有殿出殿，撥開雲頭舍香降駕，到此壇前座位，開壺酌酒。（執事者酌酒）（三跪九叩首拜）
再來拜請，請得眾位尊神尊前，微筵歡納，伏冀至尊，有求必應，惠澤誠稱，再來酌上第二巡酒漿。（執事者酌酒）（三跪九叩首拜）
再來拜請，請得眾位尊神尊前，一來到座，二來領受，三來庇佑，庇佑闔家老幼平安康泰，再來酌上第三巡酒漿。（執事者酌酒）（三跪九叩首拜）

（休息一下奏表文）接下

再來拜請，請得眾位尊神尊前，伏乞恩光之希，慈悲允鑒，願祈再佈慈仁，闔室祥光，男增百福，女納千祥，讀書者名登金榜，耕農者五穀豐收，生意者財源廣進，士農工賈方方吉利，老幼康寧，六畜興旺，再來酌上尾滿巡酒尾滿巡漿，（三跪九叩首起）

再來拜請，請得昊天金闕玉皇錫福大天尊陛下暨列聖賢星君寶座前，中界南無大慈大悲觀世音菩薩蓮下暨列聖佛仙神寶座前，伏拜，請陞鑾駕，恭送高昇，異日叩求，伏望降臨（三跪九叩首起）

（請神牌，焚表文長錢紙化財寶）留三支香

送神祠

神通變化妙難言，至大虛空任往還，敬送天曹諸神佛，恭辭地府眾神仙，山川嶽瀆鍾神祇，院宇祠堂大聖賢，順敬逍遙多自在，請陞鑾駕各回天，來去留思，祈求降福，稽首頓首九叩上申（三跪九叩首）完畢[18]（黃庚祥禮生提供）

請神文（新式之二）（黃庚祥先生）

伏以

日吉時良，天地開張，躬身下拜，立地焚香，香煙沉沉，神必降臨，香煙彩起，神通萬里，拜請，年值公曹，月值公曹，日值公曹，時值公曹，功曹使者，虛空過往神祇，夜遊神將，請于傳香童子，奏事童郎，拜請，昊天金闕玉皇大帝陛下，三聖恩主，南北二斗星君，本命元辰星君，本年太歲星君，列于通天星君。再來拜請，統天地水三界大地，儒釋道三教聖賢，列于諸位先師，通天將士。再來拜請，中界南無大慈大悲觀世音菩薩蓮下，五穀神農皇帝，清水祖師，再來拜請，天上聖母娘娘，四位聖君，列于諸位公王，隨來香火公王，千里眼順風耳。再來拜請，本省府縣城隍爺爺，左把筆右判官。再來拜請，界上開基福德正神，庄頭庄中庄尾福德正神，中圳糧埤福德正神，列于福德正神。再來拜請，簷前使者，門神戶慰、井灶龍君，見聞等眾，暨列各位尊神，一切降臨，有事通請，無事不敢亂請。今有臺灣省○○縣○○鄉（鎮）○○村（里）○○號信士○○○，情因○○事，請得眾位尊神光臨下土，敢我愚民之忖敬，享我不腆之菲儀。（請三轉止，以下文）

再來拜請，三請既全，請得眾位尊神，在天者騰雲駕霧，在地者推車駕馬，在水者搖船駕槳，有宮出宮，有殿出殿，撥開雲頭舍香降駕，是于壇前座位，再來拜請，請得眾位

18　筆者註：此兩個新式請神文，摘錄自黃庚祥兩個不同手抄本中，內容都一樣，用字詞有些不同，顯見當時是憑記憶書寫紀錄下來的資料。

尊神到座，到此壇前開壺酌酒。（執事者酌酒）（三跪九叩首拜）

再來拜請，請得眾位尊神尊前，微筵歡納，伏冀至尊，有求必應，惠澤誠稱，再來酌上第二巡酒漿。（執事者酌酒）（三跪九叩首拜）

再來拜請，請得眾位尊神尊前，一來到座，二來領受，三來庇佑，庇佑闔家老幼平安康泰，再來酌上三巡酒漿。（執事者酌酒）（三跪九叩首拜）

（休息，以下奏表文）接下

再來拜請，請得眾位尊神尊前，伏乞恩光之希，慈悲允鑒，願祈再佈慈仁，闔室祥光，男沾百福女納千祥，讀書者名登金榜，耕農者五穀豐收，生意者財源廣進，士農工賈方方吉利，老幼康寧，六畜興旺，再來酌上尾滿巡酒尾滿巡漿，（三跪九叩首起）

再來拜請，請得昊天金闕玉皇錫福大天尊陛下暨列聖賢星君寶殿前，中界南無大慈大悲觀世音菩薩蓮下暨列聖佛仙神寶座前，伏拜，小小微筵不敢久留，來有清香迎奉，去有金財奉送，請陞鑾駕，恭送高昇，異日叩求，伏望降臨（三跪九叩首起）

（請神牌，焚表文長錢紙化財寶）留三支香

恭誦　　送神詩

神通變化妙難言，至大虛空任往還，敬送天曹諸聖佛，恭辭地府眾神仙，山川嶽瀆鍾神祇，院宇祠堂大聖賢，順敬逍遙多自在，請陞鑾駕各回天，來去留思去求降福，稽首頓首九叩上申（三跪九叩首）完畢（黃庚祥禮生提供）

（三）三獻禮祭祖

拜天公後將祭壇收起，祭品搬到內堂，下界祭品連祭壇搬到堂外，佈置妥當後執事者點香給眾人上香【響噠】，上香後執事者將眾人香收起插入香爐。【簫子調】儀式前新郎（主祭者）與陪祭者，先請禮生【小團圓】。請禮生後主祭者再旁等候。

祭祖行三獻禮方式與前類似，在此只紀錄儀式之過程與客家八音運用之曲調及配合演奏情形。

通：擊鼓三通【擊三通鼓】，鳴金三點【敲鑼三響】，奏大樂【小團圓】，奏小樂【倒疊板】，連三元【吹號三聲】，鳴炮。

通：主祭者就位。

通：盥洗。

通：行參神禮。【簫子調】

通：行香席禮。【簫子調】

通：行初獻禮。【簫子調】

通：讀祝文。【簫子調】

通：行亞獻禮。【簫子調】

通：行三獻禮。【簫子調】

通：主祭者容身暫退位，與祭者分獻。（眾人跪拜）

通：主祭者復位。

通：加爵祿。【簫子調】（再一一斟酒，最後要用酒灑在豬羊身上表敬意）

通：獻帛化財焚祝文燒金。【吹場樂】

通：辭神鞠躬。

通：禮畢。【小團圓】【大團圓】撤饌，鳴炮。

結束後獻生徒手鞠躬參拜，再去向禮生致謝敬禮。

（四）娶親與插新娘花

新娘住美濃鎮外六寮，上午出發迎娶，九點半出發。備彩旗一雙、大燈兩座、兔一對、禮盒等，八音車前導，新娘車居次，其他車載伴郎等人共有六部轎車前往迎娶。至女方家後新郎與新娘要到女方祖堂祭祖，祭祖後才上轎

彩旗一對

女燈　　　　　　　　　　　　　　　　男燈

迎娶回來，新娘在午餐前，由長者或媒人帶領跟親屬女性長輩插新娘花。

（五）上燈、拜祖、謝媒

因為鍾雲輝八音團下午還有另一家要敬外祖，因此將上燈儀式提前在午宴前行禮。

儀式先準備三牲牲禮，新郎新娘在父母或祖父長輩帶領到祖堂「祭祖」，祭拜祖先並向祖先稟告。【大吹】祭祖後再上燈【弦索調】，由叔叔、舅舅將燈籠掛上堂內的燈籠「燈樑」，上燈時要說「四句」的好話。接著拜父母（媒人說吉祥話）（音樂停）與謝媒後結束【團圓】。

上燈儀式　　　　　　　　　　　　　　上燈

（六）食畫（午宴）

中午的午宴音樂還是由客家八音演奏，八音演奏都是吹奏【弦索調】、【客家山歌調】與【客家小調】等音樂。

以傳統結婚儀式並請傳統客家八音全場演奏的結婚儀典，在現在客家地區已很少見。有長輩在，而且由長輩主導的結婚，或者小時曾許願結婚時要還願的才有可能以傳統方式行禮，現在的結婚典禮越來越簡單，也越來越西化，要再見到以傳統方式行結婚各項祭祀禮儀將越來越難了。

第二節、美濃春祈二月戲

二月戲由來已久，有說從清朝時遺留至今，由於農業時代罕有娛樂，二月戲已成為美濃庄一年一度最重大的的盛事，老一輩居民回憶，美濃庄做大戲，上、中、下三庄庄民中午必宴客，家家戶戶「辦桌辦凳」，四面八方的親友都會來到美濃給人請，時至今日二月戲已遂漸漸變成美濃庄傳統祭典活動。

一、客家人的伯公信仰

客家人稱福德正神土地公為伯公，在中國大陸也有許多的土地伯公，他們對土地伯公的信仰認為：「土地神為地域神，通常有兩種叫法，一叫土地伯公，一叫公王，土地伯公又細分為三種，一為龍神伯公，龍神伯公是自己住所地的土地神，因其神位安設在正堂祖牌下，故此神便稱為龍神伯公。龍神伯公是主管陰司中本屋地盤，抵禦一切外邪入侵，保衛全屋居民四季平安之神，因此，龍神伯公是拜祖神時應同時叩拜的神位之一。第二種叫田伯公，田伯公是耕種土地神，認為耕種的每塊田地都有一位神在暗中守護著，叩拜田伯公，意在祈求風調雨順、五穀豐登。第三種叫福德伯公，福德伯公設於屋外居民點與居民點之間相鄰的地方，是地域的管理神，是福祉之神，它們的設置基本是有極小的神牌位，高一、二尺的石板蓋的壇，

里社真官伯公

稱為伯公壇。」[19]

客家人對土地伯公的信仰成了生活中重要的一部分，美濃地區伯公信仰更甚，庄頭有庄頭伯公、庄尾有庄尾伯公，田頭有田頭伯公、田尾有田尾伯公，到處都有伯公壇，大大小小，大至如一座廟宇，小至一塊石頭。客家地區傳統的土地伯公壇造型是塚式的伯公壇，在美濃還保有不少塚式的伯公壇。還有掌管河川水口的「里社真官伯公」，以及特殊意義的「德勝公壇」等。美濃地區客家人伯公的信仰，已成了生活中重要的一部分。客家人走到伯公前都會自然的停下來肅立鞠個躬，不管是在何處的伯公，每個人均可上前上香奉茶，住在伯公附近的居民，早晚都會到伯公壇上香祭拜，逢年過節也會準備金香牲醴或粿品到伯公壇敬奉，感謝土地伯公之護佑，並祈求土地伯公賜福。雖然伯公可以接納任何地方的人，但是每座伯公仍有其特定的祭祀圈。

新的一年年初，一、二月時美濃各地區的伯公壇，都會舉行新年祈福的新年福敬伯公祭典，農曆二月二日或八月二日的伯公生，有些地區也會辦理敬伯公祭典，到了年底，各地區的伯公壇也會進行對土地伯公，隆重的滿年福「還福」祭典。傳統美濃客家庄，新年福、伯公生、滿年福祭典後次日的中午，伯公壇往往會辦理「登席」[20]，庄民參加聚餐吃平安福的筵席。美濃客家地區各庄頭、地區辦理的新年福、

19　張泉清，〈五華縣華城鎮湖田村張氏宗族與神明崇拜〉，勞格文主編，《客家傳統社會》，頁 679，北京中華書局，2005 年

20　登席：客家地區伯公生或地區性的公神，祭典後會辦宴席請大家，宴席的費用由大家平均分攤，主辦單位會估算每一人要分攤多少錢，福首或負責人會到區塊內各家戶去問要不要參加「登席」，要參加的就登記名字及人數（席次），不參加也不勉強，看要登記幾條（個）名字，就要交幾份的錢，一人份約幾百元而已。

伯公生、滿年福，都是由其祭祀圈內的人辦理，參與的人員也都是以祭祀圈內的人為主。

（一）新年福

農曆12月25日，美濃地區有些地方寺廟或土地公壇，會把附近的土地伯公一一請到廟內或壇內，到翌年一月15日再把請來的伯公送回，有些地區送伯公時間會不同，不一定是在一月15日。若是請到伯公壇的，有的地區會準備全豬、全羊及牲禮辦理敬伯公的「還神」祭典後再送回。

美濃地區伯公壇在農曆一、二月辦理「祈福」的「還神」祭典，客家人稱之為作「新年福」，「二月二日，城市鄉村斂錢演戲。賽當境土神，即古春祈穀之意」[21]，美濃地區新年福辦理的時間，並不一致，各伯公壇都有其固定的時間，有些是由年福首開會選定日子，或請「先生」看日子決定。新的一年「新年福」（祈福）儀式，各地區伯公壇大都是以客家人的「還神」祭典方式辦理。新年福並不是每個伯公壇都會辦理，原則上是以祭祀圈內的伯公壇一起聯合進行，由主要的伯公壇處辦理「還神」的祭祀儀典。

（二）伯公生

農曆二月二日或是農曆八月二日，是土地伯公的生日，當地人會準備祭祀物品，金香水果、牲禮等，到伯公壇祭拜敬奉，有些地區也會辦理較隆重的「還神」祭典。

屏東地區八月二日伯公生時，有許多地區都會進行伯公的「還神」祭典，在美濃地區八月二日則較少以「還神」祭典祭祀。

21　鳳山縣志，頁47。

（三）滿年福

從農曆 10 月 15 日開始，有些村庄就會舉行伯公壇的「還福」祭典，一直到農曆年底，都陸陸續續會有伯公壇舉行「滿年福」還福祭典。各地區伯公壇還福祭典都有其固定的時間，或由 年福首開會選祭典日期。美濃地區伯公的還福祭典，主要是在農曆 11 月 15 日左右。滿年福的「還福」祭典會以客家傳統的「還神」祭典方式辦理。

二、瀰濃庄春祈二月戲

美濃庄二月戲歷史由來已久，可能在開庄初期就已辦理，但是確實年代無從考證。在傳統農業社會時期，二月戲與祭河江的日子，是委請堪輿師就農曆二月擇定佳期良辰舉行，日本政府推行皇民化運動，禁止百姓祭拜傳統神祇，包括土地伯公、聖君爺等，二月戲因而被迫終止[22]。從劉敏昌先生保存，序文為已故上安里南柵門人林富期選述，及已故泰安里長邱欽盛抄錄的《歲次辛丑年起二月演戲彙簿》序文中可見「前年被日本酷政迫令，臺灣所有神祇廢除、燒毀，例如：每年春秋二祭，集福求安，禴祠烝嘗之禮，久廢不舉，茲乃光復伊始，我等父老耆紳，復舉祀神之道，鳩集眾士議定春秋二祭恭結壇場，迎請庄中福德正神及德勝公爺、土穀正神、里社真官一同享祀，以格神庥……」，可以看出美濃二月戲祭典，從歲次辛丑年（民國 50 年）之前就已經有在辦理，日治時期被迫停辦，何時開始停止，停辦多少年，未見佐資證明之資料。

又有傳說謂清朝時一位老阿伯在河邊走失了一頭牛，非常焦急，向河神發願說若找得到丟失的牛，將年年祭拜做大戲，結果牛竟然自己跑回來。老阿伯從此信守諾言，祭河神並演大戲，美濃庄人認為河神有靈，二月戲遂漸漸變成美濃庄傳統祭典，此傳說故事之真實性尚須再求證。

22　黃森松，〈春祈郊祭、祭河江、二月戲〉，《今日美濃雜誌》，頁 34，美濃，2001 年

舊時瀰濃庄與柚仔林庄，隔著美濃河，河面既寬且深，不似今日河道窄且水淺。由於兩庄往來密切，中壇、龍肚、南隆庄入美濃庄皆需渡美濃河。旱季時，就在東門樓下和花樹下分別搭竹橋通行，雨季水深時期，就在南柵門的渡船口，乘義渡竹筏往來。由於夏季雨量豐沛，雨季河水暴漲，常有意外發生。於是在每年農曆二月，美濃人掛紙（掃墓）時，舉行春祈平安福祭典及祭河神的儀式，一則酬謝瀰濃庄各伯公及河神伯公，一年來護佑瀰濃庄合境平安，再則祈求來年美濃河莫生水患，冤死河中之無祀男女孤魂，不再奪走人生命。同時請戲班演出，以酬謝各伯公及河神伯公。

《歲次辛丑年起二月演戲彙簿》

（一）二月戲辦理時間

早期國曆三月29日青年節有放假，二月戲辦理時間都固定在國曆三月29日辦理，自政府訂三月29日青年節不放假後，二月戲辦理時間則由福首開會，選定農曆二月份的休假日辦理[23]。早期演戲都演三天或三天以上，近幾年看戲的人少了，大戲只演出兩天大戲。

《歲次辛丑年起二月演戲彙簿》
內頁序文之一

（二）二月戲辦理地點

數十年來，二月戲都分別在美濃庄上庄東門橋旁、中庄美濃橋旁、下庄西門橋旁三地輪流舉辦。民國95年新建從美濃橋到合和里自強橋，沿美濃河的外環道路完成，同時福首亦開會決定，以後的辦理地點都固定在中庄美濃橋旁的菜市場辦理。

《歲次辛丑年起二月演戲彙簿》
內頁序文之二

---

23 張二文在《土地之歌美濃土地伯公的故事》一書中，頁184-185有記述美濃二月祭祭典，從民國50年至民國89年名稱及時間表。

（三）二月戲辦理方式

二月戲辦理內容主要是祭祀活動與大戲演出。

1、祭祀活動

美濃春祈二月戲祭祀活動，分別有：請伯公、祭河江、還神祭典、送福首[24]、送伯公五大項目。

2、大戲演出

早期以搭野臺戲臺方式，演出好幾天客家大戲。現在客家戲團不多，近幾年都是請閩南歌仔戲團來演出。

（四）美濃春祈二月祭的祭祀圈

美濃春祈二月祭屬於早期永安庄即瀰濃地區的祭祀活動，以現在的行政劃分，應該是中圳里、東門里、泰安里、瀰濃里、合和里的祭祀活動，但是現在美濃春祈二月戲之辦理，是以民國71年以前的行政劃分，東門里、泰安里、瀰濃里、合和里、上安里、永平里與中圳里[25]等七個里，為祭祀負責區塊，現在的行政區已無上安里與永平里，但二月戲的福首還是以此編制，若依所請的伯公，其祭祀圈應包含福安里與祿興里，但福首人選卻只是瀰濃庄內的七個里。

三、美濃春祈二月戲祭福神之祭祀禮儀

美濃春祈二月戲祭祀活動，分別有：請伯公、祭河江、還神祭典、送福首、送伯公等五大項目。以下將各項活動禮儀之進行與祭祀方式，及客家八音在祭祀活動中運用之曲調紀錄於下。

24　根據耆老的說法，美濃二月戲早期負責人不稱「福首」而是稱作「戲爐主」。
25　中圳里至民國六十九年才參加。

（一）請伯公

「請伯公」前，禮生會先將準備要請的13座伯公名稱書寫於紅紙，再將紅紙貼在一支寬約兩公分，長約20公分的竹片上。每一座伯公準備一包香，一疊壽金、一串鞭炮。當天下午，準備涼

春祈二月戲祭福神之禮生一行人前往恭請伯公

傘、彩旗及神轎，神轎內放一座「福德正神」牌位，牌位前放一個大香爐，由禮生帶領全體福首，在客家八音團音樂前導下，到瀰濃庄轄區境內的13座土地伯公一一請上轎回到壇前，接受祭祀並觀賞戲班的演出。

「請伯公」的儀式，來到伯公壇，負責拿彩旗的人先將彩旗放置於伯公壇外左右兩側，另一位福首將該伯公的伯公牌插到伯公壇的香爐中，眾人一起上香由禮生秉告，春祈二月戲欲請伯公，到哪裡接受祭祀並觀賞戲曲等事由，向伯公秉明，恭請伯公上轎迎回祭壇。上香稟告後再將香插於伯公壇香爐與天公爐，然後行三跪九叩首禮，接著燒金、鳴炮。最後禮生再帶領大家徒手拜拜，並向伯公秉告請伯公上轎，然後由一人將剛才插在香爐的伯公牌與一支香火，恭恭敬敬的拔起，拿到神轎插於神轎上的香爐內。請伯公儀式結束，拿起彩旗繼續請下一座伯公。

庄內13座伯公神牌

請伯公通常會先請開基伯公，然後依順路請曼陀羅土地伯公、德勝公爺、里社真官、楊寮下伯公、永安橋伯公、北至美檳榔園伯公、合和里福德祠伯公、

伯公壇

恭請柚仔林伯公儀式　　　　　　祭河江祭典

柚仔林伯公[26]、東門庄頭伯公、南柵門阿彌陀佛伯公、花樹下伯公、中圳糧埠伯公等
13 座伯公，每一處請伯公儀式約十分鐘，非常緊湊，13 處伯公都請上轎。回到祭典
地方，再把神轎上的神牌位與插著伯公神牌的香爐抬下，供奉在臨時搭設帳棚內的
神壇上，二月戲祭祀神壇上的神牌有三個，中間是福德正神牌位，左右各是里社真
官與德勝公神牌位[27]，壇下設有土地龍神。請伯公回來全體人員上香祭拜後，請伯公
儀式即告完成。

（二）祭河江

　　美濃二月戲的祭河江神祭典，是將 13 座伯公請回來就座上香後，再於美濃河擺
設祭壇進行祭河江的祭典。祭壇在河邊放置一張供桌，供桌內側掛上桌圍，桌前中
間放置一個香爐[28]，香爐內插著一座用紅紙做的『河江伯公里社真官暨列諸尊神香位
前』神牌，兩旁擺放一對鮮花、蠟燭，供桌上擺放豬頭、雞肉、豬肉、魚、蛋與冬粉，
水果、糖果各五盤、叛粿、酒等牲禮祭品。

26　柚仔林伯公在 94 年底，因新闢美濃橋到合和里自強橋沿美濃河的外環道路，把土地公壇及老榕樹都
　　破壞掉，已不見柚仔林伯公壇，伯公神位暫移至合和里福德祠。

27　內壇神位擺飾如頁 193 附圖。

28　香爐有用斗，也可只用一兩疊壽金當香爐插香用。

祭河江祭典由禮生帶領眾福首及其他人先上香祭拜【大吹】，上香後行跪拜禮致敬【弦索調】，接著由禮生誦念「祭河江文」[29]，禮生念「祭河江文」祝文時，可以開始燒「金衣紙錢」金紙。祝文念畢休息一下，化財進財寶燒的紙錢有「銀紙」、「九金」及「壽金」。禮生將祝文及神牌位、香拿到燒壽金處焚化，鳴炮。最後收拾祭品祭壇，祭河神祭典結束。【團圓】

（三）作大戲（演戲）

晚間八點鐘開始演戲，以前是請客家戲演出，要演出三天的大戲，現在因經費與其他因素，只演出兩天的大戲。到十點進行「還神」敬天公儀式時，戲團會配合敬神儀式「扮仙」，「扮仙」儀式結束，當天的大戲演出結束，第二天下午及晚上再繼續演出。

（四）「還神」祭典

美濃二月戲多年來，禮生都是請溫廷輝先生，溫先生雖然已經 80 多歲，他接到二月戲的工作時，他會主動的書寫二月戲祭壇的各個對聯，伯公牌、各個祭典的表文與祝文等。祭典的事宜他都會處理的很完善。民國 96 年初溫先生過世，雖然有些福首已經當過好多年，對禮儀的事宜還是比較陌生生疏，本單元之紀錄是溫廷輝先生當禮生之祭典紀錄。

1、結壇

祭河江結束後，在廣場前用三張八仙桌，四張長椅，面向外面架設上、下二界壇位。結壇時只擺設上界的神牌，牌位上書寫『昊天金闕玉皇大帝陛下暨列週天滿漢星君寶座位』，鮮花與簡單的敬奉品。

結壇儀式先由禮生帶領大家上香、稟告【團圓響噠】，上香後執事者奉茶再敬酒。【團圓】

29　祭河江祝文如表 5-13。

德勝公爺之神位

美譽濃列福德正神

水口里社真官神位

福與土並厚
福土地龍神香位
德德配地無疆

里社真官伯公結壇及祭品圖

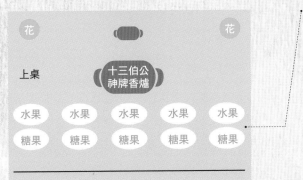

花　　　　　　　　　花

上桌　　十三伯公
　　　　神牌香爐

| 水果 | 水果 | 水果 | 水果 | 水果 |
| 糖果 | 糖果 | 糖果 | 糖果 | 糖果 |

下桌給民眾放敬奉品

桌　圍

拜墊　　　拜墊　　　拜墊

上桌供品（民95年）

1. 麻米老（甜零食）
2. 索果肢（甜零食）
3. 旺仔小饅頭
4. 桃子
5. 桔子
6. 糖果
7. 小餅乾
8. 哈密瓜
9. 蘋果
10. 李子
11. 風片粿
12. 水果兩籃左右各一

下桌供品

1. 水果
2. 金紙錢

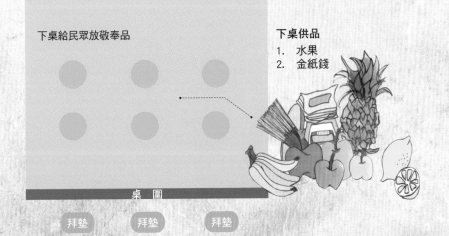

2、拜天公

晚上有大戲的演出，拜天公的祭壇設置好後，會等大戲的演出結束後再行禮。拜天公時大戲會「扮仙」。

拜天公設置上、下二界。上界的敬奉品有桃粄、錢粄，五碗飯，五盤糖果、水果與五行素食乾料。桌前內面圍上「桌圍」。下界神牌是「南無大慈大悲觀世音菩薩蓮下暨列諸尊神香席位」，敬奉品與上界一樣，桃粄、錢粄改紅龜粄與新丁粄。下桌擺放葷食五牲牲禮，兩旁各敬奉一隻全豬、全羊，羊旁再擺放一條魚，左豬右羊。桌前圍上「桌圍」，桌前擺放三張拜墊，給禮生及主祭者跪拜用的，後面再置放一些的拜墊，給其他人跪拜用。

溫廷輝禮生所做的拜天公儀式大致分成：上香，請神，讀表文，庇祐，化財、焚表章，送神等六段落。以下茲將拜天公儀式之行禮儀式與客家八音之運用情形記述於下。

(1) 上香【團圓響噠】、奉茶【簫子調】、敬酒【簫子調】

執事者點香分給眾福首與民眾，禮生帶領大家向天神壇上香，上香後執事者把大家的香收起，插到上、下界神牌前的香爐內。其他人行跪拜禮。【團圓響噠】接著兩位執事者向上下界敬奉三杯茶。【簫子調】再為神牌位前的酒杯敬酒五杯。【簫子調】最後執事者行跪拜禮後執事者站立於兩旁。

(2) 請神（開始吹號三次，請神中音樂停）

禮生站立於壇前中間位置，主祭與祭者站於左右兩旁，其他人站在後面。雙手合什由禮生誦念請神詞，【吹號角三次】恭請玉皇大帝、諸星君、觀世音菩薩及土地公、城隍爺等眾神明降臨。請神詞誦念三遍，最後禮生會說到「開壺酌酒」【簫子調】，執事者要上前為上下界酒杯中斟酒。再說到「再來酌上第二巡酒漿」時執事者要再斟酒。【簫子調】敬酒後禮生又再誦念請神詞，再說到「再來酌上第三巡酒漿」，【簫子調】執事者再敬酒，共三次敬酒。敬酒後大家行三跪九拜禮後休息。【簫子調】

請送神詞（溫廷輝先生）

請神

伏以

日吉時良，天地開張，虔誠下拜，立案焚香，香煙繞起，神知萬里，香煙沉沉，神必降臨，拜請，年值功曹，月值功曹，日值公曹，時值公曹，功曹使者，傳香童子，奏事童郎，為我奏上

昊天金闕玉皇大帝，東極青華大帝，西極浩靈大帝，南極長生大帝，北極紫微大帝，中極無量大帝，再來拜請，上元一品賜福天官，中元二品赦罪地官，下元三品解厄水官，再來拜請，日月兩宮天子太陽太陰星君，金木水火土五行星君，三十六曜星君，七十二曜星君，六十花甲星君，當年太歲星君，南斗星君，北斗星君，週天三百六十五度星君，一切降臨，再來拜請。

下界南無大慈大悲觀世音菩薩蓮下，五顯靈官大帝，五穀神農大帝，三界伏魔大帝，天上聖母娘娘，三山護國公王，梅溪護國公王，平山漢帝公王，各帶隨來香火公王，千里眼，順風耳，一切降臨。再來拜請，儒釋道歷代三教聖賢，三恩主師，張蕭劉連四位聖君，一切降臨。再來拜請，當府當縣城隍爺爺，手下把筆判官，本境本庄福德正神，上至溪源下至水口，社里真官，一切降臨，再來拜請，天地神明，日月星光，門前戶衛，簷前使者，井灶龍君，值日虛空過往見聞等眾，有事通請，無事不敢亂請。

今有下界凡民信士弟子○○○因于○○年○○月○○日當空叩許○○○○平安等事，茲捐吉日良辰，張燈結綵，謹獻微筵，用誠昭告，一請還當二請（從頭起再念一次）
二請還當三請（從頭起再念第三次）
三請既訖，四請既遍，各各在天者騰雲駕霧，在地者催車駕馬，在水者搖船駕槳，宮宮須到，殿殿通聞，遏開雲頭含香降駕，列位尊神，來到臺前，開壺酌酒。（上界下界酌酒完了後再念）

請神不著，自有段落，請神不到，快馬相報，請得東來東座，西來西座，南來南座，北來北座，中心結起，蓮花寶座，神多盞少，狹座相容，再來酌上第二巡酒漿。（又再上界下界酌酒後再念）

年有十二月，酒有二三巡，巡巡吉慶，巡巡甘納，再來酌上第三巡酒漿。

（又再上界下界酌酒後暫停，與主祭人等參拜）。
（參拜完畢奏讀表章，而表文讀完後始焚表燒金）
（溫廷輝禮生提供）

送神

兹有下界凡民信士弟子〇〇〇統合〇〇〇人等 因于〇〇〇平安等事，謹獻微筵，用誠昭告，再來酌上第美滿巡酒漿【又再上界下界酌酒後再念】

今家下老幼人等，切祈保佑，保佑老者，添福添壽，保佑少者，長江水流，男納千祥，女納百福，士農工商，各安其業，事事各遂其意，百事順適。再來保佑，六畜興旺，四時吉慶，五穀豐登，千祥雲集，百福駢臻。不拘圓毛扁毛，一母向前，百子隨後，小小酒筵，不敢久留，請有三請，禮當三送。各各在天者歸天，在地者歸地，有宮歸宮，各回雲頭，各回天宮。（大家禮拜）

以上告完神完畢（溫廷輝禮生提供）

(3) 讀表文（開始吹號一次，讀文時音樂停）

休息一下後，執事者點香分給福首與民眾，大家再上香祭拜，上香後執事者收香大家行三跪九叩禮，跪拜禮後大家繼續跪著，禮生亦跪著誦讀表文。表文用黃色紙書寫，所有參與或有捐助的人名字都要書寫上去，名單太多一張寫不完，會把福首姓名寫在表文上，其他的人名字就用另一張書寫，稱作副表。表文讀畢，全體行三跪九叩首禮。【簫子調】

附表 5-8

完神表文（溫廷輝先生）

完神表文

伏以

帝德巍峨　四海叨帡幪之福
神功浩蕩　萬民沾呵護之恩

今據

臺灣省高雄縣美濃鎮〇〇〇凡民信士弟子〇〇〇統合〇〇〇人等，因〇〇〇情，因于〇
年〇月〇日……當空叩許……平安等事

竊民等誕生中土 隸籍臺疆 自揣愚頑 毫無善行 但念
蒼天 豈寬容而無路 造物大生成 仁慈廣佈 天地攸好德 惠澤長流
今者 時維〇〇律中〇〇爰諏吉日之良辰 張燈結綵 淨卜瑤壇 用誠昭告

民等誠惶誠恐 稽首頓首

敬備

上界香花菓品 酥酡妙供
下界剛鬣柔毛（豬首牲禮） 膳饈菓品 香楮清酌之儀

恭向

值日虛空 過往見聞等眾
九天司命真君 轉奏
昊天金闕玉皇大帝陛下暨列週天滿漢星君寶殿前
南無大慈大悲觀世音菩薩蓮下暨列聖佛仙神座前

伏乞

玉闕銀樓以外 遙駕香車 三更本夜之中 通傳帝座 惟冀
聖駕遙臨 儼昭昭其在上
神旂乍拂 消災患于虛無 從茲千祥雲集 共慶民康 物阜之庥 佇見百福駢臻 同賡擊鼓 吹
豳之頌

民等 不勝瞻仰 切禱之至 謹拜表恭進以

聞

天運歲次〇年〇月〇日凡民信士弟子〇〇〇統合〇人等百拜上申

（溫廷輝禮生提供）

許福表文（溫廷輝先生）

伏以

帝德巍峨　四海叨荓幪之福
神功浩蕩　萬民沾呵護之恩

今據

臺灣省高雄縣美濃鎮〇〇〇凡民信士弟子〇〇〇，情因〇〇〇等事，

竊民不德，致干天怒，自揣愚頑，毫無善行，

但念

蒼天 鴻恩廣覆，寬容有路，天地攸好德，惠澤滂流，今者，時維〇〇月節，屆〇〇，爰
諏吉日之良辰，當空叩求，赦宥消災，避免禍患。

民等誠惶誠恐，稽首頓首，虔誠齋戒

敬備

膳饈菓品，香楮清酌之儀

竭誠恭向

南無大慈大悲觀世音菩薩暨列虛空過往神祇底

伏乞

玉闕銀樓以外，遙駕香車，三更本夜之中，通傳〇座 惟冀

聖駕遙臨，儼昭昭其在上

神旂乍拂，消災患于虛無，憐憫下民愚昧，消災化厄，逢凶化吉，從茲千祥雲集百福駢
臻，〇〇〇民等，不勝瞻仰，切禱之至，謹拜表恭進以

聞

天運歲次〇〇年〇〇月〇〇日凡民信士弟子〇〇〇統合〇人等百拜上申

（溫廷輝禮生提供）

滿年福疏文（溫廷輝先生）

伏以

帝德非遙一誠可達　清雲
皇仁不遠靜念能通　紫府
億兆有祈求，皇恩自降福

今據

臺灣省高雄縣美濃鎮〇〇〇祈恩集福沐恩信士，值年福首〇〇〇，俾信〇〇〇統合庄人等，為建太平滿年清福，報答天恩庇護事，即日誠心叩告于

帝德光中，具呈意旨，切思下民，生居中土，悉值人倫，荷乾坤覆載之深恩，叩日月照臨之厚德，愧無片善，仰答蒼穹

但念

蒼天，寬容有路，造物大生成，仁慈廣佈，天地攸好德，惠澤滂流。

今者，時維〇〇月節，屆〇〇，爰諏吉日良辰，恭就于

福神壇前，當空結綵，淨卜瑤壇，用誠昭告。

民等誠惶誠恐，稽首頓首。

虔具

上界香花菓品，酥酡妙供

下界剛鬣柔毛，膳饈菓品，香楮清酌之儀

恭向

本境福德正神　值日虛空見聞等眾

叩告

九天王府司命定福真君　殿前

轉奏

黃金金闕白玉京玄穹高上帝，玉皇錫福大天尊陛下，暨週天三清星君殿前

南無大慈大悲觀世音菩薩蓮下暨列聖佛仙神座前

伏乞

玉闕銀樓以外，遙駕香車，三更本夜之中，通傳帝座 惟冀

聖駕遙臨，儼昭昭其在上

神斾乍拂，消災患于虛無，從茲千祥雲集共慶民康，物阜之庥，佇見百福駢臻，同賡擊
鼓，吹豳之頌

民等不勝瞻仰，切禱之至，謹拜表恭進以

聞

天運歲次〇〇年〇〇月〇〇日凡民信士弟子〇〇〇統合〇人等百拜上申

（溫廷輝禮生提供）

春祈二月戲表文（溫廷輝先生）

伏以

帝德巍峨 四海叨荓蠓之福
神功浩蕩 萬民沾呵護之恩

今據

臺灣省高雄縣美濃鎮美濃凡民信士弟子二月春祈郊祭神恩福首鍾新貴陳喜祥劉芹桂林竹
雄張文禮林江民張富錦林作松鍾振豐楊正興林接清葉順興

統合境庄民等

情因于歲次調元丙戌年在於丙戌年中祈求神恩護佑合境平安四時吉慶五穀豐收風調雨順
國泰民安等事特揀于丙戌年農曆二月二十六日吉日良辰恭就于合和里河邊廣場淨壇張燈
結綵謹獻微筵為二月春祈郊祭神恩春祈福事

竊民等誕生中土造籍臺疆自揣愚頑毫無善行 但念

蒼天寬容有路 造物大生成 仁慈廣佈 天地攸好德 惠澤長流 今者

時維花月節屬仲春爰諏吉日良辰 張燈結綵 淨卜瑤壇 用誠昭告民等誠惶誠恐 稽首頓首

敬備

上界香花菓品　酥酡妙供
下界剛鬣柔毛豬首牲禮　膳饈菓品　香楮清酌之儀

恭向

值日虛空　過往見聞等眾

九天司命真君　轉奏

昊天金闕玉皇大帝陛下暨列週天滿漢星君寶殿前

南無大慈大悲觀世音菩薩蓮下暨列聖佛仙神座前

伏乞

玉闕銀樓以外　遙駕香輿　三更本夜之中

通傳

帝座　惟冀聖駕遙臨　儼昭昭其在上神旂乍拂　消災患于虛無　從茲千祥雲集　共慶民康　物
阜之庥　佇見百福駢臻　同賡擊鼓　吹豳之頌　民等

不勝瞻仰　切禱之至　謹拜祈福舒文恭進上以

聞

天運歲次丙戌民國九十五年農曆二月二十六日

凡民信士弟子二月春祈福首鍾新貴陳喜祥劉芹桂林竹雄張文禮林江民張富錦林作松鍾振
豐楊正興林接清葉順興統合境庄民等百拜上申

(4) 庇祐

　　禮生再誦念請神詞後段（音樂停），誦念至「再來酌上美滿神酒、美滿神漿」，
執事者再敬酒，大家參拜行三跪九叩禮。【簫子調】

(5) 化財、焚表文【吹場樂】【團圓】

　　將捲成元寶的金紙拿到空地，禮生拿一束壽金與表文，執事者將「長錢紙」拿
下，三界香爐內的香拔起只剩一支，若神牌是用紙書寫的也要把神牌拿起，一

起拿到空地燒金處，先燒金紙錢然後再將表文等一起焚化。最後鳴炮。

(6) 送神【小團圓】【大團圓】

焚化後，回到壇前，雙手合什由禮生誦念送神詞。誦念畢大家參拜後拜天公儀式結束。最後執事者將香爐內的香，拔起拿到化財處焚燒，蠟燭火搧息。

拜天公儀式結束後，壇位收起，上界的敬奉品搬移到內堂，下界的敬奉品及牲禮要抬到外堂，兩邊的豬、羊要調頭換位置面朝內，左豬右羊。

3、行三獻禮祭伯公

準備就緒，接著進行行三獻禮的祭祀儀式，「行禮」主要人員有通生、引生、禮生、執事者兩人、主祭、陪祭者。三獻禮祭典，只有上香時大家才參與，行禮時只有相關的祭祀人員進行祭典，其他人員在旁協助一些工作或休息。

三獻禮祭典儀式依序是：上香、請禮生、盥洗、降神、行香席禮、行初獻禮、讀祝文、行亞獻禮、行三獻禮、休息、上香、加爵祿、進財寶與焚祝文最後辭神結束。

上香【團圓響笛】

執事者點燃清香給大家一起上香，上香後執事者再把香收起，插入香爐內。

請禮生【團圓】

主祭者用「托盤」（內放祝文）請禮生，禮生將「托盤」收起，祝文拿到內堂神桌上放。開始行三獻禮祭典。

通：諸生舉禮，諸生各司迺職，勿倦缺禮。（引生、執事就定位）（八音不演奏）

通：奏樂者擊鼓三通【擊三通鼓】，鳴金三點【敲鑼三響】，奏大樂【小團圓】，奏小樂【簫子調】，連三年【吹號三聲】（鳴炮三響）。

通：主祭者就位，與祭者亦各就位。（主祭者、與祭者兩人就位，站祭壇前。）

通：盥洗。

引：引——詣盥洗所，盥洗（獻生跟著引生到臉盆前，手稍碰一下臉盆內的水，再摸一下毛巾，表示有洗手擦手了。）復——位【簫子調】

通：降神。

引：引——詣降神所，上香禮酒（執事者一人拿香一人拿酒，把香、酒拿到降神處交給兩位主祭者，獻生祭拜後將香、酒接下）復——位。【簫子調】有些在外面擺放長椅，椅上放臉盆，降神時就將香與酒放椅上。

通：執事者焚香禮酒，行香席禮。

引：于——香席前，跪，上香禮酒，（執事者把香、酒交給兩位獻生，祭拜後執事者再把香、酒接起，拿到前面爐內插香、將酒倒入酒杯中敬酒。）叩首，再叩首，三叩首，高昇。跪，叩首，再叩首，六叩首，高昇。跪，叩首，再叩首，九叩首，高昇。【簫子調】（直接在壇前跪下行禮）

通：執事生執爵奉饌，引生引獻生行初獻禮。

引：引——詣福德正神爺爺、里社真官爺爺、德勝公爺爺香席前，跪，進爵進祿。（執事把祭品一杯酒一盤肉拿著走到內堂，待獻生跪下後把祭品交給獻生，敬奉後執事接起肉放桌上，酒倒到祭壇酒杯內敬酒，再將外堂酒杯敬酒）叩首，再叩首，三叩首，高昇，復——位。【簫子調】

通：讀祝文。

美濃春祈二月戲祝文（溫廷輝先生）

祝文

維民國九十五年歲次丙戌月建辛卯越祭癸丑之良辰　今有二月春祈福首鍾新貴陳喜祥劉
芹桂林竹雄張文禮林江民張富錦林作松鍾振豐楊正興林接清葉順興

統合境庄民等

情因于歲次調元丙戌年在於丙戌年中祈求神恩護佑合境平安四時吉慶五穀豐登風調雨順
國泰民安二月春祈郊祭神恩福事　謹以

剛鬣柔毛豬首牲儀膳饈菓品　香楮清酌之儀

致祭于

福德正神暨列諸尊神香位前

祝言曰

恭維尊神　福庇萬姓　靈著一方　禦災捍患　物阜民康　萬巒高拱　保障金湯　恭迎福神　旂
幟堂皇　今逢二月春祈郊祭神恩福事　祭享村庄　春祈秋報　萬彙呈祥　從此四時吉慶　瑞繞
村庄　梨園曲唱　簫管鏗鏘　敬陳醴酒　宰豕烹羊　禮行三獻　肅整冠裳　黃童白叟　酌酒稱觴
以妥以侑　是享是將　伏祈降鑒　來格來嘗　神靈丕顯　默佑無疆　伏維

尚饗

美濃春祈二月戲祭河江伯公祝文（溫廷輝先生）

祭河江伯公祝文

維民國九十五年歲次丙戌月建辛卯越祭癸丑之良辰　今有二月春祈福首鍾新貴陳喜祥劉
芹桂林竹雄張文禮林江民張富錦林作松鍾振豐楊正興林接清葉順興

統合境庄民等

今逢例年二月春祈福事首為禮祭河江伯公主宰河川護佑兩岸無災物阜民康萬性尊敬拜祭
不忘今逢春祈吉日良辰　謹以

豬首牲儀膳饈菓品香楮清酌財帛之儀

致祭于

河江伯公

里社真官暨列諸尊神香位前

祝言曰

恭維

河江伯公 里社真官伯公尊神 威靈顯赫 福庇萬姓 靈著一方 禦災捍患 物阜民康 主宰河川 上流順暢 護佑兩岸無災 下流順暢 萬物皆賴以長養 禾苗菽粟菸葉茂盛 五穀共豐慶登

今逢二月春祈 特獻微筵 首為禮祭河江今逢二月春祈秋報 從茲四時吉慶 兆卜禎祥 濟濟信士 肅整冠裳 敬神醴酒 酌酒稱觴 以妥以侑 是享是將 伏祈降鑒 來格來嘗 神靈丕顯 默佑無疆 伏維

尚饗

祭祖祝文（溫廷輝先生）　附表 5-14

祝文

維

中華民國〇年歲次〇〇月建〇〇朔日〇〇越祭日〇〇之良辰 今有堂下裔孫〇〇〇統合家人等

謹以

剛鬣柔毛 膳饈菓品 香楮清酌之儀

致祭于

〇〇堂〇氏歷代高曾組考妣之神位前

而言曰

恭維

先靈 世澤綿長 千古垂訓 耕讀二方 先世遺德 其功是皇 爰居爰處 仁里築堂 先靈妥矣

俾熾俾昌（良時入宅　卜吉千祥）　濟濟後裔　酌酒稱觴　禮行三獻　烹豕宰羊　敬陳醴酒
來格來嘗　以妥以祐　是享是將　神靈丕顯　奕世流芳　伏維

尚饗（溫廷輝禮生提供）

祭祖祝文（溫廷輝先生）（二）

祭祖祝文

恭維

祖德　世澤綿長　根深葉茂　隨處宏昌　○○啟緒　業幟臺疆　緬維祖訓　耕讀有方　時維○
月　吉日時良　裔孫○○完婚　兆卜呈祥　以茲慶喜　敬告祖堂　禮行三獻　烹豕宰羊　黃童白
叟　酌酒稱觴　以妥以祐　是享是將　神靈獻赫　奕世流芳　伏維

尚饗

（溫廷輝禮生提供）

　　引：引——詣福德正神爺爺、里社真官爺爺、德勝公爺爺香席前，跪，讀祝文。
【讀祝文開始吹號一次，讀祝文中八音不演奏】祝文讀畢，叩首，再叩首，三叩首，
高昇。跪，叩首，再叩首，六叩首，高昇。跪，叩首，再叩首，九叩首，高昇，復
——位。【簫子調】

　　通：執事生執爵奉饌，引生引獻生行亞獻禮。

　　引：引——詣福德正神爺爺、里社真官爺爺、德勝公爺爺香席前，跪，進爵進
祿。（執事把祭品一杯酒一盤肉拿著走到內堂，待獻生跪下後把祭品交給獻生，敬
奉後執事接起肉放桌上，酒倒到祭壇酒杯內敬酒，再將外堂酒杯敬酒）叩首，再叩
首，三叩首，高昇，復——位。【簫子調】

　　通：執事生執爵奉饌，引生引獻生行三獻禮。

　　引：引——詣福德正神爺爺、里社真官爺爺、德勝公爺爺香席前，跪，進爵進
祿。（執事把祭品一杯酒一盤肉拿著走到內堂，待獻生跪下後把祭品交給獻生，敬

奉後執事接起肉放桌上，酒倒到祭壇酒杯內敬酒，再將外堂酒杯敬酒）叩首，再叩首，三叩首，高昇，復——位。【簫子調】

通：諸生容身暫退，各行分獻。（各司儀生各自參拜後休息）【簫子調】

執事者點香給大家上香。

通：諸生復位。（引生、執事、獻生就定位）

通：加爵祿。（執事者一人交一瓶酒給獻生）（獻生執酒往兩邊走至內堂，從內堂往外堂至每一個酒杯再一一敬酒，然後再到豬羊那裡，用酒在豬羊身上周圍灑一圈，回原位後將酒瓶交給執事者。）【簫子調】

通：獻帛，執事者執帛，讀祝者執祝，化財焚祝禮。

引：引——詣化財所，進財寶。（執事者各拿一疊壽金到燒金處交給獻生），（讀祝文生把祝文於香爐上焚化）【吹場樂】鳴炮。

通：辭神鞠躬，跪，叩首，再叩首，三叩首，高昇。跪，叩首，再叩首，六叩首，高昇。跪，叩首，再叩首，九叩首，高昇。

通：禮畢【小團圓】【大團圓】獻生最後鞠躬參拜，再去向禮生致謝敬禮。

結束後收拾祭品，豬羊翻過來，將豬肉分成 16 塊，送給 14 位福首以及禮生，祭祀之牲禮則送給八音團。

（五）送福首

明年二月戲的福首今年會先選出，各里推出兩名熱心人士擔任福首，福首人選通常是里長以及舊福首推薦，經得當事人的同意。福首必須要負責募款、請戲班、參加請伯公、祭河江、還神祭典、送福首、送伯公等祭祀活動。「送福首」是送福

肉給新福首，準備福肉、新丁粄、金、香、鞭炮、「紅西洋」[30]，由今年的福首與客家八音團，到新福首的家中送「福肉」。

送福首儀式是到新福首家的祖堂，把福肉、新丁粄、金香鞭炮、擺放祖堂桌上，將「紅西洋」掛在祖堂門上或披掛在祖先牌上，「紅西洋」有祈福與護佑平安之意。然後大家上香祭拜，稟告祖先榮任明年新福首，祭拜後燒金鳴炮。

客家八音團全程跟隨著祭拜的進行吹奏著八音音樂，沿途或其他時間八音都演奏【弦索調】，祭拜儀式結束時吹奏【小團圓】。14 個福首家都必須一一送到，若是續任的福首，有些續任舊福首會直接將福肉、金香等自行拿回祖堂祭拜，不須再勞煩大家送來祭拜。

（六）送伯公

送福首結束後，回到二月祭祭壇，準備 13 支較粗大隻的香，插於伯公牌的香爐內，全體人員一起先向祭壇上香稟告，要送各位伯公回壇，然後將福德正神牌位與插著 13 座伯公牌的香爐送上神轎。神轎、涼傘與彩旗在一車，另一部小貨車上載客家八音團，送伯公回壇。

送伯公要準備金、香、鞭炮、「紅西洋」，來到伯公壇，拿彩旗的人先將彩旗放置於伯公壇外左右兩側，一人將神轎香爐內的伯公牌連同一支香拔起插到伯公壇的香爐中，一人把「紅西洋」披掛在伯公神像或神牌上，然後眾人一起上香，由禮生秉告告訴伯公春祈二月戲請伯公到哪裡，現在請伯公回壇，上香後再燒金鳴炮，送伯公儀式結束，拿起彩旗繼續送下一個伯公，把 13 座伯公全部送回壇。

請伯公儀式通常會先請開基伯公，送伯公則後請先送，開基伯公最後送回。全部伯公送回壇後，神轎上的伯公神牌位要收起或翻轉過來，最後再將神轎、二月祭壇及應用工具收起。以前中午或晚上各家會辦桌請客，並請大家去看戲。現在會辦

30　「紅西洋」是一塊長三尺六寬一尺二的紅布。

桌請客的也不多了。

　　客家八音送伯公與送福首時，沿途或其他時間演奏【弦索調】，祭拜儀式結束時吹奏【小團圓】做結束。

第三節、客家祖堂與伯公壇陞座「還神」祭典

　　客家人對福德正神土地伯公稱之為「伯公」，伯公是護佑當地的神，也是大家的長者，客家人對伯公不像一般的神有疏離感，伯公的祭祀空間常是當地居民的活動、休閒空間。美濃地區客家傳統伯公壇是塚式的伯公壇，隨著社會的變遷，保持傳統塚式建築的伯公壇已所剩無幾，大部分的伯公壇都修改建成廟宇式的伯公壇。伯公壇落成時會行陞座儀式與「還神」祭典。

　　客家祖堂不只是家族的祭祀空間，也是該家族精神維繫之中心。家族成員因工作或其他因素定居於外地，過年過節還是會回到家族祖堂祭祀，新建房舍時可能會新增建祖堂，而將祖先「分香」過來。

一、祖堂陞座祭典

　　民國 92 年，美濃雙峰街吳家，舊房舍改建，改建成三合院式，中間並增建後有化胎的祖堂。吳家原來祖堂在美濃永安路，過年過節時要回永安路祖堂祭拜，現在居住雙峰街的家族也有好幾代了，趁此房舍改建時建祖堂，將祖靈請來以後自行祭拜祖先。堪輿師是張貴和先生，還神祭典禮生請陳秀財先生，祭典從下午至老祖堂請香火開始。

（一）請香火

　　準備金香、牲禮、水果、糖果與粄菓，用兩個攑放著，新的香爐用花菜籃提著，由一對彩旗前導，客家八音沿途奏樂，到美濃永安路（下庄）吳家至德堂祠堂。到

達後將彩旗擺放於祠堂前兩旁門口，牲禮、水果、糖果、粄粿與新香爐擺放於供桌上。

1、上香稟告（音樂停）

請香火儀式全體人員先上香，上香時由家族中長輩向祖先稟告，今天來絜拜的目的，請香火至何處。（稟告時音樂停）上香稟告後香先不插入香爐。

2、請香火【弦索調】

請香火又稱「轉火」，由「先生」將祖堂香爐內的香灰，用湯匙舀一些到花菜籃內的新香爐內，另外用紅包袋裝一些香灰，裝香灰的紅包袋也放在香爐內。【弦索調】香灰都裝好後再將絜拜的香插入各香爐內，新的香爐也要插入一支大的香。【弦索調】

3、敬酒【弦索調】

敬酒後休息【弦索調】，敬過三巡酒後，由長輩在雙手合什稟告，而後收拾絜品。【團圓】家族中長者捧著香爐，在彩旗前導與客家八音團沿途吹吹打打奏樂下搭車回新祖堂。【弦索調】

香火請回後先放在堂外桌上（朝外），再供奉一些糖果、水果供品，然後大家上香絜拜，（上香時八音停）上香後將香插於請回香火的香爐內。【弦索調】【團圓】結束。

（二）土地龍神開光

堪輿師與道士（按：無著道士服，沒拿法器，也不像法師或乩童，不知稱謂為何，姑且以道士稱之）一起，道士用金紙點火施法念咒，將祖牌下的土地龍神開光。開光後將從祖堂請回用壽金紙包著的香灰倒入土地龍神香爐內。

（三）結壇

搭設晚上要拜天公的祭壇，結壇時上、中、下三界的桌子先搭好，但神牌位與

敬奉祭品只設置上界的。結壇時上界也只簡單敬奉五盤糖菓而已。

結壇儀式全體人員先上香致敬【團圓響噠】，由禮生秉告，秉告後將香插於上界香爐內。【響噠】再敬酒【響噠】奉茶【響噠】化財【響噠】鳴炮後結束結壇儀式。

（四）謝先師：（叩謝地理師、泥水師、木匠師）

先師桌擺放於堂外禾埕，面向外，香爐內插著書寫著先師名的紙製神牌，桌上供奉牲禮、水果、糖果與粄菓等敬奉品。

謝先師儀式由堪輿師帶領大家：

1、先上香致敬，【弦索調】拜過後大家還是手持著香。
2、接著由堪輿師誦請先師，詞誦請三次（音樂停）。請先師詞誦三次畢，大家手持香再拜，將一些香插於香爐。【弦索調】執事者敬酒，大家手持香走到請來的香火爐桌前。【弦索調】

（五）祖牌開光點眼

1、上香【弦索調】

到香火爐桌前大家先上香敬拜，拜過後大家還是手持著香。【弦索調】

2、請祖師（音樂停）

由堪輿師誦請開光祖師。

3、開光點眼（音樂停）

堪輿師至用紅紙遮蓋著的祖牌，誦念點眼詞，一點東方……、二點西方……、三點南方……、再點北方……，五點中央……，點眼說吉祥話，家屬要大聲答「有」，然後將紅紙取下[31]。接著點第二面、第三面祖牌。

31　也有先取下紅紙後再點眼。

4、請祖師

開光點眼後，再誦念請祖師詞，誦念畢將一些香插香爐，其他人拜拜，上香，大家再走進到祖堂內。【弦索調】

（六）請土地龍神登位

客家人祖堂內的祖先牌位下，會設立土地龍神。大家走到祖堂內向土地龍神上香敬拜，先生站於土地龍神前誦請土地龍神詞三遍請土地龍神。誦請畢，大家手持香再拜，一些香插於土地龍神香爐內。

（七）請門神

門口擺放一張桌子，上面供奉五盤糖果。大家到門口站於堂外面向堂門。上香後先生誦念請門神詞請門神。誦畢，大家將香收起插入各香爐內。（請畢八音吹奏【團圓】）。

（八）開龍門（開堂門）

開龍門前先將祖堂門關上，「先生」至先師壇禮拜，拜過後將羅盤拿起，到祖牌再拜，然後到堂門前。「先生」到堂門前面向堂門，誦念開龍門詞，一位屬龍、一位屬虎的兩人在門後，（八音停）誦念畢用手將門推開，龍虎兩人將門拉開開龍門。【吹號三響】接著吹奏【吹場樂】開龍門「先生」要說吉祥好話。

（九）陞座

開龍門後，將祖牌請入堂內陞座。依序是蠟燭，茶，香爐，祖先牌位，牌位由家族中長者捧。其他人端著水果或提著金香進入，每人都拿著一項物品不能空手，

進入後先將祖牌就定位擺放好，再將香爐擺放定位，接著茶杯、蠟燭擺放定位。[32]

　　就定位後點香給大家上香祭拜。【弦索調】「先生」誦念陞座詞，誦念畢，【弦索調】將三支大香插於祖牌香爐，一支插土地龍神，有些插門神與天公爐。敬酒也要說吉祥話，敬三次。接著要上燈，上燈由屬龍與虎的兩人將燈籠掛於燈籠棟上，上燈要說吉祥話。上燈的花帶繩每條要九呎九長，可以先對折，不能用繞的綁，直接在上綁活結。張松和先生說：「燈籠綁的鬆，全家生活就過的越輕鬆。」【團圓】上燈後再面向祖牌由「先生」呼龍，一要……至十要……的吉祥話，每呼一個大家要齊聲說：「有」。

（十）送先師

　　大家再到先師壇上香致敬，「先生」再誦念送先師詞。誦畢化財燒金，並將先師牌焚化。將祭品與壇位收起，結束祖牌陞座儀式。【弦索調】

二、祖堂陞座「還神」祭典

　　新建祖堂將祖先牌位陞座後要行「還神」祭典，在傍晚還沒陞座之前，「還神」祭典先有結壇儀式，祖牌陞座後繼續行「還神」祭典的拜天公與行三獻禮祭祖儀式。祖牌陞座儀式是由堪輿師或祖牌雕刻師主持當「先生」，「還神」祭典則由另外行禮之禮生主持。

32　張松和先生的祖牌陞座儀式，除水果牲禮外要準備五項：1. 帶根帶葉長命草兩束與芋頭兩棵，綁紅紙條，同放一盤內，「長命富貴」之意。2. 種子兩袋，同放一盤內，「五穀豐登」之意。3. 鐵釘（鋼釘）與十元錢幣36個，同放一盤內。「財丁兩旺」之意。4. 金戒指或金項鍊一個，放一盤內。「金銀財寶」之意。5. 文房四寶與花布帶。「帶子帶孫」之意。

（一）拜天公祭典

　　吳家新建祖堂「還神」祭典，拜天公儀式禮生是陳秀彩先生，祭壇依傳統方式設立三界。行禮儀式從上香開始。

1、上香、奉茶、敬酒

　　禮生帶領大家上香祭拜【響噠】，上香後將香插到香爐內。執事者奉茶與敬酒【簫子調】大家再行三跪九叩首禮。【簫子調】

2、請神

　　禮生手持一支香跪著誦念請神詞[33]，（開始時吹號一次）其他人雙手合什跪著。（請神時音樂停）禮生念酌酒時執事者敬酒，敬酒時【簫子調】請三次。請神畢禮生將香插入香爐，大家行三跪九叩首禮後休息【簫子調】

附表 5-15

請神詞（古式）（陳秀彩禮生）

伏以，日吉時良，天地開張，躬身下拜，立地焚香，香煙沉沉，神必降臨，香煙裁起，神通萬里。拜請，年值功[34]曹，月值功曹，日值功曹，時值功曹，功曹使者，傳香童子，奏事童郎，叩求九天司命真君，代民轉奏于

昊天金闕玉皇大帝陛下。東極青華大帝，西極昊靈大帝，南極長生大帝，北極紫薇大帝，中極仁聖大帝，拜請，上元一品賜福天官，中元二品赦罪地官，下元三品消災解厄水官，驅瘟逐邪四品天官。拜請，日月兩宮，太陽太陰星君，南北二斗星君，二十八宿星君，三十六禽星君，六十花甲星君，七十二曜星君，注福注祿星君，注富注貴星君，注人長壽星君，消災降福星君，移花接木星君，本命年辰星君，當年太歲星君，值日尊神。再來拜請，天兵天將，地兵地將，雷兵雷將，岳兵岳將，文兵武將，文武周公子，四大聖賢，一切神祇，各請降臨。再來拜請，中界南無大慈大悲觀世音菩薩蓮下，玉封五穀神農大帝，五顯靈官大帝，三界伏魔大帝，玄天上帝，關聖帝君，封天上聖母娘娘，梅溪助國公王，騎龍騎虎公王，哪吒三太子爹爹，張蕭劉連四位聖君，十殿閻王，遊宮出宮，遊殿出殿。再來拜請，本縣城隍爹爹，千里眼順風耳，左把筆右判官，上至溪源，下至水口，把溢靈應公王，本庄福德正神，山頭山尾福德正神，圳頭圳尾，橋頭橋尾，田頭田尾，伯公伯婆，伯子伯孫，值日虛空過往，簪前使者，門神門戶、井、灶龍君，見聞等眾，

33　陳秀財禮生請神詞摘錄於表 5-15

34　原文稿書寫公曹

有事通請，無事不敢焚香亂請。今有臺灣省○○縣○○鄉（鎮）沐恩信士○○○，○○年○○日當空祈求福愿，當空結起酬報神恩，上界謹具齋蔬果品，長錢萬貫，文書一套，中界謹具全豬全羊豬首，伏冀降臨，一請還當二請，二請還當三請，請得在天者騰雲駕霧，在地者推車駕馬，在水者搖船駕槳，在宮者離宮出宮，在殿者離殿出殿，宮宮都到，殿殿通文，撥開雲頭舍香降駕，諸位星君，諸位星神，駕降臺前，開壺酌酒。（執事者酌酒後又請）再請

一來到座，駐馬停鞭，請得東來東座，西來西座，南來南座，北來北座，中心結起蓮花寶座，千神共盞，萬神共杯，神多盞小，合座相容。再來酌上第二巡酒漿。（執事者酌酒後覆請）

求壽者壽比南山，求嗣者早降麟兒，求讀書者名登金榜，求耕田者積穀千倉，求生意者多錢收入，出外者多逢貴人，方方吉利，好事保佑，歪事避開，再來酌上美滿巡酒漿。（執事者酌酒）

（陳秀彩禮生提供）

請神詞（簡式）（陳秀彩禮生）

拜請，值日天地神聖，日月星光，虛空過往見聞等眾神，門神、井、灶龍君神祇一切，有事全請，無事不敢亂請。今有臺灣省○○縣○○鄉（鎮）信士○○○……，○年○日當空叩許，向聖佛尊神祈求，福應叩蒙庇祐移凶化吉，深恩久曠，銘刻難忘，捐於○年○月○日，虔備剛鬣柔毛、豬首牲禮、齋蔬果品、香燭茶酒、膳饈清酌之儀。一請禮當，二請禮當，三請既乞，四請暨列週天者騰雲駕霧，在地者推車駕馬，在水者搖船駕槳，撥開雲頭舍香降駕，請得東來東座，西來西座，南來南座，北來北座，中心蓮花寶座，到此座位。（禮拜）【共請三次】開壺　酌酒

（陳秀彩禮生提供）

送神

紙錢已過，神不久留，酒冷無氣，夙冷無味，小小酒筵，不敢久留，來有三請，去有一送，送得各位星君，各位尊神，在天曹者歸天曹，在地府者歸地府，在水宮者歸水宮，在殿者歸殿，在壇者歸壇，無壇者歸所，年有十二月，酒有二三巡，來去留恩，去求降福，奉申　送神（陳秀彩禮生提供）

送神

神通變化妙難言，至大虛空任往還，敬送天曹諸聖佛，恭辭地府眾神仙，山川嶽瀆忠神祇，院宇池塘大聖賢，勝境逍遙多自在，請陛鑾輅各回天，來既留恩，去求降福，誠心百拜奉申，壽星增福壽，壽祝奏大千，風調雨順，闔家平安。

3、讀疏文

休息後禮生再帶領大家行三跪九叩首禮。【簫子調】叩首最後禮生與其他人跪著，禮生讀疏文，（開始時吹號一次，讀疏文不奏樂）讀畢行跪拜叩首禮。【簫子調】讀疏文後休息。

4、再上香【簫子調】

執事者點香給大家再上香，上香後執事者將大家香收起插香爐，剩禮生與主祭者手上還持香，其他人徒手。

5、庇祐

禮生念請神詞後段。（音樂停）誦畢將香收起插入香爐內，執事者敬酒，大家行跪拜禮。【簫子調】

6、化財焚表文

將長錢紙、疏文、神牌收起，放到托盤內，香爐的香留一支其他全收起，在壇前先拜過後再拿到前面空地與金紙錢一起焚化。【吹場樂】【團圓】

7、送神

回來後大家行叩首禮。【簫子調】叩首禮後不起來，跪著由禮生誦念送神詞。（音樂停）送神詞誦畢，行三跪九叩首禮，然後將蠟燭火熄滅，香爐的香拔起插入天公爐，拿一疊壽金拿到燒金處焚燒，收拾祭品祭壇。【大團圓】

（二）三獻禮祭祖儀式

拜天公結束後上下界敬奉品搬至內壇與外壇。行三獻禮祭祖祭典，祭典開始全體先上香祭拜，【響噠】上香後行跪拜禮。兩位主祭者用拖盤內放祝文請禮生，禮生接過托盤後拿到內堂放。【團圓】儀式開始，通生先站在內堂。

通：日吉時良，良辰吉日，諸生舉禮，諸生各司迺職，勿倦缺禮。

通：奏樂生擊鼓三通【擊三通鼓】。鳴金三點【打鑼三響】。奏大樂【小團圓】。奏小樂【簫子調】。連三年【吹號三聲】（鳴炮三響）。

通：主祭者就位，與祭者亦各就位。執事者各就其事。

通：盥洗。

引：引──詣盥洗所，盥洗。復位。【團圓】

通：降神。

引：引──詣降神所，降神。復位。【簫子調】

通：參神鞠躬，跪，叩首，再叩首，三叩首，起。跪，叩首，再叩首，六叩首，起。跪，叩首，再叩首，九叩首，起。【簫子調】

通：執事者焚香禮酒，行香席禮。

引：詣香席前，跪，上香禮酒，叩首，再叩首，三叩首，起。【簫子調】

通：執事者酌酒奉饌，行初獻禮。

引：引──詣渤海堂吳氏歷代列祖香位前，跪。進爵進祿，叩首，再叩首，三叩首起。復──位。【簫子調】

通：讀祝文。

引：引──詣渤海堂吳氏歷代列祖香位前，跪。讀祝文【吹號一響】（禮生站於祖牌前讀祝文）。祝文讀畢。叩首，再叩首，三叩首，高昇。跪，叩首，再叩首，六叩首，高昇。跪，叩首，再叩首，九叩首，高昇。復──位。【簫子調】

通：執事者酌酒奉饌，行亞獻禮。

引：引──詣渤海堂吳氏歷代列祖香位前，跪。進爵進祿，叩首，再叩首，三叩首起。復──位。【簫子調】

通：執事者酌酒奉饌，行三獻禮。

引：引——詣渤海堂吳氏歷代列祖香位前，跪。進爵進祿，叩首，再叩首，三叩首起。復——位。【簫子調】

通：主祭者容身暫退位，與祭者分獻。

休息，家人參拜【簫子調】

通：主祭者復位。

通：加爵祿：兩位主祭者各拿一瓶酒，至各酒杯再一一斟酒，最後至豬羊繞一圈倒酒。【簫子調】

通：獻帛，執帛者執帛，讀祝者執祝，化財焚祝文。

引：引——詣，化財所進財寶。復位【吹場樂】、【團圓】。

通：辭神鞠躬跪，叩首，再叩首，三叩首，起。跪，叩首，再叩首，六叩首，起。跪，叩首，再叩首，九叩首，起。【簫子調】

通：禮畢【團圓】【大團圓】

獻生最後徒手鞠躬參拜，再去向禮生敬禮致謝。儀式結束後將敬奉品、祭壇收起。準備鹹稀飯給大家吃宵夜。

同年七月福安庄楊家祖堂也改建陞座，禮生是宋永城與潘文興先生[35]，福安楊家祖堂陞座祭典本文就不再贅述。

---

35 潘文興先生是宋永城先生的女婿，潘文興先生還神祭典是由宋永城先生指導，現在大部分的還神祭典都是由潘文興先生在辦理。

祭眾尊神祝文臺式 （陳秀彩禮生提供）

祝文

維

皇〇天運歲次〇〇月建〇〇朔日〇〇越祭日〇〇之良辰，今有〇〇庄（或〇〇堂下）眾神〇〇庄信士福首〇〇統帶合境（祭祖〇〇堂下裔孫〇〇統帶合家），人〇〇〇等，即日誠惶誠恐，表陳微意。

謹以

剛鬣柔毛（豬首牲禮），膳饈菓品，香楮清酌之儀。

致祭于

〇〇庄〇〇神暨列眾位尊神香座前（此行另寫中行標掛）

讚言曰（此段祭福德正神文）

恭維

正神穆穆煌煌，福沾萬姓，德被一方，雞犬桑麻，久籍祥和之福，士農工賈，早登歌舞之場，茲值仲（春寅日）（秋歲熟）（冬穀旦）聊酹[36]返駕神光，薄陳俎豆，鞠意焚香，兆民齊意，肅穆冠裳，拱向壇遺，而瞻拜，盤管鏗鏘，祇盡誠而叩答，表獻豕羊，伏冀。

神光降鑒，笑納壺將，永庇庶姓，錫福無疆，為茲不腆，來格來嘗。

尚饗

成婚祭祖祝文 （陳秀彩禮生提供）

祝文

恭維

我祖厚德留芳，追念高曾聿修厥德，為我後裔感沐恩光，茲值裔孫〇〇迎婚喜事，衣冠肅肅鼓樂，為酒為醴，以豬以羊，禮行三獻，麟趾呈祥，伏冀綿延世澤，惟祈富貴久長，來格來嘗，伏冀

---

36 酹：同酬

尚饗

成婚祭祖祝文（二）

恭維

祖德 世澤綿長 根深葉茂 隨處宏昌 ○○啟緒 業幟臺疆 緬維祖訓 耕讀有方 時維○月 吉日時良 裔孫○○完婚 兆卜呈祥 以茲慶喜 敬告祖堂 禮行三獻 烹豕宰羊 黃童白叟 酌酒稱觴 以妥以祐 是享是將 神靈獻赫 奕世流芳 伏維

尚饗

（陳秀彩禮生提供）

成婚祭祖祝文（陳秀彩禮生提供）

成婚祭祖祝文 [37]

恭維

我祖厚德留芳，追念高曾聿修厥德，為我後裔感沐恩光，茲值裔孫○○迎婚喜事，衣冠 肅肅鼓樂，為酒為醴，以豬以羊，禮行三獻，麟趾呈祥，伏冀綿延世澤，惟祈富貴久長， 來格來嘗，伏冀

尚饗

祝文

恭維

祖德 世澤綿長 根深葉茂 隨處宏昌 ○○啟緒 業幟臺疆 緬維祖訓 耕讀有方 時維○月 吉日時良 裔孫○○完婚 兆卜呈祥 以茲慶喜 敬告祖堂 禮行三獻 烹豕宰羊 黃童白叟 酌酒稱觴 以妥以祐 是享是將 神靈獻赫 奕世流芳 伏維

尚饗

（陳秀彩禮生提供）

---

37 不同禮生會有不同的祝文，同一禮生也會因主家的不同而不同。

三、攔埤伯公陞座「還神」祭典

美濃中圳里與泰安里交界處，在中正湖排水圳旁的荒地角落，有個小小的土地伯公壇「攔埤伯公」，「攔埤伯公」只有一塊石碑，前面一個小香爐，伯公石碑前有三塊石頭舖的祭壇，整個空間不到半坪大，旁邊荒草蔓蔓，小小伯公壇實在不起眼，有人在旁放一個小鐵筒，內放的金香，偶而會有人去上香祭拜。

攔埤伯公壇重建工作，透過兩個里長與祭祀圈內的耆老，新伯公祠不在原位置，選定與原「伯公壇」相距約 50 公尺自強路旁的水圳邊。建廟宇式的伯公祠，伯公祠新建完成後舉行落成伯公陞座與「還神」祭典。

民國 92 年七月，美濃永安庄老伯公「永安橋」伯公也改建陞座祭典，「永安橋」伯公改建陞座的堪輿師與禮生與「攔埤伯公」祭典一樣為張貴和先生，禮生是潘文興先生。「永安橋」伯公落成時當地參與的人很熱絡，也請了布袋戲團演出，當祭典時布袋戲團也演出「扮仙」，音響聲音蓋過整個祭典八音團與禮生的聲音，這是現在許多祭典時常會有的情形。祭典時為了熱鬧，請大戲、布袋戲演出，有的請卡拉 OK 演唱，熱鬧的結果是會影響整個祭典的莊嚴性，這或許是時代的趨勢。

美濃「攔埤伯公」祠於 94 年十月新建落成，落成陞座與還神祭典穿插實施，以下將美濃「攔埤伯公」祠落成之陞座與還神祭典儀式，以及客家八音在祭典之運用情形紀錄於下。

（一）結壇

傍晚時先結壇，結壇只在上界敬奉五盤米粿。結壇儀式只有幾位籌建委員參與祭拜。大家先上香【團圓響噠】，然後奉茶，敬酒【響噠】，化財【響噠】鳴炮後結束。

（二）敬伯公、請先師

新伯公陞座前準備簡單牲禮，接著到原來的伯公處，全體籌建委員與民眾先上

香祭拜。【弦索調】然後擲筊請示，三次聖筊表示同意，同意後燒金化財。【弦索調】再回到新伯公祠。

在新建伯公壇外設置一敬桌，上供奉先師神牌位，一付三牲與一瓶酒。由堪輿師張貴和帶領大家上香，上香後念請先師詞請三遍，三請後將香收起，插入香爐上，鳴炮。

（三）拜天公

拜天公設兩界，上界敬奉品有發糕，錢叛、桃叛各一盤，水果、糖果各五盤，五行乾料以及酒一瓶。下界前桌與上界同，錢叛、桃叛改成紅龜叛。後桌用圓托盤裝豬頭、豬肉、全雞、魷魚、豬羊各一隻。祭典禮生是潘文興先生，執事生點香給大家後，禮生帶領大家上香祭拜開始行拜天公儀式。

1、上香、奉茶、敬酒

禮生帶領大家上香祭拜，上香後執事生將香插到香爐內。【響噠】然後各奉三杯茶，再敬酒。【簫子調】

2、請神

行跪拜禮後，禮生站立誦念請神詞，【吹號一次】其他人雙手合什站立著。（念請神詞時音樂停）禮生念酌酒時執事者要敬酒，【簫子調】敬三次酒。請神後各人行三跪九叩首禮參拜後休息【簫子調】

3、上香

全體人員再上香，上香後行跪拜禮。【簫子調】

4、讀疏文

禮生讀疏文，其他人亦跪著。（開始吹號三次）讀畢行叩首禮。【簫子調】

（四）請伯公、開光點眼

由堪輿師帶大家到原伯公處上香，上香祭拜後不收香。

1、請伯公【弦索調】

「先生」念請伯公詞三遍請伯公，誦念畢用壽金紙包一些香爐內的香灰，包好後插一支香在香爐內，大家還是手執香由八音前導走回新伯公壇，到新伯公壇「先生」將香灰倒入香爐內，其他人向新伯公參拜後，將香插入香爐內。

2、淨壇

法師（堪輿師穿上法袍）誦念淨壇咒並用吹牛角號與執鞭施法，全程都用福佬語誦念。

3、開光點眼

將蓋住伯公的紅紙撕去，然後行開光點眼儀式。

4、安神

法師再誦念安神咒。念畢【團圓】伯公開光點眼後，換禮生繼續行拜天公的儀式。

5、上香【弦索調】

大家再上香祭拜。

6、庇佑

禮生再念請神詞後段。（音樂停）最後酌上美滿神酒、美滿神漿，執事者敬酒。

7、化財焚表文

將折好的金拿到前面空地，長錢紙、表文、香爐的香留一支其他全收起，將金點燃焚化時，長錢紙、表文、香也放入一起焚化。【吹場樂】【團圓】焚化後回到壇前再行叩首禮。【簫子調】

8、送神

叩首禮後不起來，由禮生誦念送神詞。（音樂停）送神詞誦畢，行三跪九叩首禮後，將蠟燭火熄滅，香爐的香拔起插入天公爐，拿一疊壽金拿到燒金處焚燒。【大團圓】

（五） 三獻禮敬神祭典

　　向伯公行三獻禮祭典前，全體委員與民眾先上香致敬，【響噠】然後執事者奉茶，主任委員與副主任委員兩人當主祭者，請禮生【團圓】後兩人站旁邊，通生至內堂，三獻禮祭典即將開始。

　　通：諸生舉禮，諸生各司迺職，勿倦缺禮。主祭者就位，與祭者亦各就位。

　　通：盥洗。

　　引：引詣盥洗所，盥洗。復位。【團圓】

　　通：行降神禮。

　　引：引詣降神所，降神。復位。【簫子調】

　　通：參神鞠躬，跪，叩首，再叩首，三叩首，起。跪，叩首，再叩首，六叩首，起。跪，叩首，再叩首，九叩首，起。【簫子調】

　　通：奏樂生擊鼓三通【擊三通鼓】。鳴金三點【打鑼三響】。奏大樂【小團圓】。奏小樂【簫子調】。連三年【吹號三聲】（鳴炮三響）。

　　通：執事者焚香禮酒，行香席禮。

　　引：詣香席前，跪，上香禮酒，叩首，再叩首，三叩首，起。【簫子調】

　　通：執事者酌酒奉饌，行初獻禮。

　　引：引——詣攔埒伯公香座前，跪。進爵進祿，叩首，再叩首，三叩首起。復——位。【簫子調】

　　通：讀祝文。

　　引：引——詣攔埒伯公香座前，跪。讀祝文生亦跪，讀祝文【吹號一響】。祝文讀畢。叩首，再叩首，三叩首，高昇。跪，叩首，再叩首，六叩首，高昇。跪，

叩首，再叩首，九叩首，高昇。復——位。【簫子調】

通：執事者酌酒奉饌，行亞獻禮。

引：引——詣攔埤伯公香座前，跪。進爵進祿，叩首，再叩首，三叩首起。復——位。【簫子調】

通：執事者酌酒奉饌，行三獻禮。

引：引——詣攔埤伯公香座前，跪。進爵進祿，叩首，再叩首，三叩首起。復——位。【簫子調】

通：主祭者容身暫退位，與祭者分獻。

休息，各人可以參拜【簫子調】

通：主祭者復位。

通：加爵祿。【簫子調】（兩位主祭者拿酒再一一斟酒）

通：獻帛，執帛者執帛，讀祝者執祝，化財焚祝文。

引：引——詣，進財寶。復位【團圓】（放炮）

通：辭神鞠躬跪，叩首，再叩首，三叩首，起。跪，叩首，再叩首，六叩首，起。跪，叩首，再叩首，九叩首，起。【簫子調】

通：禮成【團圓】【大團圓】

獻生最後徒手鞠躬參拜後，再去向禮生致謝敬禮。

儀式結束後將敬奉品、祭壇收起。也將先師壇收起。伯公壇陞座祭典儀式結束，第二天上午另有舉行落成剪綵活動，請縣長、鎮長及當地人士剪綵，中午辦桌「登席」宴客。

第四節、廟堂與伯公的「還神」祭典

《曲禮》中對祭祀有規定：「天子祭天地，祭四方，祭山川，祭五祀，歲遍。諸侯方祀，祭山川，祭五祀，歲遍。大夫祭五祀，歲遍。士祭其先。」可見，中國在宗教祭祀制度上有嚴格的等級界線。現代地方祭祀已無依此嚴格之等級界限在實施各種祭祀儀典。

神佛聖誕、伯公生時，廟堂、伯公壇都會辦理慶典活動或「還神」祭典。不同的廟堂、不同的地區以及不同禮生所辦理的「還神」祭典儀式，可能會有些的不同。本節摘錄美濃地區廟堂或伯公中不一樣及較特殊的「還神」祭典，紀錄出其祭典儀式並做說明討論。

一、美濃廣善堂九獻禮祭典

我國傳統祭典儀式，少有「九獻禮」記載之祭典，文廟之「祭孔大典」也沒有以「九獻禮」稱之。一般的祭典都是初獻、亞獻、終獻行三獻禮。美濃廣善堂九獻禮祭典，雖名為九獻禮，事實上也都是行三獻禮，中堂、東堂、西堂各行三獻禮，當地人及廟堂人員都把此祭典稱之為「九獻禮」祭典。新竹縣枋寮義民廟以前也有行九獻禮祭典的記載[38]。

---

38 新竹縣枋寮義民廟九獻大禮，在民國七十八年是最後一次，民國七十九年後改為三獻禮方式進行祭典，三獻禮祭典有春秋兩祭，秋祭在國曆十月到十一月舉行。現在沒再行三獻禮祭典，在農曆七月的義民節，簡化成只用獻花獻果獻酒方式祭祀。

新竹縣枋寮義民廟的九獻禮祭典儀式 [39]

總通唱：滿堂肅靜 各俱乃職

讚唱：滿堂肅靜 各俱乃職

總通唱：司鼓生，擂鼓三通。司鐘生，鳴鐘九響。樂司者，奏大樂，莊和發引。

讚唱：司鼓生，擂鼓三通。司鐘生，鳴鐘九響。樂司者，奏大樂，奏小樂，鳴金三陣，連發三元。

總通唱：主祭者，引祭生亦就位，執事者各司其事。

讚唱：主祭者，引祭生亦就位，執事者各司其事。

總通唱：主祭生濯龍池

讚唱：引祭生，引，主祭生，濯龍池。

引祭生唱：詣——于，濯龍池所濯龍池，復位

總通唱：主祭生參神。

讚唱：主祭生參神鞠躬。叩首，再叩首，三叩首。高陞。

總通唱：主祭生降神

讚唱：執事者酌酒焚香，引祭生。引。主祭生。降神。

引祭生唱：詣——于降神所，降神。初揖，再揖，三揖。灑酒。（主祭生等暫立兩旁。各拱手接駕，待鐘鼓響盡）復位。

總通唱：司鐘鼓生，鳴鐘擊鼓。樂司者，奏大樂。引神生，恭迎聖駕。

讚唱：司鐘鼓生，鳴鐘擊鼓。樂司者，奏大樂。善信男女躬身肅立，引神生，恭迎聖駕。

總通唱：「樂奏忠義之章」。

讚唱：「樂奏忠義之章」。

「大霸山蒼，臺海水黃，英風颯爽，巨浪飛揚，民之範則，國之元良，大忠大義，日月爭光。」

總通唱：執事者酌酒。焚香。主祭生。行初上香禮。

讚唱：執事者酌酒。焚香。引祭生，引，主祭生。行初上香禮。

引祭生唱：於香席前。上香，再上香，三上明香。禮酒。初揖，再揖，三揖。

總通唱：全體善男信女行三鞠躬禮。

讚唱：全體善男信女原地肅立，向敕封粵東義民爺爺暨列尊神之位前行三鞠躬禮。一鞠躬。再鞠躬。三鞠躬。

總通唱：進牲生、供進豬羊。進菓生、供進菓品。

39　陳運棟，《臺灣的客家禮俗》，臺北：臺原出版社，1991 年，頁 171-179。

讚唱：進牲生、供進豬羊。進菓生、供進菓品。
總通唱：樂奏義軍之章。
讚唱：樂奏義軍之章。

「東粵之士，義勇端莊，墾闢炎服，拓我臺疆，救民守土，沾感難忘，衛鄉保國，英名昭彰。」

總通唱：麒麟獻瑞。
讚唱：麒麟獻瑞。
總通唱：執事者。滿堂開酌，酌酒奉祿，行初獻禮。
讚唱：執事者。滿堂開酌，酌酒奉祿，引祭生引主祭生，行初獻禮。
引祭生唱：詣——于
宣神生唱：勅封粵東義民爺爺神位前。『觀音佛祖』、『神農皇帝』、『三山國王』、『福德正神』之位前。『建創施主諱先坤林公』、『大先生陳公諱資雲』、『施主劉公諱朝珍』、『施主戴公諱元玖』、『開山順寂上開下智武禪師』、『創建施主諱立貴吳公、諱廷昌王公、諱宗旺黃公、諱茂祖錢公』、『施主原經理諱澄漢潘公、諱景熙蔡公、諱崇珍詹公』、『重修廟宇經理諱萬福傅公、諱景雲徐公、諱裕光張公』之諸長生祿位前。

引祭生唱：進酒。進祿。初揖。再揖。三揖。平身復位。

總通唱：主祭生。宣文表。
讚唱：引祭生。引。主祭生。宣文表。
引祭生唱：詣——于

宣神生唱：勅封粵東義民爺爺神位前。『觀音佛祖』、『神農皇帝』、『三山國王』、『福德正神』之位前。『建創施主諱先坤林公』、『大先生陳公諱資雲』、『施主劉公諱朝珍』、『施主戴公諱元玖』、『開山順寂上開下智武禪師』、『創建施主諱立貴吳公、諱廷昌王公、諱宗旺黃公、諱茂祖錢公』、『施主兼原經理諱澄漢潘公、諱景熙蔡公、諱崇珍詹公』、『重修廟宇經理諱萬福傅公、諱景雲徐公、諱裕光張公』之諸長生祿位前。

引祭生唱：跪 宣文表熱。俱跪（宣文表完畢）。叩首。再叩首。三叩首。高陞。平身。復位。

總通唱：「樂奏懷忠之章」。
讚唱：「樂奏懷忠之章」。懷忠之章：「捐身赴敵，一志從王，保我眾庶，祐我村鄉。義所在，事急敢當。殺身成仁，應爾名揚。」
總通唱：麒麟獻瑞。
讚唱：麒麟獻瑞。
總通唱：執事者。滿堂再酌，酌酒奉祿，行亞獻禮。
讚唱：執事者。滿堂再酌，酌酒奉祿，行初獻禮（筆者註：應引祭生筆誤）引主祭生，行亞獻禮。

引祭生唱：引——于

宣神生唱：勅封粤東義民爺爺神位前。『觀音佛祖』、『神農皇帝』、『三山國王』、『福德正神』之位前。『建創施主諱先坤林公』、『大先生陳公諱資雲』、『施主劉公諱朝珍』、『施主戴公諱元玖』、『開山順寂上開下智武禪師』、『創建施主諱立貴吳公、諱廷昌王公、諱宗旺黃公、諱茂祖錢公』、『施主兼原經理諱澄漢潘公、諱景熙蔡公、諱崇珍詹公』、『重脩廟宇經理諱萬福傅公、諱景雲徐公、諱裕光張公』之諸長生祿位前。

引祭生唱：奉酒。奉祿。初揖。再揖。三揖。平身復位。

總通唱：主祭生。讀祝文。
讚唱：引祭生。引。主祭生。讀祝文。
引祭生唱：詣——于

宣神生唱：勅封粤東義民爺爺神位前。『觀音佛祖』、『神農皇帝』、『三山國王』、『福德正神』之位前。『建創施主諱先坤林公』、『大先生陳公諱資雲』、『施主劉公諱朝珍』、『施主戴公諱元玖』、『開山順寂上開下智武禪師』、『創建施主諱立貴吳公、諱廷昌王公、諱宗旺黃公、諱茂祖錢公』、『施主（國王）』、『福德正神』之位前。『建創施主諱先坤林公』、『大先生陳公諱資雲』、『施主劉公諱朝珍』、『施主戴公諱元玖』、『開山順寂上開下智武禪師』、『創建施主諱立貴吳公、諱廷昌王公、諱宗旺黃公、諱茂祖錢公』、『施主兼原經理諱澄漢潘公、諱景熙蔡公、諱崇珍詹公』、『重脩廟宇經理諱萬福傅公、諱景雲徐公、諱裕光張公』之諸長生祿位前。

（引祭生唱：獻酒。獻祿。初揖。再揖。三揖。平身復位。）

總通唱：主祭生 加爵祿。
讚唱：主祭生。加冠。進祿。
總通唱：「樂奏義民之章」。
讚唱：「樂奏義民之章」。義民之章：「義勇安夷，忠烈衛鄉，草莽微臣，禦寇勤王，忠義永垂，民族之光，千秋俎豆，萬古綱常。」
總通唱：獻剛鬣、獻柔毛、獻家鳧、獻舒雁、『兼原經理諱澄漢潘公、諱景熙蔡公、諱崇珍詹公』、『重脩廟宇經理諱萬福傅公、諱景雲徐公、諱裕光張公』之諸長生祿位前。
（引祭生唱：跪 讀祝文生俱跪（讀祝文畢）。叩首。再叩首。三叩首。高陞。平身。復位。）
總通唱：「樂奏褒忠之章」。
讚唱：「樂奏褒忠之章」。褒忠之章：「褒忠義士，烈氣輝煌，扶持危亂，威武奮揚，御封累代，績著邦鄉，千秋典範，萬載流芳。」
總通唱：「麒麟獻瑞」。
讚唱：「麒麟獻瑞」。
總通唱：執事者。滿堂加酌，酌酒，奉祿，行終獻禮。
讚唱：執事者。酌酒奉祿，引祭生引主祭生，行終獻禮。
引祭生唱：詣——于

宣神生唱：勅封粵東義民爺爺神位前。『觀音佛祖』、『神農皇帝』、『三山國王』、『福德正神』之位前。『建創施主諱先坤林公』、『大先生陳公諱資雲』、『施主劉公諱朝珍』『施主戴公諱元玖』、『開山順寂上開下智武禪師』、『創建施主諱立貴吳公、諱廷昌王公、諱宗旺黃公、諱茂祖錢公』、『施主兼原經理諱澄漢潘公、諱景熙蔡公、諱崇珍詹公』、『重脩廟宇經理諱萬福傅公、諱景雲徐公、諱裕光張公』之諸長生祿位前。[40]

（總通唱：獻牲禮、獻粄果、獻財帛、焚祝文疏文。）

讚唱：獻剛鬣、獻柔毛、獻家鳧、獻舒雁、獻牲醴、獻粄果、獻財帛、焚祝文疏文。
總通唱：「樂奏正氣之章」。
讚唱：「樂奏正氣之章」。正氣之章：「天地浩流，義昭綱常，荷鋤報國，負耒勤王。忠貞衛國，感佩無疆，民族正氣，百世馨香。」
總通唱：主祭者。復位。
讚唱：主祭者。復位。
總通唱：主祭者提壺望燎。
讚唱：引祭生。引主祭生提壺恭詣望燎。
引祭唱：引于望燎所，望燎。初揖。再揖。三揖。復位。

總通唱：主祭生。辭神。
讚唱：主祭生辭神鞠躬跪。叩首。再叩首。三叩首。高陞。
總通唱：告禮成生。告禮成。
讚唱：告禮成生。告禮成。
告禮成生唱：禮成（告禮成生即是引祭生）。
總通唱：司鐘鼓生，鳴鐘擊鼓。樂司者奏樂，送神生，恭送聖駕。
讚唱：司鐘鼓生，鳴鐘擊鼓。樂司者奏樂，送神生各善男信女躬身肅立恭送聖駕。
總通唱：主祭生，容身退位，大獻禮畢，國泰民安，五福俱全。
讚唱：主祭生，容身退位，撤饌生，撤饌，大獻禮畢，國泰民安，五福俱全。

禮成

　　根據廣善堂耆老的說法，行九獻禮必須是有玉皇大帝才能行九獻禮，雖然廣善堂之行九獻禮祭典，日期選定在慶祝玉清宮的落成紀念日辦理，但祭祀時主神是三恩主非玉皇大帝，故廣善堂耆老的說法，行九獻禮必須是有玉皇大帝才能行九獻禮，此說法是值得商榷的。[40]

40　註：( ) 內書上漏掉。

廣善堂九獻禮祭典，在農曆 11 月七日晚上，廣善堂後棟玉清宮落成典禮紀念日為其辦理祭祀日期。農曆 11 月五日起，連續三天先行超渡誦經法會，法會最後一日下午進行普渡，晚上行九獻禮祭祀儀典。

祭祀儀式動用的工作及祭祀人員很多，並不是每個人都熟悉各項的工作，所以在祭祀前堂裡會先工作分配，並先練習，讓每個人都能了解整個祭祀儀典流程，並熟悉自己的工作，屆時整個祭祀典禮才能順利完成。

從九獻禮職務派任表中有些新人姓名，可以看到廣善堂對九獻禮祭典也有在做傳承工作。廣善堂老一輩的長老古信發、黃庚祥、宋永成、黃永祥先生等，他們都擔任總指揮，讓新人擔綱，祭典時也都可以看到他們到處觀察整個祭典的流程，將此祭典禮儀工作傳承下去，這是可喜之事。

95 年天尊落成紀念九獻禮職務派任表：

正通生：楊啟雲

正讚生：劉文麟

正引生：張福昌

鐘鼓生：黃義康，黃貴清

啟扉生：林清輝

兼內堂執事：曾新琳

迎送生：劉瑞光，楊吉雄

疏文生：劉興上

中堂祝文生：潘文興

中堂正獻生：劉宏仁，李德源

中堂執事生：宋信吉，林享國

下堂執事生：劉安吉，徐廣生

奉瘞毛血生：張義生，李禮安

迎牲生：黃煥祥，曾富龍，溫煥麟，林仁作

放炮生：古廣春

東堂讚生：宋永美

東堂引生：曾新德

東堂祝文生：陳武夫

東堂獻生：宋永森，曾貴榮

東堂執事生：葉天信，劉勤連

西堂讚生：古富得

西堂引生：邱順喜

西堂祝文生：吳政堂

西堂獻生：黃永清，宋正忠

西堂執事生：黃鴻生，李先來

總指揮：古信發，黃庚祥，宋永成，黃永祥

　　從以上九獻禮職務派任表中，可以看出廣善堂九獻禮祭典，各項祭典職務的分工情形，並可知道九獻禮祭典有哪些的工作。

（一）敬奉物品

　　祭典之祭壇分中堂、東堂與西堂，中堂分內堂與外堂，外堂又分成上下兩界。東堂敬奉聖佛仙神香座位，西堂敬奉城隍老爺冥王地府地藏王菩薩福德正神香座位。各堂敬奉品有鮮花、水果、糖果、新丁叛、發叛、五牲等，內堂及中堂的上界有豐盛的「五湖四海」[41] 敬奉品，供桌兩邊擺放「四面八方」[42] 的杯筷，中堂下界與東、西堂敬奉品一樣。[43]

41　五湖四海敬奉品有魚蝦等海產類，與豬肉雞肉等山產類，聚集排放在一起。

42　供桌前除擺放五個酒杯外，兩邊各擺放四組酒杯、筷子、湯匙，稱作四面八方，也就是要給來自四面八方的神佛使用的杯跨。

43　敬奉品擺放位置如頁 74 附圖。

（二）祭典前

　　九獻禮祭典沒向外行拜天公敬神儀式，祭典前在內堂先「請誥」，由一人主誦念請誥詞，兩人在旁跪著陪請，兩位執事者站立旁邊，每一寶誥要誦三遍後行三跪九叩首禮，執事生敬酒。請誥要請十寶誥，約需半小時。請誥後才行九獻禮祭典儀式。

發粄

（三）九獻禮祭典禮儀

　　廣善堂九獻禮祭典，典禮之行禮儀程，都會以美濃廣善堂〈九獻禮唱〉折頁手抄本為依據，庚申（民國 69 年）11 月吳秋興又手寫一份〈九獻禮序〉單頁資料。以前廣善堂本身有客家八音團，且小有名氣，民國 80 幾年團員年紀大客家八音團解散後，廣善堂祭典之八音都是請鍾雲輝客家八音團演奏。

　　以下將美濃廣善堂九獻禮祭典儀程與客家八音之運用曲調型態敘述如下：

　　正通生：諸生舉禮。

　　正讚生：諸生各供迺職，毋倦缺禮。司鼓生擊鼓三通，司鐘生敲鐘九響（擊廟堂裡的鼓三通鼓後敲鐘九響）。

　　正通生：啟扉。

　　正讚生：啟扉生啟扉【吹場樂】。

　　正通生：行奉毛血禮。

　　正讚生：奉毛血生奉毛血【團圓】。

　　正通生：行迎牲禮。

正讚生：迎牲生迎牲【團圓】。

正通生：正獻生東西獻生就位。

正讚生：正獻生東西獻生亦各就位。

正通生：行盥洗禮。

正讚生：諸生盥洗【吹場樂】。

正引生：引——詣盥洗所盥洗 復位。

正通生：眾生分班侍立。

正讚生：眾生分班侍立肅靜。

正通生：行迎神禮。

正讚生：司鼓生擊鼓，司鐘生敲鐘迎神生恭迎聖駕【吹場樂】。

正通生：行奏樂禮。

正讚生：奏樂者擊鼓三通【擊三通鼓】，鳴金三點【敲鑼三響】，奏大樂【團圓】，奏小樂【簫子調】，連三元【吹號三響】（鳴炮三響）。

正通生：諸生行參神禮。

正讚生：正獻生東西獻生參神鞠躬跪，叩首，再叩首，三叩首，起，跪，叩首，再叩首，六叩首，起，跪，叩首，再叩首，九叩首，起。【簫子調】

正通生：諸生行上香禮。

正讚生：執事生焚香禮酒，正獻生東西獻生各行上香禮。

正引生：詣香席前，跪。【簫子調】上香，再上香，三上香，禮酒，叩首，再叩首，三叩首，起。

正通生：行讀疏文禮。

正讚生：讀疏文生讀疏文 [44]。

附表 5-20

美濃廣善堂九獻禮正堂疏文

天尊陞登疏文

伏以

天恩浩蕩 三界同沾
帝德巍峨 八方共仰

今據

臺灣高雄縣美濃鎮美濃廣善堂鸞下生代表古信發，值年福首劉宏仁，統帶眾善信男女人
等，為建築玉清宮 天尊陞登紀念事

竊維

葭灰飛節復一陽之候
月破精時臨上弦之期
初建清宮乃沐 天恩惠澤
八方善信盡沾 帝德鴻庥
日座春風之中闡發危微之道
美沾時雨之敷陳精一之機
濃情興暢為學者仁義道德
廣行莫忘講究乎忠孝綱常
善化樞機仰上帝慈人准著玉冊頒行挽轉愚蒙登覺路
堂開闡教感聖神惻隱降造金篇警世拔超苦海出迷津
鸞章示訓引著榮嚴褒貶
下民衛警評導善惡過功
生於紅塵之民多多痴憨憨仰 上帝開赦之德
為其世間之事種種衍尤蒙 聖神化育之恩

44　疏文如表 5-20。

建由督造而全美

玉本磨瑑而成器

清心下拜誠求消災解厄

宮殿上祈懇禱賜福降祥

落效章華之臺集信民而慶賀

成為玉清之宮迎聖神而駕臨

紀年千秋不滅

念祝萬歲無疆

恭敬在心藉茲不腆

祝詞呈上表獻微誠

玉闕輝光普照三才於無上

皇圖鞏固威鎮萬國而至尊

大則無窮道通天地

帝誰可及德配乾坤

疏才雖淺學愚意微誠　上達

文詞然無雅痴心小讀　兀庸

眾信等感佩洪恩無物告虔誠惶誠恐

謹以不腆菲儀開筵上獻誠心稽首頓首

恭進疏以

聞

天運歲次丙戌年十一月初八日美濃廣善堂鸞下生代表古信發福首劉宏仁統帶眾善信男女
人等百拜上申

正引生：引——詣 昊天金闕玉皇大天尊陛下，南天文衡聖帝翼漢天尊，南宮孚佑帝君妙道天尊，九天司命真君護宅天尊主席靈侯太子之鑾座前跪，讀疏文生俱亦跪，讀疏文【吹號三次】。讀畢，【簫子調】叩首，再叩首，三叩首，起，跪，叩首，再叩首，六叩首，起，跪，叩首，再叩首，九叩首，起，跪，叩首，再叩首，十二叩首，起，復位。

正通生：正堂行初獻禮。

正讚生：正堂執事生酌爵奉饌，正引生引正獻生行初獻禮。

正引生：引——詣南天文衡聖帝翼漢天尊，南宮孚佑帝君妙道天尊，九天司命真君護宅天尊主席靈侯太子，鑾座前跪，進爵奉祿。【簫子調】叩首，再叩首，三叩首起，平身，復位。

正通生：東堂行初獻禮。

正讚生：東堂東讚生行初獻禮。

東讚生：東堂執事生執爵奉饌，東引生引東獻生行初獻禮。

東引生：引——詣 聖佛仙神寶座前跪，進爵奉祿，【簫子調】叩首，再叩首，三叩首，起，平身，復位。

正通生：西堂行初獻禮。

正通生：西堂西讚生行初獻禮。

西讚生：西堂執事生執爵奉饌，西引生引西獻生行初獻禮。

西引生：引——詣 城隍老爺冥王地府地藏王菩薩福德正神香座位前，跪，進爵奉饌，【簫子調】叩首，再叩首，三叩首，起，平身，復位。

正通生：正堂行讀祝文禮。

正讚生：正堂讀祝文生讀祝文[45]。

45　正堂祝文如表 5-21。

廣善堂九獻禮正堂祝文

玉清宮落成紀念祝文

維

中華民國九十五年歲次丙戌月建庚子朔日初八（癸未）越祭日（庚寅）之良辰

今有美濃廣善堂為 玉清宮落成紀念事

今有本堂代表古信發，福首劉宏仁，經理劉庚長、楊來章、林天榮統帶眾信士鍾黃大妹、劉宏仁、溫煥麟、劉桂梅、曾古富招、宋明峯、羅古盛英、楊吉雄、邱森昌、李春喜、李張新銀、黃李滿妹、劉成富、劉曾細運、蔡萬端、林菊香、曾春妹、張新梅、蔡涵。

理監事劉文麟、古信來、黃庚祥、徐錦昌、李德源、劉宏仁、李德松、劉興上、張福昌、宋永美、吳政堂、湛金錦、林清輝、黃永祥、宋永森、古富得、黃永清、曾貴榮。

經理林仁昌、徐錦昌、劉瑞光、宋永城、黃明星、李德源、宋永美、劉宏仁。

副經理劉富金、林貴財、楊啟雲、曾貴榮、楊來章、劉德上、林清輝、李德松、宋永森、劉成富、古富得、溫煥麟、楊吉雄、林天榮、張福昌、邱森昌、劉青藏、劉庚長、黃義康、曾富龍、陳武夫、宋正宗、劉文海。

女眾代表劉珍金、劉桂梅、涂金妹。

女經理曾明珠、黃李滿妹、傅帶春、曾財英、溫玉添、張明月、劉慶妹、劉有妹、林和泉、林秋媛、王辛娣、范秀金、劉玉蘭、陳菊蘭、邱潤廷、巫芹妹。

工作人員黃貴清、曾新琳、潘文興、曾新德、楊豐春、宋信吉、林享國、劉安吉、徐廣生、張義生、李禮安、黃煥祥、林仁作、宋混祥、古廣春、葉天信、劉勤連、邱順喜、黃鴻生、李先來、溫瑞麟、林寬生、邱毓雄、張桔芳、宋銘祥。

統帶眾信男女人等

謹以剛鬣柔毛 膳饈粄菓 香燭米酒 鮮花財帛 清酌之儀

致祭于

　　　　南宮孚佑帝君妙道天尊

昊天金闕玉皇大天尊陛下臣 南天文衡聖帝翼漢天尊 主席靈侯大子鸞座

　　　　九天司命真君護宅天尊

讚言曰

伏翼

玉帝大德無量　天高地厚　海闊山長　至尊　金闕人

玄穹彼蒼　三才管轄　掌握陰陽　權操天界　普濟萬方　明分善惡　貶罰褒賞　慈悲惻隱　海量包藏　錫福黎庶　赦罪消殃　生長化育　雨露恩光　俾我眾信　雲集千祥　愧無片善　報答皇恩時逢

玉清宮　天尊陞座紀念輝煌　蟠桃未獻　敬祝斯堂　衣冠整肅　磬管鏘鏘　畧陳悃愫　薄薦兕觥　菲儀不腆　以豕以羊　聊申微意　感激誠惶　稽首仰鑒　俯納牲嘗

伏惟

尚饗

正引生：引——詣南天文衡聖帝翼漢天尊，南宮孚佑帝君妙道天尊，九天司命真君護宅天尊主席靈侯太子之鑾座前跪，讀祝文生亦跪，讀祝文，【吹號】讀畢，【簫子調】叩首，再叩首，三叩首起，跪，叩首，再叩首，六叩首，起，跪，叩首，再叩首，九叩首，起，平身，復位。

正通生：東堂行讀祝文禮。

正讚生：東堂東讚生行讀祝文禮。

東讚生：東堂讀祝文生讀祝文[46]。

46　東堂祝文如表 5-22。

廣善堂九獻禮東堂祝文

東堂　祝文

維

中華民國九十五年歲次丙戌月建庚子朔日初八（癸未）越祭日（庚寅）之良辰

今有善堂鸞下生代表古信發，執事人員宋永美、曾新德、林天榮、宋永森、曾貴榮、葉天信、劉勤連、陳武夫

統帶鸞下眾信男女人等

謹具三牲禮物香燭茶酒鮮花菓品清濁之儀
致祭于
聖佛仙神香座前
讚言曰
恭維
上界聖佛仙神　協同
三聖勸化萬民　大開寶筏盡佈慈仁
廣善堂中　敬安
三恩主位　瀰濃山下　除却一方俗塵

慈當

合請

聖神下降用展明煙菲儀　謹具敬意表陳
伏冀
恩鑒　百福駢臻
伏惟
尚饗

東引生：引——詣聖佛仙神香座位前，跪，讀祝文。【吹號】讀畢，【簫子調】叩首，再叩首，三叩首，起，跪，叩首，再叩首，六叩首，起，跪，叩首，再叩首，九叩首，起，平身，復位。

正通生：西堂行讀祝文禮。

正讚生：西堂西讚生行讀祝文禮。

西讚生：西堂讀祝文生讀祝文[47]。

廣善堂九獻禮西堂祝文

西堂 祝文

維

中華民國九十五年歲次丙戌月建庚子朔日初八（癸未）越祭日（庚寅）之良辰

今有善堂鸞下生代表古信發，執事人員宋永美、曾新德、林天榮、宋永森、曾貴榮、葉
天信、劉勤連、陳武夫　　　　　　　　　　　　　　統帶鸞下眾信男女人等

謹具三牲禮物香燭茶酒鮮花菓品清濁之儀
致祭于
城隍老爺
冥王地府　香座位
福德正神
讚言曰

恭維

冥王　大德無疆　賞善罰惡　除害安良　人不知見　鬼必實當　副從

聖相　表達幽光　因果證案　地府天堂　造書塵世　勸善有方　茲當

真君壽誕　一同奉薦馨香　爰集全鸞眾信　致敬十殿冥王　菲儀薄獻　微忱是將　伏冀歡納
來格來嘗

伏惟
尚饗
聖神下降用展明煙菲儀　謹具敬意表陳
伏冀
恩鑒　百福駢臻
伏惟
尚饗

[47] 西堂祝文如表 5-23。

西引生：引——詣 城隍老爺冥王地府地藏王菩薩福德正神香座位前，跪，讀祝文。【吹號】讀畢，【簫子調】叩首，再叩首，三叩首，起，跪，叩首，再叩首，六叩首，起，跪，叩首，再叩首，九叩首，起，平身，復位。

正通生：正堂行亞獻禮。

正讚生：正堂執事生酌爵奉饌，正引生引正獻生行亞獻禮。

正引生：引——詣南天文衡聖帝翼漢天尊，南宮孚佑帝君妙道天尊，九天司命真君護宅天尊主席靈侯太子，鑾座前跪，進爵奉祿。【簫子調】叩首，再叩首，三叩首，起，平身，復位。

正通生：東堂行亞獻禮。

正讚生：東堂東讚生行亞獻禮。

東讚生：東堂執事生執爵奉饌，東引生引東獻生行亞獻禮。

東引生：引——詣 聖佛仙神香座位前跪，進爵奉祿。【簫子調】叩首，再叩首，三叩首，起，平身，復位。

正通生：西堂行亞獻禮。

正通生：西堂西讚生行亞獻禮。

西讚生：西堂執事生執爵奉饌，西引生引西獻生行亞獻禮。

西引生：引——詣城隍老爺冥王地府地藏王菩薩福德正神香座位前，跪，進爵奉饌。【簫子調】叩首，再叩首，三叩首，起，平身，復位。

正通生：正堂行終獻禮。

正讚生：正堂執事生酌爵奉饌，正引生引正獻生行終獻禮。

正引生：引——詣南天文衡聖帝翼漢天尊，南宮孚佑帝君妙道天尊，九天司命

真君護宅天尊主席靈侯太子，鑾座前跪，進爵奉祿。【簫子調】叩首，再叩首，三叩首起，平身，復位。

　　正通生：東堂行終獻禮。

　　正讚生：東堂東讚生行終獻禮。

　　東讚生：東堂執事生執爵奉饌，東引生引東獻生行終獻禮。

　　東引生：引——詣 聖佛仙神香座位前跪，進爵奉祿。【簫子調】叩首，再叩首，三叩首，起，平身，復位。

　　正通生：西堂行終獻禮。

　　正通生：西堂西讚生行終獻禮。

　　西讚生：西堂執事生執爵奉饌，西引生引西獻生行終獻禮。

　　西引生：引——詣 城隍老爺冥王地府地藏王菩薩福德正神香座位前，跪，進爵奉饌。【簫子調】叩首，再叩首，三叩首，起，平身，復位。

　　正通生：諸生容身暫退各行分獻。

　　正讚生：正獻生東西獻生容身暫退各行分獻【簫子調】。

　　（此時各司儀生及信徒各自參拜）

　　正通生：諸生復位。

　　正讚生：正獻生東西獻生亦各復位。

　　正通生：諸生行加爵祿[48]禮。

48　加爵祿：主祭者與祭者各執一瓶酒，倒每一個酒杯再斟一次酒，然後到豬羊牲禮處用酒在豬羊身上周圍灑一圈。

正讚生：正獻生東西獻生加爵祿【簫子調】。

正通生：諸生進財寶[49]，行焚疏焚祝禮。

正讚生：正獻生東西獻生進財寶，讀疏文生焚疏[50]，讀祝文生焚祝[51]，化財望燎禮【吹場樂】。

正通生：行瘞毛血禮。

正讚生：瘞毛血生瘞毛血[52]。

正引生：引──詣 瘞毛血所，瘞毛血【吹場樂】。

正通生：諸生行辭神禮。

正讚生：正獻生東西獻生辭神鞠躬，跪【簫子調】，叩首，再叩首，三叩首，起，跪，叩首，再叩首，六叩首，起，跪，叩首，再叩首，九叩首，起。

正通生：恭送聖駕（行送神禮）。

正讚生：司鼓生擊鼓，司鐘生敲鐘，恭送生恭送聖駕【吹場樂】。

正通生：行告禮成禮。

正讚生：告禮成生告禮成。【團圓】～【大團圓】（全體人員雙手高舉並大聲說「禮成」）全部祭典結束。

（四）祭典後

49　進財寶：燒金，主祭者與祭者各執一疊壽金到金爐焚化。

50　疏文在內堂焚燒於缽內。

51　祝文于外堂香爐裡焚化。

52　瘞毛血：把沾上豬羊血水的金紙拿到外面焚化，盆子的豬、羊血拿到外面倒掉。

祭典結束後各工作人員收拾整理祭品，堂內並有準備粥給工作人員與參與民眾享用。次日中午有「登席」的“食畫”[53]。

二、美濃福安天后宮「還福」祭典

「渡孤」超渡法會或儀式大都在七月份辦理，年底「還福」祭典中先行「渡孤」再行禮的，第三章中曾紀錄屏東高樹地區有如此實施，但在美濃地區就比較少見。福安庄內有「牛埔坪」公墓。「牛埔坪」公墓鄰近福安社區住家，像屏東高樹東興村旁邊就是公墓。庄內的公廟「天后宮」，年底辦理「滿年福」、「還神」祭典時，祭典前會先準備豬羊牲禮到「牛埔坪」公墓旁的路邊，向著公墓進行「渡孤」祭典，然後再回到廟裡行「還神」祭典。除感謝上天、感謝媽祖娘娘一年來的護佑平安，也藉此機會感謝所有的「古老大人」與先祖們，護佑村庄平安，當天晚上居民都準備豐盛的牲禮來致敬，也希望讓它們能過個好年。

祭典從傍晚在天后宮前搭起的祭壇開始，傍晚時先「結壇」，結壇儀式與其他地區一樣，先上香後敬酒、奉茶最後化財鳴炮結束。客家八音都是吹奏【團圓響嗟】。

附表 5-24

還太平福酬神表文（高樹賴清耀禮生 95 年東興東振村還福表文）

表文

伏以

帝德巍峨 廣被仁風於萬物
皇恩浩蕩 恒施群惠於群生

今據

屏東縣高樹鄉東興村暨東振村合境值年爐主楊炳仁東振村村長葉乾象統帶合境善信人等，茲因于乙酉年陽月，當空結起遙壇叩起合境平安，次年歲幕酬謝一事，叨蒙

53　吃午餐客家話稱作 “食畫”。

上天神力庇佑，合境安康，五穀豐登，六畜興旺，調年漸歲末正是合庄酬謝之日，報恩之時，故涓丙戌年十月十九日之良辰，報答天恩，於是邀集庄民，虔誠至意，當空結起遙壇，謹以上界鮮花茶酒齋蔬果品，下界又有全豬豩羊，豬首五牲清酌之儀。

敢蒙

執日功曹使者，傳香童子奏事童郎

申奏于

昊天金闕玉皇大帝陛下暨列諸佛聖神
南無本師釋迦牟尼佛
太上道祖道德天尊
南無消災延壽藥師如來佛
三元三品三官大帝
週天滿漢星君寶殿前
南無大慈大悲觀世音菩薩
南斗六司延壽星君
北斗七元解厄星君 暨列星君 寶座前
慈悲納受，同鑒法筵
伏冀

佛光普照
神力扶持

保我村民，民康阜物，男添百福，女納千祥，合庄吉慶，五穀豐登，六畜興旺，災禍永離，信民等生居中土忝列人倫，承乾坤覆載之深恩，荷日月照臨之厚德，不勝感激之至，靡涯之至。謹拜表奉

聞

歲次丙戌年十月十九日沐恩值年爐主楊炳仁統帶合庄善信人等一同九叩

上申

（一）渡孤

　　拜天公敬神儀式之前，到「牛埔坪」公墓前的路上，擺設祭壇備有豬羊及牲禮，先行「渡孤」祭典，民眾也會準備水果、牲禮來祭拜。祭壇面向「牛埔坪」公墓，場面盛大，參與的民眾很多。

「渡孤」祭典當地信仰中心的神要親臨，所以要先至天后宮請媽祖。

1、在天后宮先上香祭拜後，請媽祖出駕至渡孤場。【團圓】從天后宮至渡孤祭典場地，一面走沿途一面要將香插於路兩旁。【弦索調】

2、到達祭典場後將媽祖面向「牛埔坪」公墓安座在桌上，媽祖前供奉水果、糖果與素果祭品，前面有五張桌子給民眾擺放來祭拜的水果、牲禮，最前面還有兩張桌子，設置為祭壇，有香爐、鮮花水果、糖果與牲禮等祭品。與跪拜用的拜墊。【弦索調】

3、準備好後執事人員點香給大家，先向媽祖上香祭拜，然後再轉向祭壇上香祭拜，上香後將香插於香爐，若香爐內插不下，有些香就插在地上。上香大家依序行跪拜禮。【弦索調】

4、執事人員為祭壇酒杯敬酒，民眾敬奉牲禮前的酒杯也自行敬酒，敬酒後休息，讓好兄弟享用，要斟三次酒。【弦索調】

5、執事人員再點香給大家上香祭拜。上香後主事者向好兄弟請示，然後用擲筊方式看是否滿意，若不是聖筊就等一下讓它們再享用後再請示，若聖筊則表示滿意，就可以化財。【弦索調】

6、化財的壽金與銀紙要分開燒，香亦可拔起一起焚燒。化財後將祭品收起或給民眾吃，民眾拿來敬奉的祭品也可以收起。【弦索調】

7、媽祖香爐的香拔起與媽祖一起請起，走回天后宮，回宮後請神安座。【團圓】渡孤儀式結束。

（二）拜天公

　　拜天公儀式的禮生是福安當地宋永祥先生，祭壇設置上下兩界，渡孤回來後即行「還神」祭典之拜天公儀式。

1、上香【吹場樂】、參拜、奉茶、敬酒【簫子調】

　　禮生帶領大家上香祭拜，上香後執事生將香插到香爐內。【吹場樂】眾人各自參拜，執事生奉茶後再敬酒。【簫子調】

2、請神

　　禮生跪著誦念請神詞，【吹號三響】其他人也跪著雙手合什。請神中（音樂停）

每遍請畢執事者敬酒，【簫子調】請三次敬酒三次。請神畢，參拜後休息。【簫子調】

3、讀表文

禮生帶大家先行三跪九拜禮，最後一次不起來，大家跪著，由禮生誦讀表文。（開始時吹號一次）讀畢行叩首禮。【簫子調】休息。

4、庇祐

先行跪拜禮後，跪著禮生再誦念請神詞後段（音樂停）。誦念畢執事者再斟酒，大家參拜後起立。【簫子調】

5、化財焚表文

金紙拿到金爐焚化、長錢紙、表文、香爐的香留一支其他全收起，也拿到金爐焚化。回來後行叩首禮。叩首禮後不起來。【吹場樂】

6、送神

禮生誦念送神詞，（音樂停）送神詞誦三次，誦畢，行三跪九叩首禮後，香爐內的香拔起和一疊壽金拿到金爐焚燒，將蠟燭火熄滅，收拾祭壇。【大團圓】

（三）向媽祖行三獻禮祭典

拜天公儀式結束後，將拜天公儀式的上界敬奉品搬至內壇，下界敬奉品搬至外壇擺放。繼續進行向媽祖行三獻禮的敬神儀式。三獻禮祭典的通生是宋永祥先生，禮生是黃庚祥先生，引生是鍾旭昌先生，主祭者是堂主陳武夫與主任委員陳炳仁先生。

儀式前一人先到各神壇前奉茶後全體再上香祭拜。【吹場樂】兩位主祭者請禮生【團圓】後通生進入內堂，祭典開始。

通：諸生舉禮，諸生各司迺職，勿倦缺禮。

通：奏樂者擊鼓三通【擊三通鼓】。鳴金三點【打鑼三響】。奏大樂【小團圓】。奏小樂【簫子調】。連三年【吹號三聲】（鳴炮三響）。

通：主祭者就位，與祭者亦各就位。

通：盥洗。

引：引——詣盥洗所，盥洗。復位。【團圓】

通：行降神禮

引：引——詣降神所，降神。復位。【簫子調】

通：參神鞠躬，跪，叩首，再叩首，三叩首，起。跪，叩首，再叩首，六叩首，起。跪，叩首，再叩首，九叩首，起。【簫子調】

通：執事者焚香禮酒，行香席禮。

引：詣香席前，跪，上香禮酒，叩首，再叩首，三叩首，起。【簫子調】

通：執事者執爵奉饌，行初獻禮。

引：引——詣天上聖母娘娘香席前，跪，進爵進祿。叩首，再叩首，三叩首起。復——位。【簫子調】

通：讀祝文。

引：引——詣天上聖母娘娘香席前，跪。讀祝文【吹號一響】。讀畢。叩首，再叩首，三叩首，起。跪，叩首，再叩首，六叩首，起。跪，叩首，再叩首，九叩首，起。復——位。【簫子調】

通：執事者執爵奉饌，行亞獻禮。

引：引——詣天上聖母娘娘香席前，跪。進爵進祿，叩首，再叩首，六叩首起。復——位。【簫子調】

通：執事者執爵奉饌，行三獻禮。

引：引——詣天上聖母娘娘香席前，跪。進爵進祿，叩首，再叩首，九叩首起。復——位。【簫子調】

通：主祭者容身暫退位，與祭者各行分獻。

各人自由參拜後休息【簫子調】

通：主祭者復位。

通：加爵祿【簫子調】（主祭者兩人拿酒再一一斟酒）。

通：獻帛，執事者執帛，讀祝者執祝，化財焚祝文。

引：引──詣，進財寶。復位（讀祝文者將祝文於內壇的香爐內焚化）【吹場樂】（鳴炮）

通：辭神鞠躬跪，叩首，再叩首，三叩首，起。跪，叩首，再叩首，六叩首，起。跪，叩首，再叩首，九叩首，起。【簫子調】

通：禮畢【團圓】～【大團圓】最後獻生徒手鞠躬參拜，再去向禮生致謝敬禮。

儀式結束後將敬奉品、祭壇收起，福安天后宮歲末還福祭典全部結束。

美濃廣興庄「三山國王宮」、「慈聖宮」、「善化堂」與廣林「聖化宮」，辦理「還神」祭典時，拜天公儀式都以誦「玉皇真經」方式請、送神，廣興地區的「還神」祭典，與美濃地區有些不同，與旗山圓潭福安庄誦「玉皇真經」方式類似。但整個的祭典形式又與美濃地區較相似。

附表 5-25

祭三山國王文

恭維

國王績著潮陽，三山鼎崎，一代忠良，同扶宋室，併力疆場，國有崇封，享千秋之俎豆，人爭敬仰合兆姓而馨香，威聲普化，德被萬芳，恩施寰海，澤及芸鄉，茲逢誕辰吉慶，禮應叩答恩光，合黃童，而白叟，聚工價，與農商，薄表微誠微意，薦設俎豆馨香，聊陳豕羊酒醴，明奏鼓樂鏗鏘，衣冠肅穆，瞻拜堂煌，伏冀。

國王神功有赫，惠我無疆，鑒予菲飲，笑納壺將，維茲不腆，來格來嘗。

尚饗

（鍾錦城先生提供其父鍾潤章留下之文稿）

三、美濃開基伯公「還神」祭典

美濃開基伯公位於美濃靈山下山麓，是美濃庄第一個土地伯公壇，根據伯公壇旁美濃開基伯公沿革敘述，美濃開基伯公壇設立始於清乾隆元年，是否確實尚需考證，但從一些文獻資料中可知，開基伯公壇設立於清乾隆年間應無疑問。伯公壇之形式是傳統塚式的伯公壇，傳說有人想將伯公壇改建成廟宇式新的伯公壇，可是伯公一直都不同意，到現在還是保持傳統塚式的伯公壇。

開基伯公所在地，在行政區域劃分雖然屬福安里，但其祭祀空間包含早期的整個瀰濃庄，應該是美濃地區祭祀空間最大的土地伯公。開基伯公的祭典一年有兩次，「新年福」與「滿年福」，都以傳統的「還神」祭典方式行祭祀儀典。新年福與滿年福祭祀時間並沒有固定日期，新年福通常在農曆一月底二月初祭祀，滿年福在農曆 11 月辦理。

比較特殊的是，春祈秋報，「新年福」、「祈福」到年底就要「還福」，應該是同一件事，可是開基伯公辦「新年福」有新年福的福首，辦「滿年福」有滿年福的福首，兩個祭典的福首是不同。福首人選通常是由舊福首推薦，或在「還神」祭典時，用抽籤方式抽出明年的新福首。

「祈福」、「還福」兩個「還神」祭典的祭祀方式類似，以下茲將美濃開基伯公「還神」祭典儀式與客家八音之運用情形詳述如下。

（一）結壇

開基伯公的福首有些當了好幾十年，對祭祀禮儀很清楚，傍晚，不用禮生到場，幾位福首就將拜天公祭壇架設好，上界供奉鮮花與五盤糖果，五點左右，到場的福首就上香祭拜結壇了。

結壇儀式先上香致敬稟告。【吹場樂】再由一個人用盤子盛茶向上界及開基伯公壇、天公爐等奉茶。【吹場樂】將上界酒杯倒酒致敬。【吹場樂】最後拿壽金到金爐焚燒紙錢。回來行三跪九叩首禮後結束。【吹場樂】【團圓】

（二）拜天公

拜天公祭壇設置兩界，上界桌前兩支甘蔗，甘蔗上綁長錢紙，中間一支涼傘，桌上鮮花、蠟燭、發粄，錢粄與桃粄。鳳梨兩顆，水果、米菓各五盤，五行乾料以及酒。下界上桌與上界一樣，粄改紅龜粄與新丁粄。下桌用托盤裝豬頭豬尾、豬肉、全雞、魚、蛋等「五牲」。兩旁豬羊各一隻，羊的桌上加一條魚。如果今年有生兒子的會拿新丁粄來放下界桌上祭拜。

拜天公祭典大約在晚上九點即開始，福首站祭壇前，民眾站後面，執事者點香給大家後，祭典儀式正式開始。

1、上香【吹場樂】

由禮生帶領大家上香祭拜，上香後執事生將香插到香爐內。

2、奉茶【簫子調】

執事者將倒到茶杯內的茶用盤子端著，先到壇前跪下致敬奉茶，再至每一界、開基伯公壇各奉三杯茶，天公爐奉一杯茶。全體執事生及民眾行三跪九叩首禮。

3、請神（誦請神詞時音樂停）

禮生站立壇前中間，兩位福首站禮生左右，其他人站後面，兩位執事者站於祭壇兩旁，大家雙手合什站立著。禮生誦念請神詞，【吹號一次】請神詞誦請三次，請一遍畢執事生敬酒。敬酒時【簫子調】敬三巡酒。三請畢行三跪九叩首禮。請神後執事生參拜後休息，民眾可以參拜行跪拜禮。【簫子調】

4、上香【簫子調】

執事者在點香給全體人員上香，上香後行跪拜禮。沒拜墊可跪的就用站立拜拜方式行禮。三跪最後大家不起來。

5、讀表文

禮生跪著讀表文，其他人也跪著。（開始時吹號一次）表文讀畢行叩首禮。【簫子調】行禮起立後雙手合什站立著。

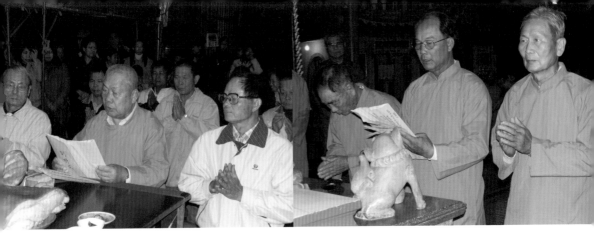

美濃地區讀表文　　　　　　　　　　　美濃地區讀表文

美濃開基伯公還福疏文（潘文興先生）

答謝平安疏文

伏以

神恩浩蕩陶鎔萬類有感斯通
帝澤巍峨眷顧群生無微不至

今據

臺灣省高雄縣美濃鎮永安庄人氏沐恩信士代表，值年福首宋永王、宋財祥、林華珠、林文玉、朱柏道、劉文海、張志揚、曾成旺、楊文雄　鳩集善信統帶暨合會人等，同誠焚香叩首百拜

玉皇大天尊玄靈高上帝
南無本師釋迦牟尼佛
三元三品三官大帝
南天文衡聖帝翼漢天尊
南宮孚佑帝君妙道天尊
南無消災延壽藥師佛
九天司命真君護宅天尊
先天豁落靈官
南斗六司延壽星君
北斗七元解厄星君
南無大慈大悲觀世音菩薩
南無三聖恩主恩師　　各寶金蓮座下

恭申意者眾生等為今年歲首祈求合境平安年終答謝天恩事竊謂歲暮春初正合境酬神之日
禍消劫解乃群生報恩之時邀集善信重修疏文依年例歲暮之良辰淨設壇所疏文上奏虔備素
筵齋供乃豕乃羊豬首五牲禮物

呈奉

諸佛諸聖諸尊諸神，伏維慈悲納受同鑑法筵　敬冀

佛光普照
神力扶持

憶自祈禱平安獲邀天眷恩施格外共迓[54]洪庥惠我無疆閤庄安泰四時八節家門吉慶災永離
兒福駢臻禍俱杳而祥益增恩同再造戴德瞻謹以本月日吉辰誠惶誠恐稽首頓首謹拜疏奉

聞

天運乙酉年十一月十六日，沐恩信士代表，值年福首宋永王、宋財祥、林華珠、林文玉、
朱柏道、劉文海、張志揚、曾成旺、楊文雄

鳩集善信男女老幼人等稽首頓首百拜上申

6、庇祐（禮生念時音樂停）

　　禮生再念請神詞後段。再次的請神，未請到的再次請，已到者若有事可請先離
席之意。最後酌上「美滿神酒、美滿神漿」執事者再敬酒。【吹場樂】

7、化財焚表文【吹場樂】

　　將捲好的金紙錢拿到空地焚化，禮生與執事生也將長錢紙、表文、香爐的香留
一支其他全收起，拿到燒紙錢處一起焚化。焚化後禮生拿一壺酒漿將化財紙錢灑繞
一圈，執事者與主祭者一起拜一拜再回壇前。

8、送神

　　回來後行叩首禮。【簫子調】叩首禮後不起來，由禮生誦念送神詞。（音樂停）
送神詞誦畢，行三跪九叩首禮。執事者將蠟燭火熄滅，香爐內的香拔起拿到金爐焚
化。【團圓】～【大團圓】

54　一ㄚ四聲，迎接之意

禮生拿一疊壽金與接豬羊血水的壽金，一起在外面焚化。

拜天公儀式結束後，將上界祭品搬到開基伯公壇前桌上擺放，神牌與壇位收起，下界神牌收起，其他東西與祭品不動轉向搬到伯公壇前，豬羊掉頭換位。甘蔗拿到伯公壇前兩邊放著。

（三）向開基伯公行三獻禮祭典

行三獻禮儀式祭壇佈置，內壇祭壇桌前擺放三張拜墊，外壇祭壇桌前只擺放兩張拜墊，外面放一張長木椅，椅子上放一個臉盆，臉盆旁放一條毛巾。

準備就緒後，執事者點香後交給大家，全體一起上香祭拜致敬。【團圓響嗹】上香後執事者用盤子盛茶跪壇前敬奉，敬奉後再至各壇與天公爐等奉茶。【簫子調】民眾上香後行參拜禮，等民眾都沒再行參拜禮時，兩位主祭者端放有祝文的托盤向禮生行禮致敬「請禮生」，禮生將托盤收起後拿到內壇桌上放。【團圓】主祭者請禮生後站旁邊等候。通生則到前面面向外準備司儀。

通：諸生舉禮，諸生各司迺職，勿倦缺禮。主祭者就位，與祭者亦各就位。

通：盥洗。

引：引至盥洗所，盥洗。復位。【團圓】

通：降神。

引：引——詣降神所，降神。復位。【簫子調】

通：參神鞠躬，跪，叩首，再叩首，三叩首，起。跪，叩首，再叩首，六叩首，起。跪，叩首，再叩首，九叩首，起。【簫子調】

通：奏樂者擊鼓三通【擊三通鼓】。鳴金三點【敲鑼三響】。奏大樂【小團圓】。奏小樂【簫子調】。連三年【吹號三聲】（鳴炮三響）。

通：執事者焚香禮酒，行香席禮。

引：詣香席前，跪，上香禮酒，叩首，再叩首，三叩首，起。【簫子調】

通：執事者執爵奉饌，行初獻禮。

引：引——詣美濃開基伯公爺爺香座前，跪。進爵進祿，叩首，再叩首，三叩首起。復——位。【簫子調】

通：讀祝文

美濃開基伯公還福祝文（潘文興禮生書）

祝文

中華民國九十四年歲次，乙酉月建，戊子望日，甲戌越祭日，甲戌之良辰，為滿年福答謝平安，沐恩信士代表，值年福首宋永壬、宋財祥、林華珠、林文玉、朱柏道、劉文海、張志揚、曾成旺、楊文雄　鳩集善信男女老幼人等。

謹以剛鬣柔毛，豬首五牲禮物，膳饈菓品，香褚清酌之儀
致祭于
開
福德正神寶座前
基
讚言曰
恭維

尊神當境土地，萬姓福神，功曹司職，糾察凡塵，聰明正直，護國佑民，稽查善惡，秉忠至勤，膺承簡命，社稷明尊，馨香爼豆，雞丞薦頻，惟公白髮，金賜福人，靈通三界，傳奏高真，四時八節，雨露露均，答謝平安，謹祝清樽，默佑合境，福祿駢臻，年豐九穗，謳歌長春

伏維
聖饗

引：引——詣前，跪。讀祝文亦跪，讀祝文【吹號一響】。讀畢。叩首，再叩首，三叩首，高昇。復——位。【簫子調】

通：執事者執爵奉饌，行亞獻禮。

引：引——詣美濃開基伯公爺爺香座前，跪。進爵進祿，叩首，再叩首，三叩首起。復——位。【簫子調】

通：執事者執爵奉饌，行三獻禮。

引：引——詣美濃開基伯公爺爺香座前，跪。進爵進祿，叩首，再叩首，三叩首起。復——位。【簫子調】

通：主祭者容身暫退位，與祭者各行分獻。

休息，各人自由參拜【簫子調】

祭典休息時選新福首，由舊福首推薦或用抽籤方式決定新福首人員。祭壇上敬奉一大盤的新丁粄，確定明年福首人員時，念到當選福首的人名即送兩塊新丁粄給他，接下就表示接下這個工作。

通：主祭者復位。

通：加爵祿【簫子調】。

通：獻帛，執事者執帛，讀祝者執祝，化財焚祝文。

引：引——詣，進財寶。復位【團圓】（放炮）。

通：辭神鞠躬跪，叩首，再叩首，三叩首，起。跪，叩首，再叩首，六叩首，起。跪，叩首，再叩首，九叩首，起。【簫子調】

通：禮畢【團圓】～【大團圓】兩位主祭者最後要去向禮生致敬謝禮。

儀式結束後將敬奉品、祭壇收起。全部儀式結束。接著準備稀飯請大家吃福。

第五節、南隆地區北客聚落的「還神」祭典

　　美濃南隆地區依現在的行政區域，包括吉洋、吉東、吉和、清水里四里，以及獅山、龍山、德興、中壇等四里之一部分。在明治42年（1909）日資三五公司申請南隆農場開墾工作，招募入墾農戶，有來自瀰濃地區的入墾農戶，也有不少來自新竹州（包括現今桃、竹、苗地區）的客籍入墾戶，一批批新竹州的農戶在入墾親友的遊說招募下，舉家變賣了產業，攜著資金入墾，南隆農場的大規模招佃，也吸引了屏東客家庄、六龜、杉林的平埔族和旗山地區山區的農戶入墾。

　　入墾農戶到南隆地區開墾，來自不同地區的入墾戶會各自聚集在一起互相照應，早期開墾時都會搭寮聚集居住在一起，因而南隆地區就形成許多以「寮」為地名之聚落，有金瓜寮、三降寮、內六寮、外六寮、下九寮、上九寮、溪埔寮、手巾寮、大頂寮、八隻寮，以及四隻屋、二十一隻屋等聚落。這些聚落有來自瀰濃地區的客家族群，有來自北部的客家族群，以及附近鄉鎮福佬、平埔族群，二十一隻屋主要是福佬、平埔人聚集之聚落。

　　歷經將近百年的時間，現在南隆地區居民之生活、習俗已與美濃地區幾乎一樣，很難分出南客與北客的社區族群，生活型態上都已經是道地的美濃人了。然而來自北部桃、竹、苗地區到南隆地區開發的客家人，雖然各方面都已經與美濃地區客家人融合，但先天上隱藏的北客習俗，還是會在適當的時機顯現出來。

　　土地伯公是客家人的重要精神信仰，從土地伯公的沿革中亦可大略了解當地的開墾歷史，「還神」祭典是客家人敬奉天地，延續自中國古傳統之祭典禮俗，也一直延續著客家族群的傳統習慣，從南隆地區春祈秋報新年福、滿年福，或是伯公生、結婚等「還神」祭典，可以看出此聚落是南客還是北客之聚居地，也可以了解到這個家族是從瀰濃地區過來的，還是北部客家人。

　　南隆地區所辦理的「還神」祭典，方式與瀰濃地區「大同小異」，瀰濃地區到此入墾的聚落，祭典儀式與美濃地區是一樣。北客聚落的「還神」祭典，就與美濃地區有些微的差別，這個大同中的小異，就是北客雖融入美濃地區，還留有北客之

祭典習俗之象徵。

一、還神祭典祭壇與敬奉品的擺設

　　南隆地區「還神」祭典祭壇設上中下三界，上界書寫「昊天金闕玉皇大帝陛下暨列週天滿漢星君寶座位」的神牌位，中央撐一隻傘，兩旁綁兩枝甘蔗，甘蔗上再掛著「長錢紙」，桌上有一對鮮花、蠟燭、發糕、茶杯、五杯酒、桃粄、錢粄各一盤、水果、糖果各五盤、五行素食。上界香爐旁擺放兩個燈座，左邊黃色、右邊紅色的燈座，三降寮與合興庄土地伯公還神時，上界左邊黃色、右邊是綠色的燈座。

　　中界是書寫「南無大慈大悲觀世音菩薩蓮下暨列諸尊神香席位」的神牌位，有鮮花、蠟燭、發糕各一對、茶、五杯酒、紅龜粄與新丁粄各一盤，飯糰、水果與糖果各五盤及五盤五行素食。中界香爐旁也各擺放一個燈座，內六寮左邊紅色燈座，右邊是黑色燈座。三降寮與合興庄土地伯公還神時左邊黑色燈座，右邊是綠色的燈座。南隆地區從北部來移墾的聚落，「還神」祭典時上中界會擺放燈座，從瀰濃地區來的不擺放燈座。下界神牌上書寫「暨列五方福德正神香座位」，下界上桌敬奉品與中界一樣，但沒燈座。下桌另加一桌子擺放葷食五牲牲禮以及新丁粄或粿粄等。

[左至右] 合興庄完福黃色、綠色、黑色、紅色燈座

水路無祀孤魂祭壇　　　　　　　　　水路無祀孤魂祭壇

　　在祭壇旁邊另設一個渡孤壇的祭壇，祭壇牌位上書寫「本境水路無祀孤魂香座位」，供奉三牲祭品，敬奉好兄弟。

　　南隆地區「還神」祭典祭壇上所供奉的物品，一般與美濃地區類似但比較豐富，量也比較多，「還福」時幾乎聚落中之每一戶人家都會準備牲禮來祭拜。

二、祭典儀式

　　南隆地區都依客家傳統「還神」祭典儀式辦理，各聚落有不同的祭典習慣，例如：南興庄三降寮地區結壇拜天公卻沒行三獻禮，合興庄的行三獻禮不在拜天公後即行禮，而在次日的大清早行三獻禮，內六寮地區則依傳統方式辦理。

（一）結壇

　　結壇在傍晚時進行，結壇時在上界擺放五盤水果與五盤素粿，結壇通常只有禮生、爐主與少數幾位福首參與，結壇儀式先奉茶後再上香，上香時於壇前秉告，秉告後將香插於香爐後再行三跪九拜禮，敬酒後結壇結束。

　　結壇時八音只有嗩吶與打擊樂演奏【吹場樂】，最後結束時吹奏【團圓】結束。

（二）拜天公

拜天公儀式在晚上約十點開始進行，聚落的伯公或信仰中心的神廟「還神」祭典，參與的民眾很多，尤其是年底的「還福」，祭祀範圍內的各家戶都會準備牲禮出席參與。拜天公祭典儀式如下：

1、奉茶

兩位執事者先向上、中、下三界神前及其他壇位奉茶。【團圓響噠】

2、上香

禮生帶領全體人員上香，上香後執事者將香收起插入香爐內。【團圓響噠】上香後各人行三跪九拜禮。【簫子調】

3、請神

禮生跪於壇前中間，爐主、副爐主跪左右兩旁，其他人員在後面跪著或站立雙手合什。禮生誦念請神詞三遍。（開始時吹號，請神時音樂停）請神詞念三遍後，執事者敬酒，【簫子調】一巡酒、二巡酒、三巡酒結束後行跪拜禮。【簫子調】

請送神文（劉添福先生）

請神文

伏以

銀臺燭亮，光透靈霄，寶鼎香濃，香煙傳紫府，敬請虛空過往神祇，夜遊神將，傳香童子，奏事童郎，伏乞，為民轉奏于，黃金金闕，白玉王宮，玄穹高上帝，玉皇大天尊。敬請，南斗星君，北斗星君，東西二斗星君，太陽星君，太陰星君，二十八宿星君，三十六禽星君，六十花甲星君，七十二曜星君，消災降福星君，注福注祿星君，移花接木星君，三百六十五度星君，暨列週天滿漢星君。再來拜請，南無大慈大悲觀世音菩薩，玉封五穀神農大帝，天上聖母娘娘，三官大帝，五顯靈官大帝，伏魔大帝，梅溪助國功王，三山騎龍騎虎功王，暨列諸神聖佛。再來拜請，當省當縣城隍爺爺，本庄（合境）東西南北神福德正神，本（各）家司命灶君。今據臺灣省○○縣○○鄉（鎮）○○里○○號沐恩信民○○○，緣因（叩許，酬謝眾神，迎婚嫁娶）既蒙天恩庇祐，理應叩酬，捐取于○○年○○月○○日○○時，在（祠、宮、自宅）當空潔淨壇所，慶具全豬全羊，豬首牲醴，鮮花蔬果，香燭茶酒，寶錠萬貫，長錢文表之儀，敢煩值日公曹使者，肯恩為民

轉奏于

昊天金闕玉皇大帝陛下暨列週天滿漢星君寶座前。
南無大慈大悲觀世音菩薩蓮下諸位尊神香席位前。
暨列五方福德正神香位座前
福以至尊，統天地水儒釋道三教聖賢等尊，鑾輿鳳冠，降駕凡塵，光臨下土，受我愚民
之寸敬，享我不腆之菲儀，一請還當二請，二請理當三請，三請既週，四請既訖，開壺
酌酒

敬請列位星君列位尊神，一來到座，二來領受，領受爐內清香，三來庇祐，庇祐庄（家）
中男沾百福，女納千祥，家家清吉，戶戶平安，身體康健，百事吉昌，再來酌上第二巡
酒漿（參神禮拜）奏文

叩許明年

送神

神通變化妙難言，世在靈空應往還，敬送天曹諸聖佛，恭辭地府眾神仙，山川嶽瀆諸神
祇，燕宇池塘大聖賢，勝境逍遙多自在，請申鑾駕轉回天。

（劉添福禮生手書提供）

4、敬好兄弟

　　禮生帶福首到天公壇旁邊另設的渡孤壇上香祭拜，上香後再敬酒，祭拜後禮生
擲筊問是否高興領受，若聖筊即可化財，敬兄弟燒的紙錢只燒銀紙，且不能與拜天
公的紙錢燒在一起。【簫子調】

5、宣布大雞比賽名次

　　南隆地區北客聚落「還福」祭典時，家家戶戶都會準備牲禮到場祭拜，有一兩
百付牲禮擺放敬奉，場面相當壯觀。在那麼多牲禮中大家都會互比較誰家養的雞比
較大，因而就有大雞比賽，這或許是北客帶來的習俗。這時會宣布大雞比賽前十幾
名優勝者，由爐主頒發獎金。（音樂停）

6、選爐主

　　福首通常以一鄰或二鄰為單位，輪流擔任該祭典的福首，「還神」祭典當天，會
用擲筊的方式選出下一任爐主與副爐主。改選的方式是從下一任的十幾位福首中，
由一人念福首的名字，念到哪位福首名字，即到神壇前，跪拜後跪著擲筊，若是聖

茭則繼續擲，直到笑茭即換下一位。若候選人未到，則由現任大爐主代替擲茭（有些地區的慣例也不是候選人自行擲茭，而以現任爐主來負責擲茭）。看哪一位福首得到的聖茭最多，即當選下一屆的爐主，次多的為副爐主。當擲茭時，若是聖茭現場會發出歡呼聲，自己臉上也露出喜悅的笑容，看到笑茭，會聽到有人發出嘆息聲，有些福首還會顯露出一付懊惱的神情。這種在還福時用擲茭選出下屆爐主的方式，都不會有爭執，也沒有人有異議。（音樂停）

7、上香

執事者再點香給全體人員，大家再次上香。【簫子調】

8、庇祐 [55]

禮生帶領再次向諸神祈求來年合敬平安之福，並許下明年還願的方式。然後執事者再把大家的香收起插於香爐內。【簫子調】

9、讀表文

禮生帶領跪於壇前中間位置，爐主、副爐主跪兩旁，其他福首或民眾在後雙手合什跪著或站立。禮生誦讀表文。（讀表文開始吹號一聲）鳴炮。表文讀畢行跪拜禮。

屏東地區讀表文

10、化財

禮生與執事者把三界的神牌、香爐內的香只留一隻，燈座、長錢紙，表文，帶領福首拿到空地與紙錢一起焚化。【吹場樂】

11、送神

化財後回祭壇前再行跪拜禮，【簫子調】行禮後大家還是跪著，禮生誦念送神詞（音樂停）。誦畢，將香爐的香拔起，再拿一疊壽金由禮生帶主祭者到化財處焚化。或將香插於天公爐，壽金拿到金爐焚化。【團圓】～【大團圓】

---

55 劉添福禮生稱這時段為「蓋寶」，南隆地區的還神祭典許多都會請劉添福先生去做。

美濃六寮伯公還福疏文（劉添福禮生）

疏文

天道高明千古有仰生之化

神功浩蕩萬民沾默佑之恩

慈鳴　遂得延年益壽佈無疆之厚福均蒙呈祥今據高雄縣美濃鎮吉東里清水里六寮內外庄民信士

值年爐主李政宗副爐主劉騰榮福首陳永發彭明田吳阿華……油香溫森榮黃本森……

統帶庄民信士人等

緣因癸未年（民國九十二年）吉月吉日在六寮福德祠叩許天恩庇祐平安福愿深恩久曠刻銘不忘涓取甲申年（民國九十三年）十一月二十一日虔具全豬全羊豬首牲醴鮮花蔬果香燭秦酒寶錠萬貫長錢文表之儀誠惶誠恐稽首伏竭誠神

虔申寸謝

昊天金闕玉皇大帝陛下暨列週天滿漢君星寶座位前

南無大慈大悲觀世音菩薩蓮下諸位尊神香席位前

恭申意者

切念信民叩謝平安福愿恭維帝德既蒙庇祐保障鄉曲處處均蒙沾覆育護衛庶民人人共沐延年合室安康有托一心之報難忘言福愿增福安益求安當虔誠而致敬

伏冀

家生喜兆戶納千祥四時安康永無史害之侵八節調和長享平寧之福男沾百福女納千祥家家清吉戶戶平安萬事如意百事吉昌身體康健世世祥光是則無任瞻天仰德之至

謹疏進上

聞

天運甲申年十一月二十一日沐恩信士值年爐主李政宗

統帶六寮內外庄民人等百拜上申

　　送神後結束拜天公「敬神」的儀式，將壇位收起，祭品收起或分給民眾，通常民眾都會主動過來拿，但上界的祭品以及下界的祭品與牲禮不能拿，這些要行三獻禮的祭品。

美濃六寮伯公還福祝文 （劉添福禮生書）

祝文

維

中華民國九十三年，歲次甲申月建丙子望日，己卯越祭日，己酉之良辰

今有信士李政宗、劉騰榮、張金發、吳騰雨、曾國垣、彭明坤、彭壽福、羅乾邑、劉順和、張忠雄，虔備全豬全羊，豬首牲醴，鮮花蔬果，清酌之儀。

致祭于

太平庄六寮福德正神香座位前

讚言曰

福神功高亦世芳

施于地方發其祥

福而有德千秋祀

護衛村庄萬古發

載鳴厚福庇赤子

德浩神功護蒼生

福神聖德威靈顯

齊同天地日月光

尚饗

（三）行三獻禮

　　拜天公的祭品轉向敬神行三獻禮的祭品，民眾帶來的牲禮同樣要調轉方向面向福德正神壇，南隆地區「南客」、「北客」行三獻禮儀式方式與美濃地區一樣，故不再贅述。

三、南隆地區北客聚落「還神」祭典之探討

　　南隆地區「還神」祭典，各地區都有其不同的辦理方式，溪埔寮、四隻屋的「還神」祭典方式與瀰濃地區一樣，應該是南客聚落。三降寮、六寮、九寮地區聚落的

祭典與瀰濃地區有比較大的差異，應該是北客聚落。北客聚落「還神」祭典與美濃地區「還神」祭典看似一樣，但有一些的不同。在此提出不同處，或許可以藉此了解到開發情形與聚落之族群關係。

1、南隆地區北客的「還神」祭典，在上界與中界祭壇神牌位兩旁會各擺放一個燈座，上界擺放的是，左黃、右紅色的燈座，中界擺放的是，左黑、右綠色的燈座。從文獻及田野調查了解，美濃與附近新民庄、杉林、旗山客家地區「還神」祭典的祭壇上是沒有放置燈座的。桃竹苗地區、屏東地區，祭壇上會放置燈座。

2、南隆地區北客的「還神」祭典，拜天公祭典時祭壇旁會另設一祭壇敬奉「好兄弟」，儀式中會有敬好兄弟的儀式。

3、南隆地區若是地區性的「還福」祭典，聚落內的各家戶都會準備牲禮到場敬奉祭拜。這種現象可以看出南隆地區的團結情況，並不是以行政區域為單位，而是以當初的開發區域為主。

4、大雞的比賽或許是北部帶來的習俗，大雞比賽在南隆以外的美濃地區很少見。六龜的新興村二埤也有大雞比賽，但是二埤的祭典是以福佬道教作法方式進行。

5、南隆地區一般人對當爐主的慾望程度比較高。榮譽感也比較盛，有些人被選上當爐主時還會辦桌請客，他們覺得這是無上之榮譽，在美濃地區則比較含蓄。

6、民眾祭典時的敬奉品量比較「慷慨」。今年家裡若有生男孩，在美濃地區可能就準備36塊「新丁粄」來祭拜，南隆北客地區可能是準備一塊的新丁粄。

南隆地區客家還神儀式壇位與祭品擺設圖 56

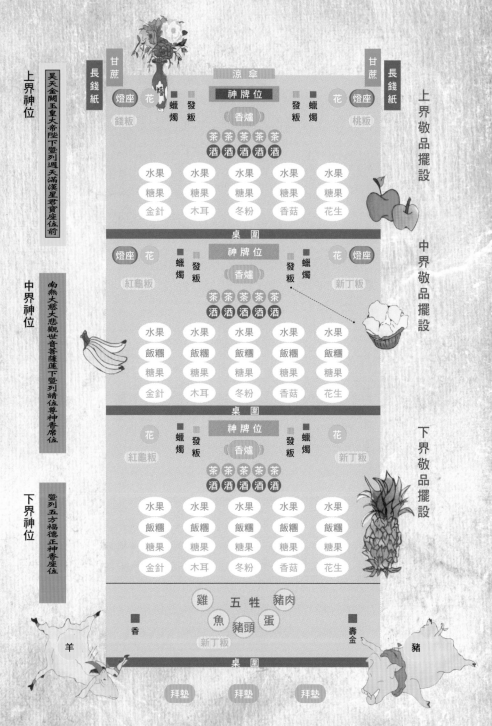

56　南隆地區還神祭典壇位與美濃地區類似，只差別在上、中界有放燈座。

結論

「還神」，是客家人生命禮俗與歲時祭儀中重要的祭祀活動，神佛聖誕日、男子結婚、年初年底的「祈福」與「還福」等，要敬天、謝天時客家人都會以「還神」祭典行敬神、祭祖等祭祀禮儀。

美濃地區之「還神」祭典之行禮方式，並不完全相同，廟堂、伯公壇、家族祖堂各有其習慣性、傳統性、地區性的執行方式，執行者禮生亦是重要的影響因素。

綜合以上之調查研究，從美濃地區客家廟堂、伯公壇、家族祖堂的「還神」祭典中，歸納出美濃地區的「還神」祭典方式，與祭典中祭壇的設置、供奉祭品之意涵與隱喻，最後了解現今美濃地區客家「還神」祭典之現況是如何。

一、美濃地區廟堂之「還神」祭典方式

通常廟堂在神佛聖誕日時，都會行「還神」之祭祀儀典。此廟堂主要以社區聚落「公廟」為主，「公廟」之祭祀儀典時，通常都會依傳統慣習行祭祀儀典。主導祭祀者以管理委員或當地耆老為主。

美濃地區的「公廟」，主要有奉祀三恩主[01]的善堂、媽祖廟、觀音廟、聖君廟、三山國王廟等與奉祀其他神祇之寺廟。「廣善堂」是美濃地區最負盛名的善堂，「廣善堂」是從杉林的「樂善堂」分香而來，美濃地區廣興、廣林、龍肚、石橋、新威等各村庄之善堂都從廣善堂分香成立。聖君廟主要奉祀張、蕭、劉、連四位神祇，主神張公聖君又稱法主公，三山國王廟一般都被認定是客家人的廟，但在美濃地區三山國王廟並不多。

雖然中國之傳統宗教信仰有儒、釋、道之分，但在一般民間信仰中，並沒有將這些寺廟之信仰類別清楚的切分，祭典儀式也並無依儒、釋、道個別之祭祀儀典行禮，通常都會依該寺廟之傳統習慣，或依客家傳統之「還神」祭典禮儀方式辦理祭

01　善堂奉祀三恩主之神是，關聖帝君文衡聖帝翊漢天尊，呂洞賓孚佑帝君道家則稱為妙道天尊，以及灶神九天司命真君護宅天尊。

典。

　　美濃地區寺廟所舉行的「還神」祭典方式，各有所不同。寺廟所進行的「還神」祭典，都會依傳統儀式行三獻禮祭祀儀典。而在拜天公之儀式上，有些寺廟會結壇行拜天公儀式，有些則無而以請誥或其他方式行之。美濃地區寺廟所進行的「還神」祭典，行禮方式歸納起來可分以下三種類。

（一）經生先誦經後再行三獻禮祭典。

　　會先誦經後再行三獻禮祭典方式的廟堂，該廟堂應有經生團，但並不是廟堂有經生團就會以此方式實施，也無規定祀奉哪種神祇的廟宇要以此方式實施。例如：美濃永安路三夾水旁的天后宮奉祀媽祖娘娘，即是誦經後再向媽祖行三獻禮祭典，美濃福安庄的天后宮卻依傳統「還神」祭典，先結壇、拜天公再向媽祖行三獻禮祭典，美濃天上聖母宮也依傳統「還神」祭典方式行禮。美濃茶頂山天雲宮奉祀觀音佛祖，誦經後再向觀音佛祖行三獻禮祭典。美濃獅山里慈雲宮，南隆的五穀宮，美濃龍肚的清水宮等各寺廟，「還神」祭典行禮方式都各有所不同。祭祀儀典方式如何實施，主要由主事者或依該寺廟之傳統方式決定執行祭典方式。

（二）先「請誥」後再行三獻禮祭典。

　　通常善堂在行「還神」祭典時，都會先「請誥」。請誥時由一人跪於堂內誦念請誥詞，左右各一人跪著陪請，兩邊各站立一位執事生，每一寶誥請三次後要敬酒致敬。請誥時先誦念三業咒與淨壇咒，三業咒是淨身，淨壇咒是淨壇，先淨身、淨壇後再請神，若新堂或新祖堂要再誦「安神咒」，舊廟堂請誥時不需誦念安神咒。祭典儀式前之請誥通常要請該善堂所有神祇，請「十寶誥」[02] 或「五寶誥」，每一寶誥要誦念三遍，整個請誥時間約要四十分鐘至一小時。

02　請誥詞參考前文第三章附表 3-8。

「請誥」即請神之意，所以若有請誥就不再辦理「拜天公」的儀式，但有些善堂「還神」祭典時，有「請誥」也還是有結壇拜天公。像旗山圓潭的宣化堂在「天公生」與年底的「冬成福」、「還福」時，祭典前先「請誥」後再行「拜天公」的儀式，然後再行三獻禮祭祀儀典。

美濃地區的善堂行「還神」祭典時，請誥後即進行三獻禮或九獻禮儀式，儀式後若無送神儀式，還要誦「遮經」[03]送神，「遮經」如同請誥由一人主誦念（通常會不用陪送與執事生，只有一人誦念），誦「遮經」時先誦淨三業咒淨身，不必誦淨壇咒與安神咒，再誦「明聖經」或「三寶訓」，「明聖經」很長約需一小時，通常誦「三寶訓」即可。若有送神儀式則就不用再誦「遮經」了。

遮經

請三業咒
身中諸內境 三萬六千神 動作履行藏 前劫並後業 願我身自在 常住三寶中 當於劫壞時 我身常不滅 頌此真文時 身心口業皆清淨 急急如律令
（不用誦淨壇咒）
恭誦
南天聖帝關夫子諭明
大帝曰
風蕭蕭，雨濛濛，辭金闕，下瓊宮，燦燦中天烈日，凜凜八面威風，太義沖星斗，正氣貫長虹，馬騎赤兔，刀偃青龍，離合英雄乾坤內，相逢兄弟古城中，大業既定三分，壯志未成一統，嘆江山幾次改動，蒙恩榮祀典崇隆，憫蒼生駕動鑾輿，念赤子路出蟲叢，觀紅塵無限懵懂，見黑氣甚是惡凶，忠厚和平堪恕，機巧變詐難容，盡皆是為子不孝，為臣不忠，為兄不友，為弟不恭，夫婦不和順，朋友不信從，習熟了，驕傲氣象，養成那刻薄心胸，正道弗田，僥倖作用，不存天理，哄騙愚盲，做出許多愧偏，造成無數巧功，只圖肥潤自己，那知惱怒天公，降下了諸般劫數，收伏那惡人種種，水火刀兵未了，疾病瘟蝗又逢，鬼哭神嚎，山搖地動，轉瞬間，三九堪痛，曲江上，火龍夾攻，那時節父不見其子，弟不顧其兄，夫婦分南北，親戚各西東，百年事業成何用，萬古功名總是空，某不忍生民遭塗炭，某不忍善惡無異同，幾次泣叩，靈霄寶殿中，一心心只想劫數消溶，鬢髮斑斑白，血淚點點紅，一誠達聖聰，

---

03 遮經詞如附表 6-1。請誥行三獻禮祭典後要送神，用誦「遮經」，若九獻禮有送神則不用誦「遮經」。

五劫漸緩鬆，又感動三星臨凡塵，八仙出崆峒，聖佛先真，廣大缽幪，處處飛鸞，振聾發聵，諄諄論文，汗牛充棟，不惟加毀謗，而且置塵封，化不轉囂囂世道，挽不回蚩蚩愚氓，想當初，錯把拏，玉旨手捧，到今朝，又有何顏對玄穹，沒奈何再把這唇舌弄，眾凡民，一個個須諒某苦衷，一不要汝銀錢，二不要汝齋供，只要汝父慈子孝，兄友弟恭，夫婦和順，君義臣忠，方便時時行，經典多多誦，聖諭宣講，神訓遵崇，從此六戒保身，自今三畏參躬，做一番頂天立地大豪傑，為一個調元贊化大英雄，切勿為善不勇，切勿畏難不終，功行滿，超登三界，善果圓，徑上九重，朝金闕，謁瓊宮，聖神歡悅，仙佛隆重，其樂也洩洩，其喜也隔隔。

蓋天古佛，昭明翼漢大天尊。三稱

恭誦 南宮孚佑帝君呂祖救苦救難真經。三稱

志心歸老祖，求脫人間苦，疾病無纏綿，安寧天擁護，十干十二支，二十八宿主，天神玉女聞，盡皆降吾杵，寶劍自光芒，殺斬妖敢阻，葫蘆貯靈丹，度盡九天苦，牢獄枷鎖災，水火並瘟毒，刀兵急厄臨，路中逢險阻，一切苦相縈，持此化成土，隨念隨時來，降我吉星輔，過去盡生方，現存賴恩主，一聲誦永寧，全家伏龍虎，有此聖靈章，萬魔咸束首。

太上呂帝君，急急如律令

淨心淨口淨身咒

金經金經大金經，淨心淨口復淨身。
高聲朗誦驚神鬼，一切災殃化為塵。

恭誦

九天真元顯應誨世靈寶金經

天尊曰

九重天上竈王尊。靈霄輔相鎮乾坤。
三界全權都在柄。人間禍福掌操中。
斯世不知多褻慢。難逃禍患萃盈門。
吾人大發慈悲念。降造金經一卷文。
詞淺意深人易曉。佈告善男信女門。
有能朝夕誠心誦。一辦清香透九重。
隨時念誦吾隨到。迪吉消災佑滿門。
求子便能生貴子。求安可保合家春。
求名立見名高發。求利無難利路通。
孝子為親求福壽。添齡錫福樂欣欣。
無求不應真靈驗。只要誠心朗誦勤。
一遍三功神紀錄。終身持念格蒼穹。
心體力行多善果。時時足下起祥雲。
生祥榮華添百福。死規神道蔭兒孫。
金經一卷非閑說。人世休將作具文。
叮嚀切切留心記。天大福基在此敦。
男婦果能遵教訓。修功積德姓名芬。

恭誦

九天司命真君口授救世真經

天尊曰

命自吾司奏九天。陰陽善惡秉全權。

家人莫向東廚慢。我舌如同北斗懸。

化吉除凶叛樂地。元皇定國久旋乾。

因驚藥海多沉溺。屢出天門疊救援。

事事苟能規善路。林林咸得避災愆。

每來涖任諸神奏。曾有功曹把籍編。

地獄沉沉嚴法律。天堂渺渺會神仙。

最憐引誘諸愚蠢。偽託慈悲背聖賢。

夜差煞帥明照鑒。日令神兵徑達前。

疾呼大夢迷魂返。今夜傳經把口宣。

敬誦晨昏勤頂禮。舉家共受福綿延。

收經讚

慈悲救世，忠義匡君，演教說法度眾生。正氣滿乾坤。無量度人。受持利益亨。

太聖伏魔蕩寇救苦救難大天尊　三稱

（三）結壇拜天公後再行三獻禮祭典。

有些寺廟行「還神」祭典時，會依傳統儀式，傍晚時先結壇，晚上再準備豬羊牲禮向外行「拜天公」儀式，最後再轉向廟堂行三獻禮祭典。祭拜禮儀在執行上，各地區的廟堂也有些許的不同，至於三獻禮祭典實施方式並無太大的差異。「拜天公」儀式的實施方式則有較大的不同，主要在「請送神」之方式不同，拜天公儀式實施的方式綜合歸納可分成以下三種：

1、誦念傳統請神詞請神。

由禮生主導，兩位主祭者在禮生兩旁，其他人在後面，全體人員上香祭拜後，禮生誦念客家傳統請神詞請神，請神詞念三遍，請神後讀表文，讀表文後再請一次，此時誦念之請神詞含客套之再一次之恭請，亦有送神之意，稱作「庇祐」，庇祐後化財焚表文，最後再回壇前禮生誦念送神詞送神。

2、誦念玉皇真經方式請神。

大家上香祭拜後，大家跪下由禮生誦念「玉皇真經」請神，每一神誦念三遍，

請神後再讀表文，接著再誦念玉皇真經，玉皇真經誦念畢即化財焚表文，最後誦念收經謁送神，結束拜天公敬神儀式。旗山圓潭福安庄地區「還神」祭典的拜天公都是以此方式，美濃廣興、廣林地區亦是以此方式結壇拜天公敬神。

3、誦經團誦經方式。

有些廟堂「還神」祭典時，在廟堂外結拜天公壇，在請神時是以誦經團誦經的方式請送神，讀表文時由主懺者個人讀表文，表文讀畢繼續誦念經典，最後化財焚表文。美濃竹子門水德宮「還神」祭典的拜天公即以此方式行禮。

二、美濃地區傳統客家「還神」祭典方式

伯公壇是最常辦理「還神」祭典之處，新建、改建、修建伯公壇落成陞座時會行「還神」祭典，農曆二月二日或八月二日土地伯公生日時，年初與年底的新年福、滿年福，都會在聚落中的伯公壇行「還神」祭典。客家村庄在農曆 12 月 25 日「入年駕」時，今年伯公的福首們，會帶著彩旗、金、香、紙、燭等物品，在客家八音的音樂聲中，一一到村庄內的土地伯公壇，將土地伯公請來到寺廟或庄內的開庄伯公壇行「還神」祭典，直到農曆正月 15 日辦理新年福的「還神」祭典後，再將伯公一一送回伯公壇。

春祈新年福通常在農曆元月辦理[04]，到年底要辦理「還福」祭典，「還福」除了在廟堂或伯公壇辦理「還福」的「還神」祭典，各家族也會準備牲禮到祖堂祭拜。美濃地區「還福」（又稱滿年福、太平福）辦理的時間，各地區並不一致，新威地區是在農曆 10 月 15 日，美濃地區大都在農曆 11 月 15 日，或至過年前選一個假日辦理。

家族內辦理「還神」祭典，主要是在祖堂新建、改建、修建等落成陞座時，以及男子結婚時會辦理「還神」祭典，家族內有人榮陞將官等光宗耀祖之事，或許也

---

04 有些地區新年福不一定在正月十五日，會用看日子的方式決定日期。

會搭壇辦理「還神」祭典謝天敬祖。

美濃地區傳統客家的「還神」祭典，拜天公祭壇有設置三界與兩界兩種，拜天公要設三界或兩界，通常是由禮生或當地的習慣決定。根據劉添福禮生的說法，神分六種：「玉皇大帝」與各種星君，這些天上的神仙，不是懷胎生育而來，屬上界之神。祂們是不吃米飯的，只吃水果與素食等，所以上界的素食敬奉品「齋、蔬、果、品」中不用米飯。中界之神是由人昇化而為神，像「觀世音菩薩」，「媽祖」等神，祂們以前是吃米飯長大的，中界亦是用素食品祭拜，素食水果等敬奉品中可用飯糰敬奉。下界之神是管理民間與陰間之神，有「土地伯公」、「地藏王菩薩」、「城隍」等，敬奉品與中界一樣，下界另備有豬首五牲等祭品敬奉。為表示最誠摯的敬意，並備有中國傳統祭祀禮儀中之「少牢」之禮，全豬全羊在兩旁。劉添福先生他在行「還神」祭典時，堅持拜天公祭壇要用三界，他認為神界各有區分不能越界而坐，若只設兩界，請來的神無壇無位可坐亦是不敬。也有許多地方或禮生「還神」拜天公祭典只設兩界。

美濃地區客家傳統之「還神」祭典，行禮方式，祭壇之設置方式，祭品及祭品之擺設，禮生或引生為主要的關鍵人，通常禮生會有其習慣搭配的引生或執事者。通常，福首或主家來請禮生要行「還神」祭典時，禮生會依照福首或主家要如何辦理「還神」祭典的方式，開一張祭典應用物品清單[05]給負責人準備。有些祭典物品會由禮生自己準備好帶去。

傳統的「還神」祭典分成結壇、拜天公、行三獻禮三階段。「結壇」是在傍晚時進行，結壇的敬奉品只在上界簡單用五盤水果與糖果敬奉，主要目的是要向上天先告知儀式簡單。「拜天公」的方式各地區會有所不同，時間上「拜天公」都是在子時行禮，也就是客家人所說狹義的「還神」。「拜天公」後行「三獻禮」，在美濃地區客家人「三獻禮」儀式中，可以看到其行禮方式，都依中國傳統禮儀來行禮，雖然也有些簡化，還是保有中國之傳統禮俗文化。

05　還神祭典應用物品表如頁 284 附錄，此表筆者整理，一般禮生所寫物品清單較簡要。

三、客家八音在「還神」祭典之運用情形

　　客家八音賦予「還神」祭典生命力，將祭祀儀典活化，祭典是否請客家八音團，還是要用播放音樂方式，禮生則就無法主導。有時候主人還是會請禮生建議要請哪團的客家八音團，這時禮生就會建議要哪個常搭配的八音團來作場，配合的默契會較好，讓祭典儀式更順利。

　　從各種還神祭典調查研究中了解到，客家八音在「還神」祭典時，配合祭典運用的曲牌類型，在各個階段要如何演奏，有傳統的習慣與規定。儀式開始、結束、請送神與化財時要用【大吹】，此【大吹】可以吹奏【團圓】、【團圓響嗟】、【吹場樂】或其他僅一支嗩吶在吹奏的【大吹】曲調。儀式中禮生或通引生再誦念時八音要停止演奏，其他時間以演奏【簫子調】配合祭典。非祭典儀式時要熱鬧，會演奏【弦索調】類型之八音音樂。

　　所以在「還神」祭典時，客家八音配合祭典運用的曲牌，在各階段有一定的演奏八音曲調類型，但所演奏的曲牌並無規定，隨嗩吶手的習慣或弦手想到的曲牌，即興演奏出來。

四、客家「還神」祭典之隱喻

　　美濃地區客家人的「還神」祭典，保留中國古代傳統祭祀禮儀，不受福佬外在的影響，有其堅持傳統禮教的祭典方式，從傍晚開始的結壇，到晚上的拜天公以致最後的行三獻禮，都有其禮儀與涵義存在。

　　三獻禮敬奉儀式，都依中國傳統祭祀禮儀方式行禮。祭典前，在傍晚會先「結壇」稟告通知，此為客家人重視禮教，預先告知而不冒失行禮。拜天公的祭壇不論是兩界或是三界，都希望天上人間諸神，皆能蒞臨享用佳餚美食。各項佈置擺設與祭品雖簡單都有其涵義，用紅甘蔗並要連根帶葉，表示不忘本生生不息、節節高昇之意，長錢紙代表著「長錢萬貫」，上界的粄粿左錢粄與右桃粄，有準備天上的仙桃敬奉，中、下界用紅龜粄與新丁粄代表添丁進財、富貴萬年，發糕代表「發」，「發

糕」客家語稱作"發粄"（ㄅㄛ一五粄），「發」也是很有錢之意，「發粄」是必需的粄粿，各界敬奉品雖然只有三、四種，每種用五盤，但具備「齋、蔬、果、品」，也有五行中之金、木、水、火、土之祭品，有些地區還豐盛的準備「山珍海味」、「五湖四海」之供奉品。下界備有「五牲」與「少牢」祭品。祭壇桌兩旁各擺放四組杯、筷與湯匙，是要給來自「四面八方」神仙用的餐具。美濃地區「還神」祭典的敬奉品雖然不多，但每一項都有其涵義與目的，簡單中含有極豐富的內涵與意義。

五、客家「還神」祭典之現況

美濃地區「還神」祭典，至今還是客家人生命禮俗與歲時祭典中，重要的傳統祭祀儀典。「還神」祭典並沒受到現代化的影響而停辦或減少，還是堅持著以傳統方式辦理客家人的生命禮俗與歲時祭典。

禮生是「還神」祭典的靈魂人物，如何辦理、祭壇如何設置、祭品如何擺放，全依禮生或引生的意見為依歸。現在傳統禮生也跟客家八音一樣，老的凋零年輕一代沒人學。美濃地區客家八音是保持最傳統，樂團最多的地區，屈指數一數也沒剩幾團，客家「還神」祭典的禮生，也是有相同的情況。

傳統禮生的凋零，生命禮俗與歲時祭典還是要辦，廟堂的經生取而代之，從當地以前老禮生留下的手抄本資料中可發現，現在以誦「玉皇真經」方式行「還神」祭典的地區，以前還是用傳統的方式，何時改成用誦「玉皇真經」不得而知，但從各方面的資料中可以清楚的發現，這跟當地禮生的凋零與當地信仰中心公廟是否有誦經生，有直接的關連性。若依儒、釋、道之分類歸屬，傳統的「還神」祭典，較趨近與儒教之行禮方式，誦「玉皇真經」或誦經典則受到佛教經典之影響而改變。

「還神」祭典是客家人生命禮俗與歲時祭典中重要的祭祀儀典，大家對祭典之儀式卻似懂非懂，執行祭典儀式的相關人員，雖然知道要如何辦理祭祀儀典，但知其所以而不知其所以然。

本研究調查紀錄客家地區的祭祀儀典，得到許多老禮生提供的祭典資料，讓自己更清楚客家人的「還神」祭典，研究過程中一再的以祭典過程紀錄呈現，那只是

研究過程中留下的部分足跡，從不同地區不同祭典與不同的禮生所辦理相同的「還神」祭典，從廣度至深度，這些足跡或許也是該地區「還神」祭典的參考資料。

隨著社會的變遷，祭典方式或許會有所改變。在美濃地區可以看到一些人默默堅持著傳統方式辦理祭典儀式。年復一年，不問為什麼，只覺得這是應該的。

參考資料

一、書籍類

王瑛曾（1962）《重修鳳山縣志》，臺灣省文獻委員會出版，1993年，臺灣銀行1962年12初版發行。

伊能嘉矩（1991）《臺灣文化志》，南投：臺灣省文獻委員會。

呂大吉（1993）《宗教學通論》，臺北，博遠出版有限公司。

李允斐、鍾榮富、鍾永豐、鍾秀梅（1997）《高雄縣客家社會與文化》，高雄縣政府。

吳榮順（2002）《臺灣南部客家八音紀實系列》，臺北，國立傳統藝術中心。

周鍾瑄（1962）《諸羅縣志（高志）》，臺灣省文獻委員會出版，1993年，臺灣銀行1962年12月初版發行

美濃鎮志編輯小組（1996）《美濃鎮志》，高雄，美濃鎮公所。

高拱乾（1994）《臺灣府志（高志）》，臺灣省文獻委員會出版。

徐福全（1996）《臺灣民間祭祀禮儀》，臺灣省立新竹社會教育館。

徐福全（1990）《婚喪禮儀手冊》，臺灣省立新竹社會教育館。

陳正之（1997）《臺灣歲時記》，臺灣省政府新聞處。

陳運棟（1991）《臺灣的客家禮俗》，臺北，臺原出版社。

陳運棟（1992）《臺灣的客家人》，臺北，臺原出版社。

張二文（2004）《土地之歌美濃土地伯公的故事》，高雄，翰林出版社。

勞格文主編（2005）《客家傳統社會》，張泉清〈五華縣華城鎮湖田村張氏宗族與神明崇拜〉，北京中華書局。

曾彩金主編（2001）《六堆客家社會文化發展與變遷之研究》，屏東，六堆文教基金會。

曾坤木（2005）《客家夥房之研究以高樹老庄為例》，臺北，文津出版社。

賴啟華（2000）《早期客家搖籃──寧都》，香港，中華國際出版社。

蔣毓英（1993）《臺灣府志（蔣志）》，臺灣省文獻委員會出版。

簡炯仁（1998）《高雄縣的開發與族群關係》，高雄縣立文化中心。

鍾王壽（1973）《六堆鄉土誌》，屏東。

蕭興華（1998）《中國音樂史》，臺北，文津出版社。

二、研究論文

吳榮順（2000）〈南部客家八音的過去與現在〉，《客家音樂研討會暨客家八音展演論文集》，國立傳統藝術中心。

林伊文（2000）《美濃客家八音與傳統禮俗》，國立臺灣師範大學音樂系碩士論文。

柯佩怡（2003）《臺灣南部美濃地區客家三獻禮之「儀式」與「音樂」》，國立臺北藝術大學音樂學系碩士論文。

柯佩怡（2003）〈從儀式行為與祭儀音樂論六堆地區客家族群符號之呈現〉，《屏東縣傳統藝術研討會論文集》。

陳祥雲（2002）〈清代臺灣南部的移墾社會——以荖濃溪中游客家聚落為中心〉，《客家文化學術研討會論文集》，行政院客家委員會出版。

廖峰正（1990）《大高雄地區開發論文研討會論文集》，高雄縣自然史教育館。

鄭榮興（1983）《臺灣客家八音的研究——由苗栗陳慶松家族的民俗曲藝探討之》，臺北：國立臺灣師範大學音樂研究所碩士論文。

謝宜文（2006）〈美濃、南隆與屏東地區客家人的「還神」祭典與客家八音之研究〉，《南臺灣文化與歷史學術研討會論文集》。

謝宜文（2006）〈六堆地區客家八音與鍾雲輝客家八音團之研究〉，《高雄傳統藝術研討會論文集》，國立傳統藝術中心。

三、期刊雜誌

黃森松（2001），〈春祈郊祭、祭河江、二月戲〉，《今日美濃雜誌》美濃。

謝宜文（2003），〈六堆地區客家人的還神祭典儀程〉，《文化生活》六：三，屏東縣政府文化局。

謝宜文（2005），〈六堆地區的客家八音〉，《屏東文獻》，屏東縣政府文化局。

四、有聲資料

吳榮順（2002）《臺灣南部客家八音紀實系列》，臺北，國立傳統藝術中心。

吳榮順、謝宜文（1997）《美濃人、美濃歌》，臺北，風潮有聲出版有限公司。

五、網路資料

高雄市客家學苑 http://www.ihakka.url.tw/

〈花蓮再現客家三獻吉禮〉，《大紀元電子報》2005年11月17日，http://www.epochtimes.com/b5/5/11/17/n1122727.htm

張二文，〈美濃土地伯公的祭祀與聚落的互動〉，http://agri-history.net/rural/twmnjisi.htm

六、民間禮生客家祭典手抄本資料

陳秀彩，《客家禮俗手抄本》，美濃龍肚。

黃庚祥，《客家禮俗手抄本》，美濃福安。

莊和泉，《客家禮俗手抄本》，六龜新威。

溫廷輝，《客家禮俗手抄本》，美濃瀰濃。

鍾潤章，《客家禮俗手抄本》，此文表資料為旗山鎮中正里福安庄，鍾錦城先生提供其父手書之一本有關祭典之資料。旗山圓潭。

劉添福，《客家請神詞手抄資料》，美濃南隆。

#【附錄】美濃地區客家祭典現場調查紀錄表

時間	名稱	地點	禮生通生	八音	主要記錄方式	備註
86/10/9 86/9/9	中壇下竹圍伯公落成三週年還神祭典	美濃中壇下竹圍	劉漢榮 黃耀華	鍾雲輝客家八音團	DV攝影	引：劉發春
86/12/13 86/11/14	美濃靈山開基伯公滿年福還神祭典	美濃靈山開庄伯公	宋永祥 宋永城	鍾雲輝客家八音團	DV攝影	引：黃鴻生
86/12/19 86/11/20	結婚還神祭典	美濃龍山里十六			DV攝影	
87/1/16 86/12/18	美濃中圳里石埤伯公還神	美濃中圳里			DV攝影	
87/2/28 87/2/2	美濃福安庄張維富結婚	美濃福安里福安庄	黃庚祥	鍾雲輝客家八音團	DV攝影	敬外祖還神，迎娶上燈祭祖謝媒
87/3/22 87/2/24	美濃竹頭角（廣興）三山國王廟聖誕	美濃廣興里	傅慶坤	鍾雲輝客家八音團	DV攝影	
87/3/24 87/2/26	美濃福安庄吳啟裕結婚還神祭典	美濃福安里福美路	黃庚祥	鍾雲輝客家八音團	DV攝影	敬外祖還神25迎娶上燈祭祖謝媒
87/3/28 87/3/1	美濃二月戲	美濃東門	溫廷輝	鍾雲輝客家八音團	DV攝影	請伯公還神祭典送福首送伯公
87/12/13 87/10/25	龍山伯公祠滿年福還神祭典	美濃龍山里		林英向客家八音團	DV攝影	客家八音紀錄調查
88/1/13 87/11/26	美濃和興庄傅家娶親	美濃吉和里和興庄		陳美子客家八音團	DV攝影	還神祭典、三獻禮
88/12/4 88/10/27	吳阿梅娶媳婦結婚祭典（吳鳳丁）	屏東內埔鄉		吳阿梅客家八音團	DV攝影	敬外祖、還神祭典、三獻禮
89/4/5 89/3/1	美濃福安地區祭義塚祭典	美濃福安公墓		誦經法會沒八音	DV攝影	廣善堂經生誦經法會祭拜
89/4/11 89/3/7	新威送紙灰、祭河江祭典	新威荖濃溪	黃鼎真	放錄音帶	DV攝影	上午祭河江晚上祭聖祭義塚
89/4/11 89/3/7	新威祭聖、祭義塚祭典	聖君廟、新威公墓	黃鼎真	楊榮春客家八音團	DV攝影	最後一次在深夜12時祭義塚
90/1/6 89/12/12	旗山圓潭鍾家祖堂陞座	旗山中正里福安庄	鍾炳煌	溫福仁客家八音團	DV攝影	敬天公請神以誦玉皇真經
90/3/11 90/2/17	美濃二月戲	美濃東門	溫廷輝		DV攝影	請伯公還神送福首送伯公
90/3/31 90/3/7	新威送紙灰、祭河江祭典	新威荖濃溪	陳榮盛	楊榮春客家八音團	DV攝影	上午送紙灰與祭河江
90/3/31 90/3/7	新威祭聖、祭義塚祭典	聖君廟，新威公墓	黃增光	鍾雲輝客家八音團	DV攝影	祭聖後祭義塚用誦經法會方式
90/8/12 90/6/23	新威勸善堂九獻禮祭典	六龜新威村勸善堂		楊榮春客家八音團	DV攝影	請誥後行九獻禮儀式
91/3/30 91/2/17	美濃二月戲	美濃西門橋旁	溫廷輝	溫福仁客家八音團	DV攝影	請伯公還神祭典送福首送伯公
91/4/19 91/3/7	新威送紙灰、祭河江祭典	新威荖濃溪		貨車播放八音音樂	DV攝影	上午送紙灰與祭河江
91/4/19 91/3/7	新威祭聖、祭義塚祭典	新威聖君廟、公墓	黃增光	溫福仁客家八音團	DV攝影	祭聖後祭義塚用誦經法會方式
91/7/6 91/5/26	新威勸善堂新堂陞座	六龜新威村勸善堂		沒請客家八音團	DV攝影	淨壇，請神陞座開光，誦經
91/8/1 91/6/23	新威勸善堂九獻禮祭典	六龜新威村勸善堂	邱忠彥 黃增光	鍾雲輝客家八音團	DV攝影	請誥後行九獻禮儀式
92/2/9 92/1/9	美濃送字紙灰祭典	廣善堂前美濃河旁		小貨車播放八音	DV攝影	經生誦經後放生與送紙灰
92/3/22 92/2/20	美濃二月戲	美濃美濃橋旁	溫庭輝	鍾雲輝客家八音團	DV攝影	請伯公還神祭典送福首送伯公
92/3/29 92/2/27	美濃吳家祖堂新建陞座	美濃雙峰街	陳秀彩 張貴和	鍾雲輝客家八音團	DV攝影	請祖謝先師陞座還神祭典
92/4/8 92/3/7	新威送紙灰、祭河江祭典	新威荖濃溪			DV攝影	上午送紙灰與祭河江
92/4/8 92/3/7	新威祭聖、祭義塚祭典	新威聖君廟、公墓	黃增光		DV攝影	祭聖後祭義塚用誦經法會方式
92/7/9 92/6/10	美濃福安楊家祖堂新建陞座	美濃福安里	宋永城 潘文興	鍾雲輝客家八音團	DV攝影	陞座拜天公行禮祭祖
92/7/22 92/6/23	新威勸善堂九獻禮祭典	六龜新威村勸善堂	黃增光		DV攝影	先請誥再行九獻禮
92/7/26 92/6/27	美濃永安橋伯公改建陞座	美濃永安路	潘文興	鍾雲輝客家八音團	DV攝影	陞座敬天公行禮祭典
93/1/30 93/1/9	美濃送字紙灰祭典	廣善堂前美濃河旁		誦經	DV攝影	美濃廣善堂
93/2/6 93/1/16	美濃二月戲	美濃東門城樓下	溫庭輝	鍾雲輝客家八音團	DV攝影	請伯公還神送福首送伯公
93/8/8 93/6/23	新威勸善堂九獻禮祭典	六龜新威村勸善堂	黃增光		DV攝影	請神以請誥方式
93/4/24 93/3/7	新威送紙灰、祭河江祭典	新威荖濃溪			DV攝影	上午送紙灰與祭河江
93/4/24 93/3/7	新威祭聖、祭義塚祭典	新威聖君廟、公墓	黃增光		DV攝影	祭聖後祭義塚，以誦經法會方式
93/10/10 93/8/27	亞太藝術節客家傳統婚禮展演	國立傳統藝術中心	劉添福	鍾雲輝客家八音團	DV攝影	依傳統方式展演客家還神祭典
93/10/31 93/9/18	慈雲宮觀音佛祖聖誕	美濃獅山里		鍾雲輝客家八音團	DV攝影	敬天公以誦經方式
93/11/14 93/10/3	三降寮南興福德祠冬福	美濃德興里	劉添福	劉富喜客家八音團	DV攝影	只有敬天公沒行三獻禮
93/11/20 93/10/9	合興庄福德祠還福	美濃吉合里	劉添福	陳美子客家八音團	DV攝影	晚上敬天公，次日早上再行三獻禮
93/12/18 93/11/07	美濃廣善堂九獻禮祭典	美濃中圳里廣善堂	黃庚祥	鍾雲輝客家八音團	DV攝影	請誥後行九獻禮
94/1/1 93/11/21	內六寮福德祠十周年慶暨還福祭典	美濃吉東里	劉添福	陳美子客家八音團	DV攝影	完整還神祭典
94/2/12 94/1/4	鄭國喜結婚	美濃祿興里		陳美子客家八音團	DV攝影	只敬外祖敬內祖沒還神祭典
94/2/16 94/1/9	旗山圓潭宣化堂還神祭典（天公生）	旗山中正里福安庄	鍾炳煌	溫福仁客家八音團	DV攝影	敬天公用誦玉皇真經，還有請誥
94/3/27 94/2/18	美濃茶頂山天雲宮觀音聖誕還神祭典	美濃龍肚里	劉添福	鍾雲輝客家八音團	DV攝影	誦經法會後再行三獻禮
94/4/15 94/3/7	新威送紙灰、祭河江祭典	六龜鄉新威村	莊和泉 邱桃園	放錄音帶	DV攝影	上午送紙灰與祭河江
94/4/15 94/3/7	新威祭聖、祭義塚祭典	六龜鄉新威村	黃增光	劉富喜客家八音團	DV攝影	祭聖後祭義塚用誦經法會方式
94/4/15 94/3/7	屏東長治張哲嘉結婚還神祭典	屏東縣長治鄉	邱欽賢	林作長客家八音團	DV攝影	只行拜天公，沒行三獻禮
94/7/28 94/6/23	美濃石橋善誘堂文衡帝君生還神祭典	美濃祿興里	鄭兆春	林作長客家八音團	DV攝影	請誥後行三獻禮
94/8/9 94/7/5	美濃廣善堂扶鑾	美濃廣善堂	正乩 古信來		DV攝影	非祭典，第一次紀錄扶鑾
94/9/4 94/8/1	屏東美和村羅經圈五穀宮伯公生還神	屏東內埔鄉美和村	謝熾和 謝文雄	錄音帶	DV攝影	拜天公後行禮，沒結壇

時間	名稱	地點	禮生通生	八音	主要記錄方式	備註
94/10/17 94/8/14	攔埤伯公新建落成陞座	美濃自強街	潘文興	鍾雲輝客家八音團	DV	還神祭典結合伯公陞座
94/10/31 94/9/29	美濃五穀宮藥師佛聖誕還神祭典	美濃中壇里	李見魁	溫福仁客家八音團	DV攝影	敬天公誦經法會方式再行三獻禮
94/11/27 94/10/26	美濃龍肚清水宮冬成福	美濃龍肚里	蕭振芳	錄音帶播放八音	DV攝影	誦經法會後行三獻禮
94/12/2 94/11/2	美濃吉洋里吳貴榮結婚還神祭典	美濃吉洋里吉安	劉添福	林作長客家八音團	DV攝影	有結婚、敬天公、行三獻禮
94/12/7 94/11/7	美濃廣善堂九獻禮祭典	美濃福美路廣善堂		鍾雲輝客家八音團	DV攝影	先請誥後再正堂東西堂行禮
94/12/10 94/11/10	美濃福安天后宮還福還神祭典	美濃福安里	黃庚祥 黃永祥	鍾雲輝客家八音團	DV攝影	敬天公前先至公墓旁渡孤
94/12/24 94/11/24	美濃開基伯公	美濃鎮福安靈山下	潘文興	鍾雲輝客家八音團	DV攝影	有結壇、敬天公、行三獻禮
95/2/14 95/1/17	美濃合和里福德祠新年福	美濃鎮合和里	溫庭輝	播放八音錄音帶	DV攝影	有結壇、敬天公、行三獻禮
95/2/18 95/1/21	美濃開基伯公新年福	美濃鎮福安靈山下	潘文興	鍾雲輝客家八音團	DV攝影	有結壇、敬天公、行三獻禮
95/2/24 95/2/1	美濃溪浦寮吉安福德宮伯公生	美濃吉東里溪浦寮	劉添福	林作長客家八音團	DV攝影	有結壇、敬天公、行三獻禮
95/3/17 95/2/18	美濃茶頂山觀音聖誕還神祭典	美濃鎮龍肚里	劉添福	林作長客家八音團	DV攝影	誦經法會後，再行三獻禮
95/3/23 95/2/24	廣興庄三山國王聖誕還神祭典	美濃鎮廣德里	楊萬虎 黃運郎	播放八音音樂	DV攝影	敬天公的請神用誦玉皇經
95/3/25 95/2/26	美濃春祈二月戲	美濃鎮合和里	溫庭輝	鍾雲輝客家八音團	DV攝影	請伯公祭河江還神送福首送伯公
95/3/26 95/2/27	郭樹興結婚還神祭典	旗山中正里和正街	鍾錦榮	溫福仁客家八音團	DV攝影	敬天公的請神用誦玉皇經
95/3/22 95/4/19	美濃天后宮媽祖生還神祭典	美濃鎮瀰濃里	潘文興	溫福仁客家八音團	DV攝影	下午超渡法會晚上行三獻禮
95/3/22 95/4/19	美濃天上聖母宮天上聖母聖誕祭典	美濃鎮雙峰街	潘文興	小楊播放八音音樂	DV攝影	沒結婚，行拜天公及三獻禮儀式
95/4/27 95/3/30	新威勸善堂扶鸞	六龜鄉新威村	正乩 黃鼎真		DV攝影	非祭典，但難得的攝影紀錄
95/6/24 95/5/29	林文廣結婚還神祭典	美濃中圳里福美路	潘文興	鍾雲輝客家八音團	DV攝影	祖堂在不同地沒行三獻禮
95/6/30 95/6/5	廣興庄善化堂主席恩主生還神祭典	美濃廣興庄	楊啟雲 林智生	鍾雲輝客家八音團	DV攝影	鍾雲輝曾木森黃三清林宜青
95/9/24 95/8/3	清水里六寮庄尾伯公新建落成陞座	美濃清水里六寮	劉添福	林作長客家八音團	DV攝影	子時陞座晚上八時才行還神祭典
95/11/25 95/10/5	屏東高樹東興村福田伯公還福祭典	屏東高樹鄉東興村	賴清耀	播放八音音樂團	DV攝影	渡孤拜天公行三獻禮
95/12/5 95/10/14	美濃竹子門水德宮水官大帝聖誕還神	美濃鎮竹子門		林作長客家八音團	數位相機	拜天公以誦經法會方式進行
95/12/5 95/10/14	六龜新興村二埤還福祭典	六龜新興村二埤		沒八音	數位相機	以道教方式進行
95/12/26 95/11/7	美濃廣善堂九獻禮祭典	美濃福美路廣善堂	楊啟雲	鍾雲輝客家八音團	DV攝影	先請誥後再正堂東西堂行禮
96/1/6 95/11/18	美濃開基伯公還神祭典	美濃鎮福安靈山下	宋永城	鍾雲輝客家八音團	DV攝影	有結壇、敬天公、行三獻禮

時間	名稱	地點	禮生通生	八音	主要記錄方式	備註
96/1/10 95/11/22	美濃龍肚文昌帝君新建牌樓落成祭典	美濃龍肚		謝顯能播放音樂	數位相機	敬天公請神用請誥
96/1/26 95/12/8	六龜新威徐氏祖堂修建落成陞座	六龜鄉新威村	張松和 溫貴梅	筆者提供八音CD	DV攝影	只陞座及祭拜祖先儀式
96/2/25 96/1/8	旗山圓潭宣化堂還神祭典（天公生）	旗山中正里里安庄	鍾炳煌	溫福仁客家八音團	DV攝影	請誥誦玉皇真經再行三獻禮
96/2/26 96/1/9	美濃廣善堂送字紙灰祭典	美濃廣善堂前河邊		小貨車放錄音帶	DV攝影	誦經法會後送指灰放生
96/3/4 96/1/15	美濃庄新年福還神祭典	美濃西門水圳邊	潘文興	放錄音帶	數位相機	只拜天公沒行三獻禮
96/3/7 96/1/18	美濃開基伯公新年福	美濃鎮福安靈山下	潘文興	鍾雲輝客家八音團	DV攝影	有結壇、敬天公、行三獻禮
96/3/24 96/2/6	美濃春祈二月戲	美濃中正菜市場	楊萬虎	鍾雲輝客家八音團	數位相機	請伯公祭河江還神送福首送伯公
96/4/20 96/3/4	合和里福德祠百週年慶還神祭典	美濃鎮公所旁橋邊	劉添福	林作長客家八音團	DV攝影	結婚、敬天公、行三獻禮
96/4/23 96/3/7	新威送紙灰祭河江祭聖、祭義塚祭典	六龜鄉新威村	詹錦開	播放八音音樂	DV攝影	祭義塚用誦經法會方式
96/4/23 96/3/7	廣林聖化宮張公聖君聖誕還神祭典	美濃廣林	傅耀騰 溫金星	陳美子客家八音團	DV攝影	誦玉皇真經方式請神

請天辭神用語 [01]

請天用語

伏以，日吉時良，天地開張，立案焚香，香煙沉沉，神必降臨，香煙繚起，神通萬里，一心焚香拜請，傳香童子，奏事童郎，傳奏年值公曹，月值公曹，日值公曹，時值公曹，功曹使者，為民代請，玉皇大帝陛下，東極青華大帝，西極浩靈大帝，南極長生大帝，北極紫微大帝，中極無量大帝，日月兩宮天子，南北二斗星君，日宮太陽星君，月府太陰星君，各請降臨。再來拜請，上元十（筆者按應是一）品賜福天官，中元二品赦罪地官，下元三品解厄水官，三元三品，三官大帝，南斗六嗣，延壽星君，北斗七元，解厄星君，注福注祿星君，交運脫運星君，消災解厄星君，移禍轉福星君，移山轉斗星君，移花接木星君，行年太歲星君，三百六十五纏度星君，三十六位天罡星君，二十八宿星君，七十二曜星君，本命元辰星君，週未列位星君，各請降臨。再來拜請，東方木德星君，西方金德星君，南方火德星君，北方水德星君，中央土德星君。再來拜請，東方天神，西方天神，南方天神，北方天神，中央天神，雷公雷母，風伯雨師，三位黃老仙師，將軍爺爺阿彌陀佛，東方教主，元始天尊山川社稷，等等尊神，各請降臨。再來拜請，東岳齊天仁聖大帝，西岳金天順聖大帝，南岳司天照聖大帝，北岳安天元聖大帝，中岳中天崇聖大帝，佛堂三寶，海會聖賢，南無大慈大悲觀音菩薩，當權二十四位得法菩薩，十八羅漢，陰那山修身得道慚愧祖師，南岩得道定光古佛，各請降臨。再來拜請，文昌帝君，魁斗星君，梓童星君。府城隍，本縣城隍老爺，本境里社真官古跡，靈炫蛇岳公王，右排衙，右判官，千里眼順風耳，五方把界公王，哪吒太子，諸位王爺，各請降臨。再來拜請，大成至聖先師孔子，玉封五穀神農大帝，三界伏魔大帝，五顯靈官大帝，山西關聖帝君，東岳普帝，玄天上帝，敕封天上聖母娘娘，三山護國公王，平山漢帝公王，梅溪助國公王，高公盤古公王，開臺聖王，伏羲文王，周公孔子，五大聖賢，八卦祖師，註生娘娘，楊公先師，曾公先師，廖公先師，荷葉先師，巧聖先師，爐公先師，田主后稷，河水伯公，水母娘娘，本宮（家）祀奉爐前香火，歷代聖賢，上至溪源，下至水口，本境開張地主，伯公伯婆，門神戶位，井灶龍君，各請降臨。再來拜請，即日天地神明，日月三光，值日虛空，過往見聞，鑒察尊神等，眾一切神祇，請座金爐，受納明香，弟子有事通請，無事不敢亂請，末說人名，先通州縣，今有臺灣省○○縣○○鄉○○付，居住今有民國○○年○○月○○日○○時，祈安（酬恩）集福信士，○○統帶合村（家）人等，為叩許（還）平安良福，今涓吉日，當空結臺，上界燒起，高爐清香，齋蔬莫品，長錢寶錠，燈座三樑，香燭茶酒。下界謹以牲醴豬羊菓粄酒禮凡儀列於案前。「以上各請三次」

一請遲當二請，二請不勞三請，三請既訖，四請既週，在天者騰雲駕霧，在地者推車駕馬，在水者搖船駕槳，在宮者離宮出殿，宮宮須到，殿殿通文，遏開雲頭，含香降駕，諸位尊神，共請到座，聖筶證明，開壺酌酒。得蒙到座，寬心且座，住馬停鞭，請得東來東座，西來西座，南來南座，北來北座，中心結起，蓮花寶座，有杯無杯，輪去輪轉，有盞無盞，輪去輪回，千神到來共盞，萬神到來共杯，合座相容。

辭神用語

暨列諸位尊神，再來酌上，尾滿巡酒，尾滿巡槳，飽滿巡酒，飽滿巡槳，一點落地，萬神皆醉，年有十二月，酒有三四巡，那神不醉，近前取醉，那神不飽，近前取飽，取醉為期，取飽為意，食得登分飽醉，含笑喜歡小小酒筵，不敢久留，來有三請，轉有十送，奉送，東方天神，請來歸東方，西方天神，請來歸西方，南方天神，請來歸南方，北方天神，請來歸北方，中央天神，請來歸中央，天神歸天，地神歸地，有宮歸宮，無宮歸所，各歸原位，後有所請，再望降臨。

「還神」祭典供備品項及需求

一、「還神」祭典應用物品及數量

名稱	數量	備註
涼傘（或紙傘、黑傘）	1 支	
竹子	2 支	撐傘用
鮮花	3 付	
甘蔗（上下圈紅紙）	2 枝	
長錢紙	2 串	
香爐	3 個	用斗代
米	1 包	放斗內
茶杯	9 個	或 15 個
大蠟燭	10 支	
金爐	1 個	
桌圍	3 件	
米酒	8 瓶	
紅、黃紙（寫表文祝文）	各 3	
三界神牌借或禮生書寫		
飯糰	10 盤	
發粄	6 粒	三界
錢粄、桃粄（各 16）或	36 個	上界
新丁粄	適量	中下界
豬頭、雞、魚、肉、蛋	1 付	五牲
太極金、壽金、天金、尺金、財子金	適量	
全豬全羊（腳圈紅紙）	各 1 隻	
奉饌小盤子	3 個	放雞肝
紅西洋	1 條	

01 陳運棟，《臺灣的客家禮俗》，臺北：臺原出版社，民 80 年，頁 183-186。

名稱	數量	備註
漿糊或膠水	1 瓶	
八仙桌	4 張	三界
長椅	4 張	上界
矮長椅	2 張	中界
花帶	6 條	
小平盤	60 個	
大香	20 支	
細香	5 包	
酒杯	15 個	
小蠟燭	6 支	
壽金	12 千	一包
鞭炮	4 串	單炮 3 粒
金花	3 對	
拜疊	5 個	多些
茶壺泡茶	2 次	
米菓等	15 盤	
水果、糖果（各五種）	各 4 盤	
龜粄、柑粄（紅粄）	各 32	中下界
茶托盤	1 個	
托盤（1個或5個）		放五牲
金針、木耳、冬粉、香菇、花生	各 3 盤	乾的
活魚（殺好拔毛生雞）	1 條	
臉盆毛巾（新）	各 1	
五福紙	適量	

二、結壇應準備物品及數量

名稱	數量	備註
涼傘（或紙傘、黑傘）	1 支	
竹子	2 支	撐傘用
鮮花	1 付	
甘蔗（上下圈紅紙）	2 枝	
長錢紙	2 串	
香爐	1 個	用斗代
米	1 包	放斗內
茶杯、酒杯	各 5 個	茶杯可 3 個
金爐	1 個	
花帶	6 條	
米酒	1 瓶	
桌圍	3 件	
紅、黃紙	各 3	
上界神牌借或禮生書寫		
八仙桌	4 張	三界
長椅	4 張	上界
矮長椅	2 張	中界
水果、糖果（各五種）	各 5 盤	
小平盤	10 個	
大貢香	5 支	
香	1 包	
蠟燭	2 支	
壽金	2 千	
鞭炮	1 串	
托盤	1 個	
拜疊	3 個	
茶壺泡茶	1 個	
金花	1 對	

結壇三界桌子先排放好，桌圍圍上。只擺設上界祭壇物品，中、下界空著。

三、行三獻禮應用物品[02]

名稱	數量	備註
拜疊（前 3 後 2）	5 個	
祝文	1 份	禮生寫
奉饌小盤子	3 個	放雞肝
臉盆毛巾（新）	各 1	
米酒	4 瓶	
茶杯	7 個	
紅西洋	1 條	
托盤（奉茶請禮生）	1 個	
香	2 包	留 6 支
奉酒酒杯	5 個	
椅子	1 張	放盥洗盆
酒杯	10 個	內外壇
泡茶		
五福紙	適量	

四、拜天公應備用品[03]

名稱	數量	備註
小平盤	60 個	
香爐	3 個	用斗代
茶杯	9 個	
酒杯	15 個	
金花	3 對	
飯欄	10 盤	中下界
五種糖果（各三盤）	15 盤	
發粄	6 粒	三界
錢粄、桃粄（各16）或	36 個	上界
鞭炮（燒金及結束放）	2 串	
豬頭、雞、魚、肉、蛋	1 付	五牲
太極金、壽金、天金、尺金、財子金	適量	
米酒	3 瓶	
茶壺泡茶	1 壺	
全豬全羊（腳圈紅紙）	各 1 隻	
紅、黃紙（寫表文）	各 3	禮生寫
鮮花	3 付	
神牌	借或禮生書寫	
大蠟燭	6 支	三界
小蠟燭	4 支	豬羊
大香	15 支	
香	2 包	適量
五種水果（各三盤）	15 盤	
米菓等	15 盤	
龜粄、柑粄（紅粄）	各 32	中下界
新丁粄	適量	中下界
托盤（1個或5個）		放五牲
金針、木耳、冬粉、香菇、花生	各 3 盤	乾的
拜疊	3 個	後面可加
茶托盤	1 個	奉茶
活魚	1 條	
化財、結束燒的壽金	3 千	豬羊血水

02 行三獻禮祭品由拜天公上界搬移至內壇，下界搬移至外壇，另行須準備的物品用具如表內品項。

03 結壇時上界已有擺設的用品繼續使用，至於祭品、茶、酒則要換新。

國家圖書館出版品預行編目（CIP）資料

美濃地區客家還神祭典與客家八音運用之研究 / 謝宜
文著. -- 初版. -- 高雄市：高市史博館；臺中市：晨星，
2017.12　面；　公分
ISBN 978-986-05-4139-7(平裝)
1.客家 2.祭禮 3.客家音樂 4.高雄市美濃區

536.211/7　　　　　　　　　　106021582

美濃地區客家還神祭典與客家八音運用之研究

高雄文史采風編輯委員會

召　集　人　吳密察
委　　　員　李文環、陳計堯、楊仙妃、
　　　　　　劉靜貞、謝貴文（依姓氏筆劃）

作　　　者　謝宜文
發　行　人　楊仙妃
策　劃　督　導　曾宏民
策　劃　執　行　王興安、莊建華

出　版　發　行　行政法人高雄市立歷史博物館
地　　　址　803 高雄市鹽埕區中正四路 272 號
電　　　話　07-531-2560
傳　　　真　07-531-5861
網　　　址　http://www.khm.org.tw

ISBN：978-986-05-4139-7（平裝）
GPN：1010602215

共　同　出　版　晨星出版有限公司
地　　　址　407 台中市工業區 30 路 1 號
電　　　話　04-2359-5820
傳　　　真　04-2355-0581
網　　　址　http://www.morningstar.com.tw
郵　政　劃　撥　22326758（晨星出版有限公司）
法　律　顧　問　陳思成律師
登　記　證　新聞局版台業字第 2500 號

主　　　編　徐惠雅
執　行　編　輯　胡文青
插　　　畫　王顧明、陳育茹
校　　　對　謝宜文、陳育茹、胡文青
美　術　編　輯　陳正桓
封　面　設　計　陳正桓

出　版　日　期　2017 年 12 月初版一刷
定　　　價　新台幣 450 元整

Printed in Taiwan